沖縄と日本国家

国家を照射する〈地域〉

山本英治 ―［著］

東京大学出版会

Okinawa and the Japanese State:
"Locality" Illuminating the National Polity
Eiji YAMAMOTO
University of Tokyo Press, 2004
ISBN 4-13-051120-3

はじめに

　本書のタイトルを『ウチナーの国とヤマト国家』としたかったのであるが，「ウチナーとヤマト」という表記は，ある意味では特殊であり一般性がないので，『沖縄と日本国家──国家を照射する〈地域〉』とせざるをえなかった．そのことについて，ここでいくつかのことをことわっておきたい．

　古来沖縄では，「沖縄」という名称がつかわれていたが，後年中国が沖縄と朝貢関係を結ぶようになった時に「琉球」と呼ぶようになった．また侵略者であり搾取者であった薩摩もこれに習い「琉球」という名称を用いた（比嘉春潮他『沖縄』21-22頁，岩波新書，1963年）．明治政権は，沖縄をその行政システムのなかに組みこむにあたって「琉球」という言葉のもつ侵略・搾取のイメージを払拭するために，あらためて「沖縄」という言葉を用いることにした．だが，沖縄の人々は，日本と沖縄を対置する場合には，日常的に「ヤマト」，「ヤマトンチュ」と「ウチナー」，「ウチナーンチュ」と表現することが多い．その表現には，次のような事態が構造化されて強く存在している．まず第1には，ウチナーとヤマトという場合には，2つのことが内包されていることを指摘しておきたい．その1つは，沖縄はかつて独自の政治・行政体制，経済，社会関係，文化，生活をもった完結的社会であった．そこでは，長い歴史的過程のなかで社会的文化的特質をもった地域社会が形成されてきた．これがウチナー社会である．ウチナーンチュ（沖縄人）は，このウチナー社会に沖縄以外の他都道府県ではみられない強烈なアイデンティティをもっているということ，そしてまた，この地域社会にウチナーンチュが自己存立性の基盤をみいだしているということである．いま1つは，沖縄における1609年の薩摩の侵攻もさることながら，明治期の琉球処分以降現在にいたるまで日本国家権力によって沖縄が一方的に支配され従属せしめられてきたことである．このことをウチナーからみれば，それは明らかに外的な力によるウチナー社会の否定以外の何物でもない．ここにおいて，ヤマトという表現には，外的な支配権力でありウチナーとは異なった世界であるという認識が，他方ウチナーという表現には，ヤ

マトによって屈従を余儀なくされている状態が意味されているのである．したがってウチナーとヤマトという発想には，沖縄と日本国家との諸関係のすべてが集約されている，といってよいであろう．

　第2にはタイトルの「と」についてである．ここでの「と」は，支配と従属，収奪・差別と抵抗・妥協，懐柔と承諾，アメに対する幻想，ムチに対するあきらめ，を意味する．これらがウチナーとヤマトの歴史関係のなかに基本的に貫いていると考えている．もちろん，ヤマトが一方的にウチナーを支配・収奪してきたというつもりはない．それはウチナー側にも要因はあっただろうし，また明治期以降においては資本主義的近代化という形である程度，政治・行政・経済・社会が整備されてきたことは疑いがない．それにもかかわらず，本質的には上記で明らかなように「ウチナー」と「ヤマト」の関係については，ここでいう「と」の視点を失ってはならないと考えている．この第1と第2の視点から，本文中においては公式的ないし慣例的に沖縄及び日本と表現されている場合以外は，ウチナーとヤマトという表記にすることにした．

　私はこれまで東京大学故福武直教授のもとで，長い間日本農村の研究を行ってきた．それを通じて日本農村の実態と実証研究の方法——構造分析——を学ぶことができた．やがて農村を包摂したもっと広い地域を対象とし，そこにおける政治・行政や経済ならびに文化や生活及び住民運動研究にまで手を広げるようになった．こうした蓄積が沖縄も何とかとらえることができるのではないかという気持ちにさせた．だがそれはたいへん甘かったという思いが，沖縄研究をすすめればすすめるほど強くなった．

　私が沖縄研究に着手したのは1971年の九学会連合の沖縄総合研究調査の時である．それ以来2003年の現在まで，沖縄の研究調査を継続してきた．最初の3年間は「沖縄については何もわからない」ということがわかった．ただその時1つだけ実感したのは，沖縄は日本国家によって国内植民地化されたのではないだろうか，ということであった．それ以降，多くの文献資料を読み毎年調査に訪れた．研究すればするほど，新しい発見と未知なる課題が現れてきた．そして沖縄を正確に理解しているかどうかという不安にいつもつきまとわれた．しかしながら，これまでの研究成果の一端でも発表すべきではないかという思いもあった．ちょうど1990－1991年度の2年間にわたる文部省の科学研

究費（課題「沖縄地域社会の構造と機能ならびに地域連関についての実証的研究」）でもって共同研究を行った仲間たちの成果をとりまとめるために，東京大学出版会の佐藤修氏に相談したところ快く出版を引き受けて頂き，1995年に『沖縄の都市と農村』を刊行することができた．だが私は，序章で基本的な視点の提示と他の章で資料整理的な形で都市と農村関係の変化と特質を述べただけの中間的な報告でしかなかった，という思いを残しつづけてきた．

　ふりかえってみればもう30年以上も沖縄にかかわってきた．やはりこの30年あまりの総決算をしなければ研究者としての責務が果たせない．多くの誤りや認識不足があろうとも，世に問い批判を受け，そこから再出発すべきではないかと思うにいたった．その頃，やはり東京大学出版会の後藤健介氏から，これまでの研究に立脚して沖縄と日本との関係についてとりまとめることをすすめられた．だがそれは容易な課題ではない．歴史的に遡れば原始の時代までに至る．局面的には政治，行政，経済，社会，文化，生活と広がっていく．さらにそれらを通じて人々の意識・思想にまで及ぶ．これら全てを射程に入れることはできない．入れたならば，それは漠然としたものか，エンサイクロペディア的なものになってしまう．それだけに執筆にあたっては，問題提起と分析視点を明確に整序し，それに立って多くの具体的な資料を詳細に検討しなければならない．だが現実には仕事は遅々としてはかどらなかった．なにしろ30年にわたって蓄積した文献資料を読み整理し，調査結果を再検討し，現在の情況をとらえるために新聞に目を通すというのは，たいへんな作業であった．それにさまざまな事実関係に対する多くの研究者たちの認識・評価をどうとらえかえすかに，多くの時間を要した．途中で挫折しそうになったが後藤氏の励ましがあって，ここにようやく刊行にこぎつけることができた．とくに後藤氏が，筆者の草稿に丹念に目を通していくつもの貴重なコメントを提出していただいたおかげで，ある程度内容の欠陥を補うことができた．ここに後藤氏に感謝の念を表したい．さらに宗司光治氏にも校正その他刊行についてお世話になったことも付記しておきたい．またこれまで，私の沖縄研究に協力して頂いた多数のウチナーンチュの方々及び共同研究の仲間の方たちに謝意を申し上げたい．

　2004年6月

山 本 英 治

目 次

はじめに　i

序章　問題提起と分析視点 ―――――――――――――― 1
1. 問題提起　1
2. 「世界システム論」と「システムと生活世界論」　5
   世界システムのなかのウチナー　5
   公的システムと私的生活世界　9
3. 分析視点の提示――〈地域〉の視点　12
   ウチナー的特質　13
   〈地域〉の視点　20

1章　ヤマト公的システムとウチナーの周辺化 ―――――― 27
1. 琉球処分の認識・評価　27
   伊波普猷の国民的統一論とその批判　27
   金城正篤と安良城盛昭の民族統一論をめぐる論争　29
2. 日本資本主義体制・天皇制国家への組みこみのための琉球処分　32
   ヤマトへの組みこみの起点としての琉球処分　32
3. ヤマト公的システムによる編成　36
   旧慣温存と差別政策　36
   ヤマト公的システムとウチナー社会の変容　39

2章　軍事基地化のなかのウチナー ――――――――――― 47
1. 銃剣とブルドーザーによる軍事基地化　47
   米軍占領下のウチナー　47
   軍事基地化の進行　53

2. 安保体制・地位協定のもとにおけるウチナー　56
　　　　日米安保体制の再定義　56
　　　　米兵優遇の地位協定　59
　　3. 法的システムによる強制使用と知事の代理署名拒否　65
　　　　基地確保のための公用地暫定使用法と駐留軍用地特措法　65
　　　　大田知事の代理署名拒否と裁判における敗訴　69
　　　　軍用地関連法をめぐるヤマト政府とウチナー　74

3章　基地問題と基地闘争 ——————————————— 79
　　　　——反撃するウチナー

　　1. 基地のなかのウチナー　79
　　　　アメリカの世界戦略としての基地　79
　　　　基地周辺対策事業交付金　84
　　　　停滞する基地返還　86
　　2. 深刻な基地問題の多発　91
　　　　生命・生存を脅かす基地問題　91
　　　　くり返される悪質な米兵犯罪　95
　　3. 基地反対闘争の展開——〈地域〉からの闘い　98
　　　　〈地域〉住民運動としての基地闘争　98
　　　　第1波　島ぐるみ闘争　102
　　　　第2波　政治性をもつ闘争とコザ騒動　105
　　　　第3波　運動の展開と法廷闘争　107
　　　　第4波　私的生活世界とヤマト公的システムとの激突　112
　　　　反戦地主の闘い　117

4章　施政権返還と沖縄開発 ——————————————— 125
　　　　——ヤマト化するウチナー

　　1. 日本復帰運動と施政権返還　125
　　　　日本復帰運動の展開　126

　　　　復帰協の変質——反戦平和・基地撤去要求と密約　131
　2．沖縄振興開発計画と社会経済変動　139
　　　　基地経済のなかのウチナー　140
　　　　沖縄振興開発計画と財政依存経済　145
　　　　国際都市形成構想と沖縄経済振興21世紀プラン，ポスト3次振計　158
　3．ウチナーのヤマト化とウチナーンチュの意識　163
　　　　ヤマト化の進行　163
　　　　ウチナーンチュの意識動向　165

5章　普天間基地移設問題とウチナー────────173

　1．普天間基地移設をめぐる政府と地方自治体・〈地域〉住民　174
　　　　基地移設問題と政府・県・県民　174
　　　　基地移設問題と名護市・市民の対応　179
　2．市民投票と名護市長選挙　182
　　　　市民投票をめぐる攻防　182
　　　　海上基地建設問題の新段階としての市長選挙　192
　3．〈地域〉住民とヤマト国家──〈地域〉から国家を照射する　197
　　　　基地建設に抵抗する名護市辺野古〈地域〉の特性　197
　　　　〈地域〉としての辺野古住民の闘い　203

終章　ウチナー自立への展望────────────213

　1．絶対的自立（独立論）と反日本国家論の思想　215
　　　　非現実的な独立論　215
　　　　思想的な反日本国家論　219
　2．相対的自立論とそのとりくみ　224
　　　　政治・行政・経済・社会文化の自立構想　224
　　　　牧野浩隆と嘉数啓の経済自立論　227
　　　　総合的な自立論の提起　230

3. 地域づくりと〈地域〉——自立への展望　233
        自立を展望するためのフレーム　233
        「地域づくり」の事例から学ぶ　235

人名索引　247
事項索引　248

序章　問題提起と分析視点

1. 問題提起

　ウチナーは，1609年の薩摩侵攻以降，明治期にヤマトユ（世），第2次大戦後はアメリカユ，1972年以降のネオヤマトユと，常に外の力によって支配されてきた．

　ウチナーには全国における米軍専用施設の75％が集中し，平和に対する危機，基地があるゆえの被害・暴力にさらされ，ヤマト国家権力のあからさまな支配と経済・社会・文化・生活のヤマト化過程のなかで，社会問題が多発し，ウチナーの文化と生活及びこれまでの共同関係の解体や海山などの自然環境破壊が進行している．ヤマト国家及びその背後にいるアメリカ国家そのものだけがこれにかかわってきたわけではない．個々のヤマトンチュ（ヤマト人）も加害者であることを認識しておきたい．政治・経済・社会・文化の統一性をもっていた1つの国を，これほどまでに収奪し解体し国家のシステムのなかに組みこもうとする論理とは一体何なのであろうか．

　これを問うために本書では，ヤマト国家権力の沖縄政策とそれによるウチナーの社会変動と問題状況を実態的にとらえるなかで，ヤマト国家による支配・収奪・差別と，それに対するウチナーの対応の論理を明らかにしていきたいと思っている．現代においては，政治権力機構としての国家はますますみえなくなってきている．それはまさに暗黒大陸化してしまった．だがウチナーを通してみるならば，ヤマト国家が鮮明に浮かび上がってくる．このことからすれば，本書は現代国家としてのヤマトを射程に入れることにもなる．すなわちそれは，ウチナーからヤマト国家を照射し，またヤマト国家からウチナーを論じること

でもある.

　なおここで, 本書の論述にあたっての基本的分析視点として設定した〈地域〉という概念についてふれておきたい. ウチナーにおいては, 歴史的にいわゆる村落共同体社会が構造化され, 生産をめぐる共同関係とそこから必然化する生活面の共同性がみられた. これは一般的には「むら」といわれるものと同じであるが, とくにウチナーでは「むら」は代々の先祖がいます「地」であって, これら先祖にその子孫である現居住者が「血」のつながりを強く意識し一体化し, ウチナーンチュはそれを自らの存立基盤としている. このような血縁的・地縁的共同体としての特性をもつ一定の地域的範囲を, ウチナーでは「シマ」という言葉で表している. 本書においてはこの「シマ」が中心的な視点となるが, それは単独の場合もあり, またいくつかの複数の「シマ」の結合状態もありうる. この「シマ」という表現は, ウチナー社会のなかでは多くのウチナーンチュによって用いられ, その意味は実感的にとらえられている. しかし, これを学問レベルにおいて理論的に論じるために, 〈地域〉という概念におきかえることにした. これらのことから本書においては, ウチナーの特性にもとづく場合には「シマ」という表現をもちいるが, 一般論的には〈地域〉という概念でもってとらえていくことにした. すなわち〈地域〉とは, ウチナーの自然風土のなかで歴史的に形成されてきた社会的・文化的特徴をもち血縁的なまとまりがみられる地縁集団であって, そこに住む人の存立性の根拠となっているものである.

　またウチナーがヤマト国家の支配を打ち破り, ウチナーの自立を実現していくための方向として, 仮説的に「国」の構築を提起することにした. 筆者が構想する「国」とは, この〈地域〉を基盤とする連合体であり, その形成は, 各〈地域〉の必然性にもとづくもので, その地域的範囲は一定しない. 「国」の機能は, 各〈地域〉の特性を充分に生かし発展させるとともに, 各〈地域〉間の利害を調整するものである. したがってその運営は, 民主的に選ばれた各〈地域〉の代表によって担われることになる. 「国」の運営のためには, 1つの自治的統一体としての自立した独自の法・制度, 政治・行政機構, 経済構造をもつことになる. いうなれば「国」は, ウチナーの社会的・文化的特質をもつ〈地域〉の連合体として構造化され自治的に運営がはかられるものとして設定

する．

　「国」が〈地域〉と連続性をもつという点で，〈地域〉と断絶し，それを一方的に支配・収奪する近代国民国家とは異なる．またかつてウチナーに存在した琉球王国のような古代専制国家とも異なる．しかしこの琉球王国の時代にあっても，〈地域〉は存在し，さらに琉球王国消滅以降も今日まで存続してきた．このことから，ウチナーには「国」を形成するポテンシャリティ・契機があるといえよう．

　ここに述べた「国」は，理念的なものといえるかもしれないが，これはあくまでも「国」についての基本的な認識としておきたい．それでは，この「国」形成をウチナーの具体的現実のなかで考えてみよう．現代において1つの〈地域〉それ自体が独立し，自治的に運営していくことは不可能である．そこでは当然に，連合してより広域的な地域社会を形成していく必要性が生じてくる．その場合に，市町村という行政範域にとらわれず，自由に形成していくことは，多くの障害がありきわめて困難である．そうだとするならば，これの実現をすすめるには，市町村（場合によっては県）の範域ということになる．その典型的な事例が終章で述べる読谷村（ヨミタンソン）である．もちろん「国」形成は一朝一夕で達成されるものではなく，読谷村もまだその途上にある．

　しかしながら，施政権返還の1972年以降ヤマト国家によって改めて周辺化され，ウチナー全般にわたるヤマト化過程のなかでこの〈地域〉に変動が起こりつつある．とはいえ，その本質的な部分はまだ失われてはいない．それは後述する基地反対闘争や普天間基地移設問題をめぐる住民の対応や，読谷村における地域づくりをみれば明らかである．本書におけるこの〈地域〉の視点は，ハーバーマスの生活世界論から示唆をうけ，またウチナーの社会的・文化的特質認識にもとづいて設定したものであり，以降の論述の中心軸となる．

　明治に成立した近代国民国家としてのヤマトは，いうまでもなく資本主義体制をとり天皇制国家として展開していく．資本主義経済の発展，その体制の膨張拡大，国民国家を編成するための皇民化教育は，ウチナーにも強制的に下降してきた．これに対して，ヤマトとは相対的に独立性を保つ王国として独自の社会と文化をもっていたウチナーでは，僅かの抵抗がみられただけで一方的に組みこまれることになった．第2次大戦後，天皇制国家は消滅したが高度に発

展した日本資本主義は，ウチナーを新たに周辺化し，また日米共同で軍事基地化をすすめてきた．これに対してウチナー側の抵抗はあったものの，アメとムチによって屈服を余儀なくされ，ヤマト化が進行してきた．それは，明治以降現在まで一貫してすすめられてきた国家という共同幻想（民族共同体という幻想）のなかでのウチナーの〈地域〉性喪失過程ともいえる．

そこで本書を次のように構成することにした．なお時期的段階としては，第2次世界大戦以降の戦後過程に重点を置くことにするが，前提的には，明治期以降における琉球処分とヤマト国家体制のなかへの組みこみについてふれざるをえない．

まず序論において，問題提起と分析視点について述べる．なぜウチナーの社会とヤマト国家との関係をとらえようとするのかについての問題意識を明らかにし，次いで分析視点として，I. ウォーラスティンの「世界システム論」とJ. ハーバーマスの「システムと生活世界論」をウチナーの現実に即して再構成するとともに，これにウチナーの特質をからみあわせた分析視点を設定する．1章では，琉球処分にはじまる近代国民国家としてのヤマトによるウチナーの支配・収奪・差別，日本資本主義体制・天皇制国家によるウチナーの周辺化について論じる．2章は，第2次世界大戦後における米軍のウチナー占領支配及びヤマトの役割，米軍による軍事基地化の進行，安保体制・地位協定のなかのウチナー，公用地暫定使用法・駐留軍用地特措法と知事の代理署名拒否について述べる．3章では，軍事基地化の現状，それによる基地問題及び基地被害と基地反対闘争を検証する．4章では，新たなるヤマトの周辺化過程としての沖縄施政権返還・沖縄開発の実態と論理を明らかにしつつ，それによるウチナー全般にわたる構造的変動と問題情況を浮き彫りにしたうえで，基地問題・返還・ヤマト化過程による社会・経済変動についての住民意識を検討する．5章では，1章から4章までに論じたウチナーとヤマト国家の関係のもっとも先鋭的な現れとしての普天間基地の移設問題と住民の対応について述べていくことにする．この問題は，いうなれば住民にとってまた〈地域〉にとって，ヤマト国家とは何かを提起することになる．

この1章から5章を通して，ウチナーがいかにヤマト国家によって構造的にからめとられ，その特質と自立性を喪失し多種多様な問題をかかえこむことに

なったかをとらえるとともに，支配・収奪・差別と抵抗・闘争・妥協の現実をふまえてウチナーの社会とヤマト国家との関係を析出したい．そのうえで終章において，ウチナーにとってヤマトとはいかなる存在なのか，逆にいえばヤマトにとってウチナーとはいかなる存在なのかを明らかにしつつ，あらためてウチナーの〈地域〉と「国」という発想に立ってウチナーの自立の方向と条件を展望することにしたい．

それでは次節において，論をすすめるにあたっての分析枠組みの設定を試みることにする．まずは，ウチナーとヤマトの基本的な関係をとらえるためにI. ウォーラスティンの「世界システム論」を援用することにする．すなわち，ヤマトの政治・行政・資本の権力機構を中心部とし，ウチナーをその周辺部としてとらえることになる．次いでJ. ハーバーマスの「システムと生活世界論」に立ってウチナーの現実をとらえ，そのうえでこれらに拠りつつウチナーの構造的特質をふまえて，一方でのヤマト権力メカニズムの行政システムによるウチナーの支配機構化と，そのなかに組みこまれつつもウチナー社会に存在し，この支配権力に対峙する〈地域〉について検討し，論述にあたっての分析視点を構築する．

2．「世界システム論」と「システムと生活世界論」

世界システムのなかのウチナー

ウォーラスティンの「世界システム論」は，16世紀以降の世界システム——とくに資本主義による世界編成——について論じたものであるが[1]，この理論からすれば当然ヤマト及びウチナーは，世界システムのなかに組みこまれていることになる．このことは，アメリカの世界軍事的支配の一端としてのウチナーにおける米軍基地を考えてみれば明らかである．だがここでは，そのこと自体を述べるのではなくて，中心−半周辺−周辺という図式を援用してウチナーとヤマトの関係をとらえることにする．

ヤマトは，明治以降資本主義体制と天皇制国家への道を歩みはじめる．それにあたって，東京に政治・行政・制度・法・経済などを集中・集積し，中心部として形成をすすめていく．そして，全国各地域を権限の上下関係として系列

化し周辺化していく．すなわち全国の主要都市・工業地帯を半周辺化し，その他の市町村なかでも農村が周辺部として位置づけられていくことになる．当初はこのシステムのなかに入っていなかったウチナーは，1879年の琉球処分によってシステムの周辺最末端として組みこまれた．その後，第2次世界大戦後のアメリカユを別として，一貫してこの関係は拡大強化され続け今日にまで及んでいる．

明治期において，那覇市に県庁，警察署，裁判所，師範学校，電信電話局，診療所（県病院）があいついで設置され，中央権力はこれを拠点としてウチナー支配を行ってきた．第2次世界大戦前のウチナーとヤマトとの位置関係をみるならば，中心部に政治・行政・軍事・経済権力があり，対して全ウチナーが周辺末端に押し込められている，ということになる．特にウチナーは大きな軍事的な役割を担わされていただけに，第2次世界大戦中において本土防衛の前線基地として戦場化し壊滅状態におちいった．

戦後のアメリカの占領段階においてアメリカの手に渡されたウチナーは，ヤマトの平和と経済的発展のためにとり結ばれた日米安保条約交渉から排除され，アメリカの軍事基地化がすすめられた．ウチナーに集中し恒久化した軍事基地によって現在にいたるまで被害が多発していることは，あらためてことわるまでもない．やがて熱烈な日本復帰運動が起こり，1972年の施政権返還によって「一応」アメリカの占領体制を脱し，再びヤマト体制のなかに組みこまれることになった．

ここで「一応」と書いたことについてことわっておきたい．占領体制を廃棄することは，もちろん絶対的に必要である．だが本土に復帰すればウチナーの平和と発展が保障されるというのは，幻想にすぎなかった．すなわち，それは再びヤマトの周辺末端化する道程であった．その証拠に，米軍基地の存続だけでなく自衛隊基地までも設けられ，より強固にアメリカの軍事的な世界支配の基地となった．また，多額の公共投資がなされたにもかかわらず，それはウチナーの経済的発展・自立には結びついてはいない．それだけにウチナーがヤマトを信じこみ期待するのは，いささか甘いといわざるをえない．ウチナーにはクサテ（腰当て）という言葉がある．それは，もともとは村落の御嶽（「むら」にとっては最も神聖な空間）に祭祀されている祖霊神に守護をお願いするとい

うことから出てきた言葉といわれるが，それが転じて誰か・何かを頼り当てにするという意味をもつようになった．ふりかえってみれば，琉球王国時代においては「唐は傘，ヤマトは馬の蹄」というように，明・清に王国維持を頼ってきた．そして生活領域としての共同体社会のなかで，お互いに頼り頼られた共同関係を取り結んできた．その典型的な現れが郷友会[2)]であり模合(モアイ)（頼母子講と同じようなもの）である．このクサテはウチナーンチュの基本的な社会的性格といえるかもしれないだけに，筆者もウチナー社会をとらえるにあたってこれを重視している．だがヤマトという権力システムと相対する場合には，ヤマトをクサテとする姿勢を捨て去らねば，ウチナーは平和で豊かな状態を迎えることはいつまでもできない．

　施設権返還によってヤマトに再編入されて以降，政治・行政・制度は上下関係として系列化され，軍事基地化の進行とともに沖縄振興開発計画のなかで経済的収奪がすすめられてきた．脆弱な経済基盤に立つウチナーは，基地収入と観光事業の推進によって経済的安定を保とうとしてきた．これに応じてヤマトから多くの観光客が訪れた．だが彼らの少なからずが，ウチナーの戦前・戦中・戦後過程についての認識を欠き，ウチナーの全てを単なる観光の対象としてしかみなさないことがあり，またなかには差別意識をもっている者すらいる．またこうした観光化のなかで，ウチナーの固有文化が崩れヤマト化が進行していった．ウチナーのなかにもヤマトに頼りその庇護下での経済的発展のみを念頭におく人々も出てきた．だが，後述するように〈地域〉に何よりもアイデンティティをもち，それを破壊しようとするものに抵抗する人々及び，その〈地域〉に立脚する自治体＝「国」も存在していたのである．

　この施政権返還以降のウチナーとヤマトとの対置関係は，アメリカを後ろだてにしたヤマトの政治・行政・資本・軍事権力及びそれに加えてウチナーに対する認識を欠くヤマトンチュと，それに対して，平和の魂を持ちつづけヤマトから与えられる恩恵に惑わされないウチナーンチュとその〈地域〉及び〈地域〉に立脚する自治体すなわち「国」ということになる．このような対置関係を設定することはできるが，しかしヤマト中心部からするウチナー周辺化が強力に押しすすめられていることには変わりがない．この「世界システム論」にもとづくウチナーについては，古城利明が「フロンティア」という視点から検討し

ている．フロンティアとは「世界システムの中心部がシステム外の世界をそのシステムに周辺部として組み込んでいく……その際にフロンティアがうまれる」とし，それは「近代以前から存在していた地域が国家あるいは国家間システムによってインコーポレートされるときに生ずる周辺部のゾーンないしエリアである」としている[3]．これにもとづいて近代以前の「中華地域世界システム」の段階から現在までのウチナーを分析しているわけであるが，そこでのフロンティアのもつ「ポテンシャリティや豊かさ」の指摘は重要な意味をもつ．

　以上においてウチナーとヤマトの基本的な関係を中央部−周辺部の視点からとらえてみたが，近代国民国家としての日本においては，その中央集権的性格により，各都道府県及び市町村は中央行政機関のもとにピラミッド的に上下の階層性をもつ支配従属関係のなかに位置づけられた．ヤマトにおける都道府県・市町村は，強固にこの行政システムのなかに組みこまれたが，ウチナーにあっては，組みこまれつつもこれまでの一方的な支配とアメリカ寄りの政策行使及び基地問題による苦悩などを背景に，時にはヤマトの権力的支配に抵抗を示してきた．もちろんヤマトにおいても，国家政策に対する住民の抵抗運動はなかったわけではない．しかしウチナーの場合は，それとはいささか異なるように思える．すなわちウチナーにおいては，ヤマト国家権力はヤマトで行ったほど地域末端にいたるまでの緻密な支配構造をつくりあげたわけではない．ヤマト国家権力は，県・市町村制を整え，法令を施行し，土地制度の改革を行い，間切（通常5-20程度の共同体的性格をもつ「シマ」でもって構成される行政村をいう）を廃止し，ウチナーの上層さえ抑えれば後は何とかなると思っていた．だがこのなかにあって，ウチナーンチュの存立性の根拠である宗教と文化と社会関係が一体化している「シマ」としての〈地域〉そのものにはほとんど手がつけられることがなく，それだけにこの〈地域〉は変化なく存続しつづけた．それはもともと政治的権力とは無縁のもので，住民たちの私的世界であり，彼らの自己存在の根源にかかわるものである．それだけに，その私的世界に政治権力が強引に押し入りこれを破壊もしくは変えようとした場合には，やむをえず抵抗するということになるのである．ウチナーにおけるヤマト権力に対する闘いは，政治的なものとか，イデオロギー的なものというよりは，その基底に〈地域〉及びその連合体としての「国」の論理が存在しているといえよう．

そこで次にこれを，J. ハーバーマスの「システムと生活世界」論[4]を借用してより緻密に検討していくことにする．

公的システムと私的生活世界

ハーバーマスによれば，部族社会は社会文化的生活世界であり[5]，それは自己制御的システムをもっているとし[6]，その社会における親族集団は常に祭祀共同体であって，親族関係の規範における拘束力は宗教的基盤にもとづく，と論じている[7]．このハーバーマスの把握は，ウチナーの「シマ」の特性にきわめて的確に対応している．それは例えば，仲松弥秀が「農村社会は血縁的共同体を形成していた」[8]，そしてそれは「祭祀することによって生活してきた」[9]ととらえており，また比嘉春潮などが「村は地縁集団であるとともに，血縁集落としての性格が濃厚であり」[10]としていることからも明らかである．すなわちウチナーの村落は，基本的には1つないし2つ以上の門中に代表される血縁集団によって構成され，その有力門中の祖先祭祀を中心にした集合体であった．しかも，この血縁集団における本家(ムートゥヤ)は分家に対して，祖先祭祀という点において圧倒的な優位に立っている．このようにウチナーの「シマ」は，ハーバーマスのいう部族社会としてとらえることができ，それはとりもなおさず後出の生活世界の単位であるといえよう．

やがて「政治的権力が形成され……裁判による制裁手段の自由な使用が得られるようになると，ただちに権力は親族関係構造から切り離される．政治権力の平面で構成される組織権力が新たな制度，つまり国家の結晶化の核となる」．これを国家的組織の機制という．「この機制は，親族関係にもとづいて組織化された社会の構造とは相容れず，社会的階層を編入しまた従属させている政治的総体秩序の中に，それにふさわしい社会的構造を見出す」[11]ようになる．すなわち，ここに生活世界と国家との分断が立ち現れるのである．しかも分断のみならず，生活世界がシステムに隷属させられたとハーバーマスは指摘している[12]．

近代社会は，交換メカニズムにおける経済のサブシステム，権力メカニズムにおける行政のサブシステムによって構造化され，そのシステムによって社会統合がすすめられていく．したがって国家と分断した生活世界も当然のことな

がら，このシステム統合のなかに組み込まれていくことになる．そして「国家的に組織化された社会という枠組みにおいて商品市場が成立し，この市場は，……貨幣という媒体にもとづいて，制御される．しかし貨幣媒体は，国家的秩序のもとで経済から分離したときにはじめて，社会システム全体の構造を規定するような効果を生み出す．……この制御媒体の機制は，市場経済と近代的行政という補完的にかかわり合う二つのサブシステムの中に，それにふさわしい社会構造を見出す」[13] さらに「国家装置は，媒体によって制御される経済というサブシステムに依存するようになる．このことが国家に再組織化を強要するのであり，この再組織化によってとりわけ，政治権力を制御媒体の構造に適応させ，権力を貨幣に同化させるという結果がもたらされる」[14] と述べている．すなわち，国家の核としての政治権力及び国家的に組織化された社会の枠組みにおける経済のサブシステムと行政のサブシステムによって，社会が編成されていくことになるのである．

　明治期に成立した近代ヤマト国家の政治権力そのものについては，ここでふれないことにする．ただそれは，一方では，後発資本主義経済体制のため国家権力を背景に，かなり強引に経済のサブシステムを整え全国の統一商品市場化をはかり，他方では，国民国家形成のために天皇制国家をつくりあげた．そしてこれらを現実化するために行政のサブシステムを貫徹することに力を尽くした．全国各地域を政治的・行政的支配の上下関係として編成していった．これはすなわち，権力メカニズムの行政システムによる社会統合をはかったということである．具体的にいえば県・市町村という行政機構を整備し，それを従属させコントロールし，地域支配の徹底化をすすめようとした．明治期以来ヤマト各地域は，このシステムによって編成されてきた．しかもそれは，生活世界にまで及ぶものであった．そのことは例えば，町内会・自治会の行政末端機構化という事実をみれば明らかである．とはいえ，1960年頃まではヤマトの資本主義と近代化の特質[15] から，ヤマトの各地域はシステムのなかに充分に包摂されなかった．

　ウチナーにおいては，これとは多少異なった状況がみられた．確かにヤマト権力によって行政機構が整備され行政システム化がすすみ，経済システムが侵入してきた．これとあわせて社会・文化のヤマト化がみられるようにもなった．

だが県・市町村のシステム化は，ヤマトよりももっと不徹底であった．県制や市町村制及び選挙は，ヤマトに比較すればかなり遅れて施行されたばかりか，明治期における県幹部職員や教員の多くはヤマトから赴任した．さらにこの行政機構における運営は，近代合理主義によってすすめられたというよりは，後述するようなウチナー的特質が貫かれていたといってよい．すなわち，その行政システム化は，あくまでも組織形式としての制度であったにすぎない．それだけにそれは地域社会の諸関係，文化，住民生活を大きく改変するものではなく，従来の伝統的な構造が残存しつづけた．それは1つには，ヤマトのウチナーの差別によるものであり，2つには，ウチナーとヤマトの社会的・文化的異質性にもとづくものである．さらに挙げれば，近代国民国家としての天皇制国家というものは，ウチナーンチュにとっては理解の外にあった，ということである．

　また経済システムによる編成にしても，資本主義的商品市場の形成は未熟なまま現在まで推移してきている．ウチナーにおいては最近に至るまで生産力の中核は農業であった．だがそれは，琉球王府による厳しい収奪，明治期以降のヤマトユにおける生産力発展に対する経済政策の欠如，第2次世界大戦時の戦場化による壊滅，アメリカユにおける放置などから，きわめて低い生産力段階にとどめられてきた．それだけに，資本主義経済への移行のための原始的蓄積は達成されず，近代的工業化は不可能に等しかった．

　第2次世界大戦後はもっぱら基地収入に多くを頼ってきたが，施政権返還後のネオヤマトユにおいては，国家財政による公共投資に依存してきた．いや依存してきたというよりは，むしろ依存せざるをえないような措置がとられてきた，といった方がより正確といえよう．そこでは沖縄振興開発計画が策定され，経済発展・自立のためにインフラを整備し産業育成をはかるということであった．だが1972年から2002年までで沖縄振興開発事業費として7兆390億円が投資されたにもかかわらず，経済発展・自立は展望しえないままである．それだけに，大きな被害・苦悩をもたらす過大な軍事基地をやむをえず受け入れ，それとひきかえにヤマト国家権力から提供される公共投資によるアメをなめることになる．だが，基地の存続に反対しこの撤去のために具体的な行動を起こそうとした場合には，直ちにアメは取り上げられムチ打ちに処せられる．この

開発計画の実施においてヤマトから建設資本が乗り込み，また観光化の進行とともにヤマト観光資本が参入してきた．ウチナー側では，これにあわせた中小資本及び商業・サービス業の展開がみられたにすぎない．最近においては情報産業が目につくようになったが，自立の基盤となる産業発展はない．また農業においても基幹作物である甘蔗栽培は低迷し，わずかに花卉や端境期の蔬菜経営によって収益をあげる農家がみられるにすぎない．こうしてみると経済システムのウチナーへの侵入は，収奪のためにこれを徹底的に対象化するものではなく，利用できる面だけ利用するというものにすぎなかったのではないかと思われる．別の点からいえば，資本主義の経済システムよりも軍事基地化がすべてに優先しているということになる．

　以上において，ハーバーマスの「システムと生活世界」の論理をウチナーの現実に対応させてとらえてきた．そこで次節において，これに拠りつつ本書における分析視点を構築することにしたい．それにあたって，システムと生活世界との対立関係をより明確にするために，公＝支配権力と私という対立概念を用いて，公的システムと私的生活世界という設定を行う．

3. 分析視点の提示——〈地域〉の視点

　ここで2節の検討をふまえて，あらためて本書における課題をとらえかえしておこう．それは，ヤマト公的システムが，何のために，どのような機会に，いかなる手段をもってウチナーに侵入し，そこにどのような事態をもたらしたかを明らかにしつつ，この公的システムの侵入に対して，ウチナーの私的生活世界がいかなる論理でもって対応し変化し，そこにどのような問題が生じてきているかを，とらえようとするものである．それにあたっては，ヤマト公的システムとウチナーの私的生活世界とは何かと問わなければならない．だが本書の基本的ねらいが，ウチナーの私的生活世界からヤマトの公的システムを照射することにあることから，ヤマト公的システム論よりも，主としてウチナーの私的生活世界について論じていくことにする．そのためには，まずこの私的生活世界に貫いているウチナー的特質を整理しておく必要がある．

ウチナー的特質

　まず第1にはその自然条件と民族的特性について．琉球弧といわれるウチナーは，亜熱帯海洋性気候帯のなかにあり，その地理的世界は，奄美諸島，沖縄諸島，八重山諸島，宮古諸島からなっている．その総面積は2,266 km²で，日本全体の0.6％にすぎず，周辺はすべて海である．しかも那覇から東京までの距離は1,600 kmであるのに対して，フィリピンのマニラまで1,500 km，中国の上海・福州までは800 km，ソウルまで1,400 kmと，中国・アジアに近接している．こうした自然条件及び地理的条件は，当然のことながらヤマトと異なった生産力構造，ウチナー文化，国際的な政治・経済関係，ウチナーンチュの社会的性格を生みだす．さらには，民族構成にも特徴がみられることになる．上述したような条件から，周辺諸国・地域との交流が盛んであり，また経済的には，土地が狭小であり生産力が低いために海外交易に頼らざるをえなかっただけに，中国・東南アジアなどの諸民族やポリネシア・メラネシアの人々の来住と混血が続いてきた．最近では，アメリカ人との混血による「アメラジアン」も増えてきている．ウチナーンチュは，ヤマト民族と同流であり言語的にも同系であるから日本人であるといわれるが，こうした諸民族による構成を考えてみると，多少の疑問をもたざるをえない．とくに後述する社会構造・文化・社会的性格と重ね合わせると，同じ日本人としてとらえきることはできないようにも思える．もちろん，ウチナーンチュとヤマトンチュとが全く異なる民族であるというつもりはないが，この民族的特性は，ウチナーの特質形成に影響を与えてきた．

　第2にはウチナーの歴史的特異性について．15世紀に入って第1尚氏王朝に次いで第2尚氏王朝により琉球王国が成立展開していく．まずここで注目しておきたいことは，琉球王国は第2王朝時代の1477年に第3代の尚真王によって，古代国家として編成されたということである．これ以降強力な中央集権制をとり，身分制・位階制を定め辞令書の発給による官僚行政を整えた．また，支配体制の補強のために，地方の豪族である按司の守護神を祭祀する神官である祝女たちを統制下におく必要から，その上に宗教的最高権威としての聞得大君（国家の重要な祭祀を行い，国家の繁栄，航海の安全，五穀豊穣を祈願し，また国王即位の儀式を決定したといわれる）を置き，王女や王妃や母后などが

その地位についた．さらに対外的には，アジア諸国・地域との交易を積極的にすすめ，とくに中国の冊封体制における朝貢システム[16)]のなかで大きな貿易利益を手にするようになり，交易国家として発展をとげた．他方国内的には，行政村にあたる間切を置き，農民を土地に緊縛し租税を確実に集めるために1つの「シマ」単位に地割制[17)]を設けた．そして，農業経営や「シマ」の運営，村内風紀，生活など全般にわたって農民統制が行われた．こうしたことによってウチナーの村落にみられた共同体的性格は，ますます強められることになった．かくして琉球王府は，定めた身分階層制と官僚機構を通して農民からの収奪体制を確立した．1609年に薩摩の侵攻・支配によって幕藩体制下に組みこまれても，琉球王国の構造は変わらなかった．結局この王朝は，明治期の琉球処分の時まで計19代，400年余りも続いた．この後，ヤマトユ，第2次世界大戦における戦場化，アメリカによる軍事支配，そしてネオヤマトユを迎えることになるのである．以上においてみてきたようにウチナーの歴史的過程は，ヤマトのそれとは異質のものであるといってよい．

　ここで明確に認識しておきたいことは，ウチナーはたとえ薩摩の侵攻により間接的に幕藩体制下に組みこまれたとはいえ，琉球処分に至るまでは古代国家としての政治的・社会的特性を残し続けてきたということであり，そして明治期において，いきなりヤマトの支配システムのなかに包摂された，ということである．そして近年に至るまで政治・行政・法・教育などにかかわる制度・運用は，近代国民国家に相応しい形に改変されたものの，それは必要なかぎりの施設・設備の整備及び資本主義的収奪のための措置がとられたにとどまり，社会構造は旧慣温存策によってあまり変化なく旧来のまま維持され，ウチナーの地域社会関係や文化・生活は大きく変わらなかった．しかし，最近における強いヤマト化過程のなかで変容がみられるようになってきている．

　第3には宗教と文化について．人類社会における初源的な宗教的形態は，アニミズムである．だがそれはやがて仏教やキリスト教，ヒンズー教やイスラム教などの世界的で体系的・制度的な宗教の成立・発展によって，そのなかに吸収され姿・形がみえなくなってしまう．しかしウチナーの宗教は，依然としてアニミズム的特徴を残し続けている．それは，ヤマトにある仏教でもなければ神道でもなく，いわんやキリスト教やヒンズー教やイスラム教ではない．御嶽

や拝所(ウガンジュ)に象徴的にみられるように，アニミズムと祖先祭祀とが一体化したものである．墓参りをふくめてこれらの祭祀・儀礼は，社会・生活の根幹にかかわるものである．これを司るものとして，「シマ」における根神(ネガミともいう，村落の草分けの家から出た神女)，神人(カミンチュ)（「シマ」の祭祀において根神とともに祭祀を行う巫女的な存在），地区の祝女(ノロ)（先述したようにかつては按司の神官であったが，琉球王国にあっては1つの「シマ」ないし複数の「シマ」におかれている祭祀を司る神職として，王府から辞令が交付され公的に保護されるようになった）などがいる．ノロは，根神や神女をひきいて「シマ」の御嶽で国家や「シマ」の安泰や豊作，宇宙の豊かな世を神々に祈り，これらの頂点に王国において聞得大君を置くという形で祭祀組織が設けられた．ここでは，これについて詳しくふれるいとまはないが，この宗教の理解なくしてはウチナーの世界はわからない．この宗教の祭祀・儀礼は，当然のこととしてウチナーの文化と密接に関係している．生活の主要な様式はこれに即した形でつくりあげられていく．また中国やヤマトの影響もあって，祖先祭祀をめぐって血縁集団のなかでの上下関係が定められていく[18]．

　これとともにウチナー文化を考えるにあたっては，前述のように中国，アジア諸国及びその各地域，ヤマトとの交流を視野にいれなければならない．ウチナーの地理的条件，国際関係，海外交易によって，さまざまな文化が流入しミックスされてきた．それはまさしくチャンプル（まぜこぜ）文化といわれるに相応しいものである．その典型は，年中行事や冠婚葬祭，伝統芸能や料理にみいだすことができる．かかる宗教と文化は，社会構造と深くかかわっている．

　第4には祖先祭祀と家・門中(ムンチュ)について[19]．アニミズム的性格を強く残している祖先祭祀は，ウチナーンチュ個々人にとっても家・門中や村落にとっても，きわめて重要な意味をもっている．祖霊に対する信仰心はきわめて強く，位牌・墓・御嶽への祭祀は欠かすことがない．ヤマトとは異なり，家の相続とは，祖先祭祀のために位牌を継承することに他ならない．家産は，祭祀のために必要なので相続すると観念されている．位牌は長男が継承するのが原則で，女性は禁忌される．家は，血縁集団——近世以降，門中という形で編成されてきた——のなかで上下関係として位置づけられ，門中は，一族の祖先祭祀を行うとともに相互の親睦をはかり，また必要に応じて相互扶助的機能を果たしてきた．

「シマ」における御嶽は,「シマ」の草分けないしは有力門中の祖霊を自然のなかに祭った神聖な地であり,その一番奥の聖なる処には,根神など特別の者以外は入域することは許されない.この祖霊は,「シマ」の守護神として敬われ畏れられている.この他に「シマ」のなかには,いくつかの拝所があるのが一般的である.「シマ」には,多くの場合は女性の神人がおり,根神とともに祭祀を司ってきた.現代においても,古代の祭祀共同体的性格を残している「シマ」もあるが,最近では根神や神人のいない「シマ」もみられるようになってきている.このように祖先祭祀といい家や門中といい,それらはヤマトとはかなり異なったものといえよう.

　先にも述べたようにこれらの特質は,ウチナーの各地域,ウチナーンチュのなかに多かれ少なかれ刻印されている.とくにウチナーは現在も基本的には農村社会であるだけに,この特質は「シマ」に凝集されているといってよい.「シマ」社会には,生産と生活,自然,アニミズムと祖先祭祀,血縁と地縁にもとづく共同関係,生活様式,生活慣行,芸能,そのなかで形成されてきた意識が重積し構造化している.そのなかでも,アニミズムと結びついた祖先祭祀が中核となっている.「墓から放り出される,先祖代々の"血"から切り離されるということは,肉体的な死よりも恐ろしい」[20]とさえいう.1998年に名護市で筆者が調査した折,明治期に首里から移住してきた武士の子孫が「現在ここで暮らしているが,われわれは何時の日か祖先がいます首里に帰りたい」と語っていた.かくして,先祖代々の血が結びついている「地」を失うということは自分の全存在が滅びるか滅びないかということにまで至る.すなわち,先祖代々の地こそが自己存在の拠り所であり,そこに強烈なアイデンティティをもっているのである.

　第5には社会的性格・意識構造について.ここでは主なものをいくつかだけ挙げることにする.まず,(1)明治期のヤマト化以降はヤマトに対するコンプレックスをもつようになる.それは一方ではヤマトへの憧れとなるが,他方では被害者意識・被差別意識となる.「日本人になりたいが,なれない」といわれているが,日本に憧れは持つもののウチナーの歴史的現実と宗教的・文化的背景にもとづくウチナーに対するアイデンティティからして,同化できないということであろう.(2)一般的にウチナーンチュを評して「テーゲー主義」と

いう言葉が用いられる．それは「大形」という漢字の読みである．意味は「いい加減」「大雑把」「根をつめてやる必要がない」ということで，要は「ルース」ということになる．それは，人と人の対立関係をとことんまで追いつめない，最終結果がでるまで戦い抜くことはしない，ということである．アジアにある程度共通してみられるアバウト情況に似ている．この「テーゲー主義」は，私的生活世界の日常的人間関係のみならず他の社会的領域や公的システムと対峙する場合にもみられた．それだけに，ヤマトによる支配に対しても最後まで戦い抜かず，適当なところで妥協することが少なくなかった．これは，亜熱帯性という自然条件やアジア諸国ならびにその地域との人的・文化的交流及び，共同体内部で厳しい対立を避けてきたということによるのかもしれない．

(3)先にクサテについて述べた．低生産力と苛酷な収奪からくる貧困，村落共同体内における協力・相互扶助は，人々の間に頼り頼られるという関係をつくりだしてきた．それは「シマ」内部のみならず外延の社会領域までにも及んでいく．その最大規模は，王国時代における明・清の冊封体制による恩恵に頼る――「唐は傘」――ことにみられる．ネオヤマトユ段階になっても，このような意識構造が残っている．第2次大戦中の戦場化という悲惨な状態，戦後アメリカ軍による占領のなかにおかれてきただけに，ヤマトはウチナーの社会経済的発展と自立に力を尽くしてくれるのではないか，という甘い期待をもっていたことは疑いがない．(4)ウチナーには「ムヌクイーシド，ワーウシュー」（物をくれる人が自分の主人）という事大主義があるといわれている．この「物」とは単に物質だけではなく権利・利益・恩恵を含めて，それを与えてくれる人に従うということである．このような従属的性格を払拭しないかぎりウチナーの自立への展望は見いだせない．

第6には〈地域〉としてのウチナーについて．ウチナーンチュにとっては，この「血」と「地」とが一体化した「シマ」こそが生存・生活・社会諸関係の実質的世界である．それは，ウチナー社会の根幹をなすものである．それだけに，祖霊が存する「シマ」＝〈地域〉から挙家離村する場合でも，多くは墓は移さないし屋敷・家屋も売却しない．多いときは，月に1度くらいの割合で「シマ」に帰ってくる．またその「シマ」における祭祀・年中行事・冠婚葬祭にもできるかぎり参加する．筆者の友人の先祖は，代々大宜味村喜如嘉に居住

していた．父親の代に那覇に移住しやがて家・屋敷も手放し墓も移した．だが彼は今でも「自分と喜如嘉とは切っても切れない．喜如嘉は自分のなかに体内化されている」といい，喜如嘉の祭祀・行事にかかわっている．すなわち，「シマ」と空間的にどれだけ離れていようとも，「シマ」との一体感は失われることはないのである．また，他の地域からの移住者は，血縁関係者でないかぎりは「寄留人」としてみなされる．換言すれば，寄留人は，血縁と地縁と祖先祭祀で固められた自分たちの私的生活世界に属する人間ではないということである．このことは，ヤマトの公的システムは，自分たちの私的生活世界とは無関係な異界であるとする認識にも通じるのである．

　このような状況は，農村であろうと都市であろうと変わりはない．ウチナー社会においては，現在にいたるもこの「シマ」的性格が根底に貫いている．第2次世界大戦以前に都市といえたのは，那覇市だけである．といってもそれは，琉球処分後に首里及び那覇町と周辺農村とが合併したもので，農村的性格を色濃く残していた．ましてや1980年前後に都市として発展してきた浦添市や宜野湾市，沖縄市や名護市などは，農村そのものか農村的町としての性格を残している．しかもこれらの都市のなかに「シマ」そのものがもちこまれている．その典型例が，都市に居住するようになった「寄留人」が「シマ」の疑似共同体として形成している郷友会である．すなわち，これらの都市は，そのなかに共同体としての生活世界を深くかかえこんでいるのである．

　このウチナーにおける「シマ」＝〈地域〉に対する意識を理解しないかぎり，ウチナーの社会や文化・生活を本当にわかったとはいえない．こうした〈地域〉は，地域社会学で論じられている地域とは多少位相がズレており，いわんやコミュニティ論とも異なる[21]．どちらかといえば，玉野井芳郎の「地域主義論」や鶴見和子の「内発的発展論」[22]にある程度共通するところがある．だが筆者が本書で考えている〈地域〉は，どちらかといえば共同体論的な視点により近い．

　ウチナーの〈地域〉は，15世紀の琉球王国成立以前までは原始共同体的な状態にあったと考えられる．琉球王国は，アジア的生産様式にもとづく古代国家であり，そのもとで「シマ」はアジア的共同体としての性格を強めていくが，やがて王府支配体制の確立にともなって村落共同体として編成された[23]．そ

こでは，間切制のもとで農民の土地私有は認められず，「シマ」ごとに地割制がとられ，作付け強制・強制労働が行われた．琉球処分後，間切制・地割制は廃止されたが，村落の共同体的性格は変わらずに残存しつづけた．この残存しつづけた共同体には，その基底に原始共同体的な特性が存在していると考えられる．それは仲松弥秀が，血縁集団によって成立したマキあるいはマキョといわれる「むら」の成立について述べているが，そこではこの血縁集団の祖霊とアニミズムとが一体化し，それを中心として「むら」が形成され，やがていくつかの血縁集団の集合体となった場合にも，この祖霊が「むら」の守護神となっていることを指摘[24]している状態が（ここで「むら」という表現したのは，仲松の文献による），現在の「シマ」においてもみられるからである．

このことは，先に言及したハーバーマスの「親族関係は常に祭祀共同体」という規定を想起させる．そしてそれは「部族社会は社会文化的生活世界」であるという．すなわち「シマ」は，生活世界なのである．しかもこのハーバーマスの理論は，農村の「シマ」にとどまらず都市においてもみられたし，さらには郷友会の形で都市のなかに「シマ」がもちこまれた．したがって，このように「シマ」が，ウチナー社会全体に普遍的にみられるのである．本書においては，このような構造をもつ「シマ」を〈地域〉という表現でもってとらえることにし，この〈地域〉＝私的生活世界を，本書における分析の基本的基軸として設定することにした．この対極に，権力メカニズムとしての公的システムを対置することになる．

古代国家としての琉球王国時代においては，王府をはじめとする権力者層と行政官僚機構によって農民を主とする民衆が搾取されてきた．だが琉球処分以降旧来の権力機構は消滅し，代わってヤマト国家権力による支配メカニズムが作動するようになった．この段階において，農民をはじめとする一般民衆は，従来とは異なった収奪システムのなかにさらえこまれることになった．

それにもかかわらず，一般民衆の生産・生活の場である〈地域〉には大きな変化が生じなかった．〈地域〉としての「シマ」は，内部に門中組織形態をとることが多くなった血縁集団，祖先祭祀儀礼を抱え込んだ村落共同体として存続し，人々の強い共同関係・社会関係のみられる私的生活世界としてありつづけた．大宜味村を調査した高橋明善は，流出者の圧倒的増加によって「むら」

は「象徴型母村的性格」をもつようになった，といっているが[25]，その指摘はある程度うなずけるにしても，果たして本質的に「むら」は象徴型母村になってしまったのか，いささか疑問をもたざるをえない．読谷村を調査した仲地博は，「むら」は地域性を失ったにもかかわらず属人的住民自治組織を形成していることを指摘し，その基盤の1つとして共同体の存在を挙げ「共同体はなお生き生きと息づいている」[26]と述べている．私が調査した経験からいっても，この仲地博の指摘を肯定せざるをえない．そしてそれは，ウチナーの他の「むら」にも共通してみられるように思われる（高橋も仲地も「むら」という表現をしているので，ここではそれに従った）．

ウチナーンチュにとっては，ヤマトの支配システムは全く異界であり，よそよそしいものであったに違いない（明治期において皇民化教育が行われた時に，天皇という存在がわからなかったといわれる）．ヤマト国家に組みこまれたが故に必要のある場合にのみかかわりをもたざるをえないが，それによって私的生活世界の本質部分を変えることはなかった．すなわち，公的システムと私的生活世界の間には，ある程度の断絶があるということである．ウチナーンチュにとっては，〈地域〉に対するアイデンティティの方が国家に対するそれよりも優先するといえよう．たとえばそれは「共同体そのものを温存し繁栄できるものとしての本土志向，沖縄という位置からの本土志向ではなくて，共同体そのものを継続していく地点からの志向」であるという[27]．これに比べてヤマトの地域では，私的生活世界は公的システムのなかにのみこまれて崩壊し，かろうじて家族内か個々人のなかに存在するのみとなってしまっている．

〈地域〉の視点

それでは以上の論点に立って分析視点をとりまとめておこう．まず基本的にはウチナーは，琉球処分以降中心部としてのヤマト国家権力によって周辺末端化されてきた，としてとらえる．ヤマトは戦前段階に那覇を支配・収奪の拠点とするべく，行政・警察・教育・通信などさまざまな機構を集中させた．戦後にはヤマトの安定と経済的発展を確保するために，またアメリカの世界戦略に協力するためにウチナーを切り捨て，米軍の占領下においた．これによってウチナーンチュは，米軍基地建設のために土地を収奪され，また米軍基地がある

ことによって危険な事故や自然・生活環境の破壊・米兵の犯罪にさらされることになった．

　1960年代後半において高度資本主義段階に到達したヤマト国家は，72年の施政権返還以降ウチナーをその国家体制に組みこむべく，公的システムの徹底をはかり，新しいヤマトユをつくりだすことに努めた．このなかでウチナーのヤマト化が進行し，ウチナーとしての特質が失われるようになっていった．またこれとともにアメリカの世界軍事的支配に協力し，基地の安定的維持・強化のために，さまざまな法的措置を講じた．これらの法は，ウチナーンチュにとってきわめて不利なものであった．それだけにウチナーンチュの生命・人権・生活の危機は一向に解決されることなく，むしろ頻発するようになった．

　こうした事態の進行にともなって，ウチナーに対する新しい支配・収奪のシステムが整備されていくことになるが，この公的システムの貫徹と米軍基地の存続に対してウチナー側からの反撃・抵抗が出された．それは，ウチナーの構造的特質にもとづく私的生活世界としての〈地域〉の存在によるものである．すなわち，〈地域〉は，「心の紐帯」であり，「地」と「血」とが一体化されたもので，それは先に述べたウチナーの特質と深くかかわって構造化し，ウチナーンチュの体内に深く内在しているものだけに，巨大なヤマト国家権力でもってしても容易に公的システムのなかに溶解させることができない，といえる．そして，土地が軍用地として接収され使用されることに対する住民運動の基底には，この〈地域〉が存在し，これを破壊しようとするものに対しては強く抵抗することになるのである．かくして本書においては，私的生活世界としての〈地域〉とヤマト国家の権力的公的システムという対抗軸を設定し，論をすすめていくことになる．とはいえ最近では，権力側から提示されるアメとムチによって解体しつつある〈地域〉もみられるようになってきている．さらにいま1つ留意しておきたいのは，ウチナーンチュが，日本国よりも〈地域〉の総連合体としてのウチナーにより強いアイデンティティをもっているだけに，県や市町村が，先に規定した「国」を形成する可能性があるということである．筆者はウチナーの展望を描くにあたっての方向として，この「国」の形成においていることをことわっておきたい．

　それでは次章以下において，この分析視点に立ってウチナーとヤマトとの関

係を，具体的現実に即して検討をすすめていくことにしたい．

1) ウォーラスティンは，A. G. フランクやS. アミンなどの従属理論を基本的に継承しながら，資本主義世界を中核地域－半周辺地域－周辺地域からなるシステムとしてとらえた．これが世界システム論である．これに関する彼の多くの著書があるが，ここではそのうちのいくつかを挙げておこう．川北稔訳『近代世界システム』(1・2) 岩波書店，1981年．川北稔訳『近代世界システム 1600-1750』名古屋大学出版会，1993年．川北稔訳『史的システムとしての資本主義』岩波書店，1985年．ウォーラスティン編，山田鋭夫・市岡義章・原田太津男訳『ワールド・エコノミー』藤原書店，1991年．なお古城利明によれば，庄司興吉の世界社会論（「現代社会の基本構造——パラダイムの整序のために」庄司興吉編『世界社会の構造と動態——新しい社会科学をめざして』法政大学出版局，1986年）では，「世界システム論には不充分な，国民社会の階級構造や国民国家の構造や機能を世界社会との関連で把握しうる可能性をもち，……」としている（古城利明編『世界社会のイメージと現実』9頁，東京大学出版会，1990年）．
2) 東京や大阪などの大都市においては，いわゆる県人会という県単位の組織がみられる．だが県のなかにふくまれる小地域ごとの組織は形成されてはいない．だが沖縄県では，那覇市などの都市のなかに県内の町村ごとにさらには字ごとの同郷組織がつくられ，相互扶助や冠婚葬祭などの協力が行われている．これらを郷友会という．とくに字の郷友会は常に出身の一体感をもち，冠婚葬祭の協力はいうにおよばず相互の生活の面倒，就職の世話，日常のつきあい，親睦的行事などとともに，出身地字の諸行事への参加，寄付を行う．これは擬似共同体としてとらえられている．彼らの念頭には何時も先祖があり，精神的にも物理的にも強くつながっている．それだけに，一般的には，出身地字にある家・屋敷は手放さないし，よほどのことがないかぎり墓を移すこともしない．先祖代々の血から切り離されることは，死ぬことより恐いのである．彼らにとってみれば，郷友会こそが都市における心のよりどころなのである（参考文献：石原昌家『郷友会社会』ひるぎ社，1986年．琉球新報社編『郷友会』琉球新報社，1980年）．
3) 古城利明「フロンティアとしての沖縄」『法学新報』108巻3号，418頁，2001年．古城はこの論文のなかで「フロンティア」という視点から，古琉球・近世琉球以降，琉球処分から太平洋戦争，米軍占領時代，施政権返還，そして現代までを検討している．
4) J. ハーバーマス，丸山高司他訳『コミュニケイション的行為の理論』（下），未來社，1987年．
5) ハーバーマス，前掲書，69頁．
6) ハーバーマス，前掲書，76頁．
7) ハーバーマス，前掲書，73頁．
8) 仲松弥秀『古層の村 沖縄民俗文化論』11頁，沖縄タイムス社，1977年．仲松はこの書のなかで，村落がいかに祖先祭祀を行ってきたかについて述べている．また彼は「古代的社会が明治初年まで，とくに農村においては濃く存続してきたといわ

れている」が，現在なおその基本的特質は形式化しようと観念的であろうと残存しているように思われる．
9) 仲松弥秀，前掲書，14頁．
10) 比嘉春潮・霜多正次・新里恵二『沖縄』106頁，岩波新書，1963年．
11) ハーバーマス，前掲書，82頁．
12) ハーバーマス，前掲書，110-111頁．
13) ハーバーマス，前掲書，83頁．
14) ハーバーマス，前掲書，90頁．
15) ヤマトは，明治期にスタートした後発資本主義国である．それだけに急速で強引な資本主義化を図るために，前近代的な諸構造のうち利用できるものはできるかぎり残すことにした．すなわちそのなかに，共同体的な構造・関係や封建的な諸関係を内包していた．そうした意味において，ヤマト資本主義は先発資本主義諸国とは違った構造をもつことになった．また近代国民国家としての形をとったが，資本主義ならびに近代国民国家に対応する市民社会の形成はみられなかった．そして社会の多くの分野における近代化は著しく立ちおくれた．
16) これについては，高良倉吉『琉球王国』岩波新書，1993年，参照．
17) この地割制は，明治期以前には日本の各地に存在していた．それは，農民の農地に対する私的所有権を認めず村落の共同所有とされるもので，一定の年限ごとに割変えが行われた．これは，村落共同体の基盤の1つとなったものであるが，これを通して，貢租に対して「シマ」の共同責任をとらせるための制度でもあった．
18) 祖先祭祀については多くの文献があるが，ここではそのうちのいくつかだけ挙げておく．
　江守五夫「沖縄における祭祀継承に関する社会問題」『家族の歴史民族学』弘文堂，1990年．沖縄国際大学南島文化研究所編『トートーメーと祖先崇拝』沖縄国際大学南島文化研究所，1993年．窪徳忠編『沖縄の社会と習俗』東京大学出版会，1970年．仲松弥秀『神と村──沖縄の村落』伝統と現代社，1975年．仲松弥秀『古層の村──沖縄民俗文化論』沖縄タイムス社，1977年．比嘉春潮「首里の門中と祭祀」『民間伝承』16-5，1952年．比嘉政夫『沖縄の門中と村落祭祀』三一書房，1983年．比嘉政夫「祖先と祖先神──沖縄祖先崇拝論をめざして」窪徳忠先生沖縄調査二十年記念論文集刊行委員会編『沖縄の宗教と民俗』第一書房，1988年．W. P. リーブラ，崎原貢・崎原正子訳『沖縄の宗教と社会構造』弘文堂，1974年．
　家・家族・門中についても多くの文献があるが祖先祭祀とからんでいるので，ここでは数冊だけ挙げるにとどめておく．安和守茂「沖縄のヤー相続慣行と伝統的シャーマニズム」『関西学院大学社会学部紀要』57，1988年．北原淳・安和守茂『沖縄の家・門中・村落』第一書房，2001年．田中真砂子「沖縄の家族」原ひろ子編『家族の文化誌』弘文堂，1986年．村武精一「沖縄の〈門中〉」青山道夫他編『講座家族6　家族・親族・同族』弘文堂，1974年．
19) 門中は父系親族集団を意味する言葉であって，首里や那覇及び島尻などで用いられてきた．かつては死去した場合には門中墓に葬られた．門中はこの墓を中心として強く結ばれていた．祖先祭祀の時には門中一族が墓の前に集まり，飲食しなが

ら団欒をした．お互いに精神的つながりが強く，経済的・社会的相互扶助を行う．北原は「構成単位の『ヤー』が，……門中の構成要素としてヒエラルキーをもつ儀礼的次元での父系親族組織の中に組み込まれ」と述べている（北原・安和, 前掲書, 27頁）．
20) 恩河尚他『沖縄を読む』220頁，情況出版, 1999年．
21) 地域社会学では，地域社会とは地域的な広がりにおいて形成される生活の共同を意味する．その地域のうえに多様な集団や社会関係がみられ，各種の制度を含めた社会構造が形成されるが，これらを包括した一定程度のまとまりとして，地域社会をとらえている（『新社会学辞典』987頁，有斐閣, 1993年）．コミュニティ論では，地域性と共同性という2つの要件を中心に構成されている社会をいう．コミュニティには，「生みこまれる」という色彩の濃いものと，住民の合意や連帯や協同の活動のなかから「作られる」という性格の強いものとの2つが併せ存在している，としている（『新社会学辞典』478-479頁）．
22) 地域主義論は，生産力至上主義にもとづく近代化に対するアンチテーゼであり，住民側からの地域形成論である，といってよい．そこでの地域とは，自主と自立を基盤としてつくりあげる経済・行政・文化の独立性が実現しうる場である．すなわち，地域住民の自発性と実行力によって地域の個性を生かしきる産業と文化を内発的につくりあげていくことが可能な場，ということである（玉野井芳郎他編『地域主義』学陽書房, 1978年）．内発的発展論も近代化論に対抗して提起されてきたもので，ある意味では地域主義と共通している．それは，地域のなかで住民が主体的に生態系に適合するように文化遺産を生かし，快適な生活環境と福祉と文化をつくり出していく，というものである（鶴見和子・川田侃編『内発的発展論』東京大学出版会, 1989年）．
  この2つの地域のとらえかたは，これから形成していかねばならない，という思想的なものといってよい．だがここで述べられている地域の内容は，従来ウチナーの〈地域〉における私的な生活のなかでみられたものにほぼ近い．
23) 北原・安和, 前掲書, 4-20頁, 参照．
24) 仲松は「『村』なる呼称は島津の沖縄侵入によってもたらされたのではないかと思われる．それ以前は『島』（現在でも用いている）と呼称していたようで，……古代『島』は，村落共同体を，一般的には血縁共同体をなしていたと思われる．……このような村落共同体を指して『マキョ』或いは『クダ』などと名称していたことはオモロ古謡や琉球国由来記によって明らかである．……マキ（ハカ）とは，『同一御嶽（守護神－祖霊神を祀る）の氏子と，その村落』として規定したいのであるが，この規定は，遠い過去の時代には至当ではあっても，マキの歴史の流れからすれば必ずしも該当するとは言えないようだ．それは，マキ名の村落が発生した後に，二，三のマキが併合されて一つのまとめられた村落が形成された……従前の各マキごとに独立して行った祭祀が，併合後は新しく形成された村の祭祀と統合されるようになった」と指摘している（仲松弥秀, 『古層の村』22-23頁）．また祖霊が守護神となっていることについては「村の祖霊は，自己の子孫達の幸福とその発展を常に念頭においてこれを愛護している」と述べている（仲松, 前掲書, 43頁）．

25) 高橋は「ムラでの定住基盤は大きく解体する．農業者はほんの一握りの存在となり，海や山と結んで営まれていた生活も崩壊する．伝統文化も生活的基盤を失い，流出者と住民が共有するシンボル文化の形でのみ存続する」と述べ，ムラを象徴母村としてとらえた（高橋明善「北部農村の過疎化と社会・生活変動」山本英治・高橋明善・蓮見音彦編『沖縄の都市と農村』276頁，東京大学出版会，1995年）．
26) 仲地博は「属人的住民自治組織の一考察」和田英夫先生古稀記念論文集編集委員会編『憲法と地方自治』敬文堂，1989年，のなかで，現在読谷村の住民自治組織が属人的原理で構成されていることを指摘しつつも，そこには「地縁と血縁を基礎とした固い共同体のきずな」(218頁) が存在しており「村がこの共同体に住民自治組織としての認知を与えた」(220頁) として，「村人の生活が共同体の中で完結する時代は終わったが，……共同体はなお生き生きと息づいている」(227頁) と述べている．これからするならば，ムラは高橋がいうような単なる象徴的な母村ではなく，地縁と血縁によって結ばれた「地域」（ここでは，共同体という概念を用いるのはさしひかえたい）としての性格が少しずつ弱まりつつも残り続けている，ととらえた方がウチナーの実態に即している．
27) 恩河尚他，前掲書，220頁．

1章　ヤマト公的システムとウチナーの周辺化

1．琉球処分の認識・評価

　琉球処分は，ウチナーとヤマトが直接的にかかわりをもつことになった端緒であるだけに，これをどう認識し評価するかはきわめて重要な課題である．

　1897年に断行された琉球処分をめぐっては，いくつもの見解がある．ここにその主なものを紹介しておこう．まず最初に評価を行ったのは沖縄学を提唱した著名な伊波普猷(イハフユウ)(1876-1947)である[1]．伊波の説を理解するにあたっては，彼の日琉同祖論についてふれておく必要がある．最初に日琉同祖論を主張したのは，琉球王国の摂政であった向象賢(ショウジョウケン)(1617-1675)及び宜湾朝保(ギワンチョウホ)(1823-1876)である．向は薩摩との関係から，また宜湾は明治権力との関係からもあるが，彼らはウチナーとヤマトは言語的・民族的・文化的に共通性があるという認識をもっていた．その後，琉球文化や琉球語の研究をすすめていたイギリスのチェンバレンが，1983年に琉球語と日本語は共通の祖語から分岐して変化したものであるという説を発表した．伊波はこれらを受けて，日琉同祖論の見解をとることになった．これが1つの伏線となって彼の琉球処分論が出されてきたように思われる．

伊波普猷の国民的統一論とその批判
　彼の琉球処分に対する評価は「一種の奴隷解放である」[2]という言葉に端的に表されている．ただし，この奴隷解放は薩摩支配からの解放であることは明らかであるが，その奴隷とは，それまでの王府をはじめとする支配階級のみを指すのか，それとも一般民衆を指しているのか，あるいはこれら全てを含んで

いるのか明白ではない．そのうえで「明治初年の国民統一の結果，半死の琉球王国は滅亡したが，琉球民族は蘇生して，端なくも二千年の昔，手を別った同胞とかいごうして，同一の政治の下に幸福な生活を送るようになったことを感謝しなければならぬ」[3]という．

このように伊波は，琉球処分を奴隷解放と国民的統一という２つの点から高く評価しているが，大正末期頃のソテツ地獄（世界恐慌の影響によって，砂糖相場が暴落しウチナーの経済が破綻したために，民衆は有毒のソテツすら毒抜きしてでも食べることになった状態をいう）を目のあたりにするようになって以降，この見解に動揺がみられた．「今となって考えると，吾々琉球人に取っては，参政権という美名を得て蘇鉄地獄に落ちるよりも，この特殊な土地制度（割地制度のこと：筆者注）を保存して置いて，徐ろに次の時代を待つ方が気が利いていたのではないか，という気がしてならない」[4]と，ある意味でのヤマト批判がみられた．そして最後の著作である『沖縄歴史物語』（沖縄青年同盟中央事務局，1947年）のなかで次のように述べている．「ただ地球上で帝国主義が終わりを告げる時，沖縄人は『にが世』から解放されて，『あま世』を楽しみ十分にその個性を生かして，世界の文化に貢献することが出来る」．この文章で問題なのは，帝国主義とは何を指しているのか明確ではないことである．もし日本帝国主義を意味しているのであれば，伊波は大きな転換をしたということになるが，それについての答えは不明である．

それはともかくとして，伊波の賛美的ともいえる琉球処分論に対して，さまざまな批判が出されるようになった．はやくは，1932年6月4日の『琉球新報』紙面における志賀進の「伊波氏は薩摩の苛酷な搾取と峻烈な監視から逃れた喜びのあまり，資本の搾取制度を深く見ず，沖縄民族がその手に入った事を大変謳歌している」という痛烈な批判がある．このことは，伊波には階級的視点が欠落しているということを意味している．

伊波の見解についての批判を通じて，琉球処分についての本格的な論争は1960年頃から盛んとなる．63年に井上清が，琉球は「独自の国」──以前は「独立の国家」としていた──という前提に立って伊波のいう「国民的統一」ではなくて「侵略的統一」であるとした[5]．これに対して，1つは比嘉春潮などの「琉球は，少なくとも1609年の薩摩入り以後は，決して独立国とはいえ

なかった」6) という指摘があり，いま1つは安良城盛昭が「琉球王国は独立国でもなければ〈独自の国〉でもないし，〈付庸国〉でもない，……幕藩体制社会内部に位置づけられた藩に近い特殊な存在」で，それは「半国家的＝疑似国家的存在」7) であるとした．これに関しては，筆者の考えはどちらかといえば井上清の「独自の国」に近い．

　1970年に仲地哲夫が「伊波の基本的な〈弱点〉は，勤労大衆の現実生活の苦しみと政治的無権利の状態に目を向けることができず，どちらかといえば〈有識階級〉のレベルアップを重視」「沖縄内部の〈搾取者〉を島津支配下の〈奴隷〉としてイメージアップすることによって，向象賢以来の日琉同祖論の現代版としての『国民的統一』の論理を完結させ」「天皇制支配にスッポリとはまりこむ性格を強く持っていた，とはいえないだろうか」8) と述べている．この仲地の論理は，階級的視点に立ち，国民的統一論及びヤマト天皇制国家を批判するものである．さらに新里恵二から「上からの民族統一」9) という見解がだされるに及んで，これをめぐって論争が展開されるようになった．この「民族統一論」を，金城正篤と安良城盛昭の論でみていこう．

金城正篤と安良城盛昭の民族統一論をめぐる論争

　金城は，1967年に『琉球新報』紙上において伊波普猷試論を展開している．そこでは，伊波の「奴隷解放論」からは，明治政府の沖縄県政，ひいては明治絶対主義権力に対する有効な批判が生まれてくるはずはない，と述べている．彼は，「〈琉球処分〉は，いうところの〈民族統一〉の原理に添ったものとはいえず，……政治的・国家的な併合という形で強行され，逆に，日本と沖縄の自然な民族的結合が政策的に阻害された一面があった」10) という．それでは，この民族統一とは何であるのか．安良城によれば「金城氏の主張される『真の民族統一』なるものの歴史的実態はかならずしも明確ではないのであるが，……下からのブルジョア革命にともなって達成される自立的な民族統一に近似なものを想定されているように思える」11) という．この「民族統一」の問題については後に検討するが，金城の認識としてここで確認しておくべきことは，琉球処分は沖縄の日本国家への強制的編入であるとしている点である．

　金城は，この日本国家への強制的編入をどのようにとらえているのであろ

か．それを知る手がかりの1つとして，次のような文章がある．「日本資本主義の成立期，ないし原始的蓄積とよばれる段階に，沖縄はその最も辺境=底辺に措定されることとなり，なによりも原蓄のための財源確保，甘味原料=黒糖の供給地として，また外国市場（とりわけ中国大陸）進出のためのステップ基地として，明治政府の重視するところとなった」[12]．すなわち，強制的編入によって沖縄はヤマト中心部の周辺最末端に位置づけられたという認識である．

安良城は金城の「真の民族統一」論に対する批判を通して，琉球処分について論じている．彼は金城が「理想的なあるべき民族統一=『真の民族統一』のみが民族統一であり，それ以外に民族統一は考えられないとする，……狭隘な非歴史的視点に立って，琉球処分を，いかなる意味でも民族統一とはみなさない方向において，理解しようとする傾向がみられる」[13]と指摘する．そのうえで「政治的・国家的併合」について「それは究極的疑問には，琉球藩を植民地として日本帝国へ併合したということなのであろうか」[14]という問題提起をした．

それでは安良城自身はどのように認識しているのであろうか．彼は「政治的・国家的併合」を「上からの・他律的な・民族統一」としてとらえる．これについては，次のように説明している．「『上から』という規定は，階級的視点――すなわち，どの階級が民族統一のヘゲモニーをにぎっているかという尺度――からの規定であり，『他律的な』という規定は，民族的視点――民族統一の主観的・客観的成熟をはかる尺度――からの規定を意味するものである．本土における明治維新は，階級的視点からみれば，まさに，『上からの民族統一』である」[15]．この「民族統一の主観的・客観的成熟」については，本土と沖縄の歴史の差異ということで論じている．「律令体制社会以降千数百年にわたって，日本国家の統一的支配の下にあった本土の諸府県と，日本社会とは別個に歴史的展開をとげ，琉球王国=古琉球として独自に国家形成を行い，17世紀初頭にようやく，第一階梯的に，島津藩を媒介として日本社会に組みこまれながらも，なお，琉球処分直前まで，四百年余にわたって中国の冊封と関わり続けてきた沖縄とでは，民族統一の客観的・主観的条件が大きく異なっていたのである」[16]．すなわち沖縄は，異なる国家体制にあった日本国家によって「民族統一」がなされたということから，「他律的」であるとしているのである．

この彼の見解について，2点確認しておきたい．1つは，安良城が階級的視点に立っているということ，いま1つは，日本と沖縄は近世を通じて別個の国家体制にあったととらえているということである．だがそうだとしたら，先に述べた安良城の「幕藩体制社会内部に位置づけられた藩に近い特殊な存在」「半国家的＝疑似国家的存在」という把握とは矛盾をきたすように思われる．

さらに彼は，琉球処分の特質は，〈版籍奉還なき廃藩置県〉であるとしており，それが「琉球処分の武力的強行をはじめ，分島改約案や旧慣存続という琉球処分後の沖縄県だけにみられる諸現象を，直接的にもしくは媒介的にもたらしたものであり，したがって，この〈版籍奉還なき廃藩置県〉という視角は，琉球処分を全体として把えるための不可欠な視角にほかならない」[17]と論じている．しかし〈版籍奉還なき廃藩置県〉だから沖縄県にだけみられる諸現象が生じたのか，という疑問をもたざるをえない．

以上において，簡略ではあるがウチナーにおける知識人の琉球処分論について紹介をしてきた．これらを整理してみると，おおよそ次のようにいえるであろう．まずは，伊波普猷の「奴隷解放」と「国民的統一」は，日琉同祖論に引きずられすぎたということと，薩摩支配に強い反発心をもっていたところから，ヤマトに甘い期待をもちすぎたのではなかろうか，ということである（このことは，1972年のいわゆる本土復帰の折のウチナーンチュの心情に共通しているように思える）．この伊波のとらえ方を階級的視点から問題にしたのは志賀進であった．さらに同じ視点にもとづいて，井上清が「侵略的統一」であるとし，また仲地哲夫は国民的統一ではなくて天皇制国家への組みこみである，と指摘した．その後新里恵二から「上からの民族統一」という視点が示されると，これ以降「国民的統一」論は雲散霧消し，もっぱら「民族統一」をめぐって論が展開していく．金城正篤は，琉球処分を「政治的・国家的併合」であるとし，それは「真の民族統一」ではなかった，と論じた．これを批判した安良城盛昭は，「上からの・他律的な・民族統一」であるという見解を示した．

これまでみてきたことからわかるように，琉球処分については諸説がありいまだ歴史学的・社会学的にも共通の認識には達してはいない．筆者としても何らかの見解を提示するため，次節において，これらの諸説をふまえて，先述の分析視点に立って琉球処分の歴史的現実を検討していくことにする．

2. 日本資本主義体制・天皇制国家への組みこみのための琉球処分

　琉球処分を論ずるにあたってまずふれておきたいことは，「日琉同祖論」とそれに関連する「民族統一」の議論についてである．日琉が同祖であるかどうかについては検証することはできないが，たとえ同祖であるからといってそれが政治的に民族統一しなければならない必然性があるのか，という問題である．安良城もまた他の多くの研究者も述べているように，ウチナーはヤマトとは別な歴史過程を歩み独自の国家体制をつくりあげてきた．しかもウチナーは，ヤマトと同系の民族だけではなく中国，東南アジア，ポリネシア，メラネシアなどさまざまな民族と混血し交流をすすめ，ヤマトとは異なる宗教をもち社会・文化を形成してきた．それだけに筆者としては，同祖論には拘泥する必要はないと考え，さらにはそれを前提とした民族統一論に疑問をもっている．なおこのことは，後述する復帰前後から唱えられ最近強く主張されるようになっている「共和国」論や「独立」論へとつながる．

　また琉球処分なる言葉は，ヤマト国家権力から出されてきたものであることに留意したい．『広辞苑』によれば「処分」とは，「基準に照らして処理すること，処罰，公法上具体的事実や行為についての行政権または司法権の作用の発動」とある．すなわち，ヤマトはウチナーに対して一方的にこのような処置を行ったということになる．それでは，琉球処分の経過をみながら検討をすすめていくことにする．

ヤマトへの組みこみの起点としての琉球処分

　明治初期に資本主義への道を歩みはじめ天皇制国家を形成したヤマト権力は，ウチナーに関して解決しなければならない課題があった．その1つは，版図を広げ日本の国土として統一し，また国防上のために沖縄県を設置して中央集権的行政機構のなかに位置づけること，いま1つは，このことのためにもウチナーの日中(清)両属を解消しヤマトのなかに組みこむこと，の2つであった．だが日中両属といっても考えてみれば，一方は薩摩侵攻による幕藩体制のなかの琉球王国として支配・収奪されてきた歴史があり，他方では中国との関

係において，その冊封体制のもとで朝貢することを通じて貿易の利益を入手し繁栄してきた．したがって当時のウチナーには薩摩支配から脱却したい気持ちがあり，中国に対しては好意的であったことは否めない．それだけに明治政権がウチナーの組みいれを完了するまでには，かなりの紆余曲折があった．

　1871年の廃藩置県により鹿児島県が置かれた時に，琉球王国は鹿児島県の管轄下にあった．だが王国の存在を許さないヤマト国家権力は，一応廃藩置県の手続きをとるため72年に「琉球国を廃して琉球藩を置き，尚泰を藩王とし，華族に列する」という措置を講じた．すなわち，ウチナーをヤマト国家権力の直轄下に置いたということである．そして，王国が諸外国と結んでいた条約は，明治政権が引き継ぐことになった．ウチナーはかかる事態のもっている意味がよく分からず，これまでとあまり変化がなく冊封体制がまだ続くものと思っていた（事実，明治政権は朝貢を容認していたようで，1874年にも朝貢交易が行われた）．

　1874年に，後で述べる台湾問題が解決し日中両属に終止符を打つことができた明治政権は，いよいよ本格的に沖縄県設置に乗りだした．内務卿大久保利通は琉球王国の三司官[18]他を上京させ，内務丞松田道之から6項目にわたって政府命令を伝えた．そのうち両者にとって深刻な問題と化したものを挙げておく．(1)政府の恩恵に対して藩王は上京して謝すべきである，(2)琉球にも県制を施行すべきこと，(3)清国との進貢関係は廃止すること，(4)西洋列強にそなえて保護のために鎮台分営を設置すること，などである．さらにこの後，(5)明治の年号を用い，年中儀礼はすべて日本の布告に従うこと，(6)日本の刑法を適用すること，を要求した．この(5)と(6)は，明らかにウチナーをヤマトのなかにとりこむための具体的な措置である．

　ところで，(1)は，琉球王が明治政権に膝を屈することになり，(2)は，琉球王国の消滅を意味し，(3)は，これまで琉球王国の経済基盤であった海外交易を失い，恩恵を受けていた中国との関係を断つことになり，(4)は，ヤマトの軍隊が駐留するということ，である．それだけに，王府をはじめとする支配者層及び士族たちは，これを拒否し抵抗を示した．だが一般民衆はこの事態がよくのみこめず，特別の反応がなかった．民衆にとってみれば，王府及び薩摩による収奪が解消するということは，歓迎すべきことであったとしても，これま

での〈地域〉の基本構造が変わるかもしれないということ，及びその後にやってくる新しい収奪のメカニズムについては，政治的・経済的・社会的認識が未成熟であったために思いが及ばなかったのであろう．琉球支配者層はこの政府命令の撤回を求めて何回にもわたって嘆願をくりかえしたが明治政権は，国家目的からして頑としてこれに応ぜず，4年の年月が流れた．その背後にあったのは，1874年に日中両属問題が解決し清国が琉球人を日本国属人として承認した，という経緯があったからである．これらの実施によって現実には，支配・収奪の当事者が変わり，しかもヤマト国家権力の公的システムのなかに編成されていくことになったのである．

このヤマト政府命令が一向に進展しないことに業を煮やした明治政権は，1878年に伊藤博文が松田道之に「琉球処分案」を起草させ強硬策をとることにした．1月に松田が渡琉し，督責状と意見書を手交した．それは，これまでの命令と要求を遵奉していないこと，清国にこの事態を哀訴していることを責め，2月までに遵奉するとの回答書を提出することを求めたものであり，さらに「この上遵奉しないときは，相当の処分に及ぶ」という最後通告を突きつけた．だが琉球側は，清国の援助を期待しこの命令に応じなかった．ここにおいて，いわゆる琉球処分が断行されることになった．

3月に松田は，琉球処分官として警察官160名，歩兵約400名を引き連れ首里城に乗りこみ，琉球藩の廃止，沖縄県の設置，土地人民をはじめとして全ての書類の引き渡し，藩王尚泰の東京居住を申しわたした．このような武力をバックにした断固たる処置に，琉球側としてもなすすべもなくこれに服従することになり，ここに琉球処分は一応完了するところとなった．

ここでヤマト国家権力がウチナーをその体制内に組みこむために，どうしても解決しなければならない大きな1つの課題である日中両属問題についてふれておきたい．ウチナーを日本の版図に加えることを望んでいた明治政権にとって，まことに好都合な機会がやってきた．1871年に台湾に漂着した宮古島の住民69人のうち57人が，原住民（中国側は，台湾住民は化外の民で南蛮であると考えているために，原住民という表現を用いている）によって殺されるという事件が起きた．これに対して日本は清国に強く抗議したところ「琉球人を殺害した台湾の蛮人は，中国の天子の教化が及ばない化外の民であるので関係

はない」と回答してきた．そこで74年に，西郷従道は3,600名の兵士をひきいて征台におもむいた．戦闘の結果は大きな成果はあげられなかったが，一応日本国民のために戦ったということを内外に示すことになった．この後日本と清国の数回にわたる談判の結果，清国は「日本の出兵を義挙」として「台湾の蛮人が，日本国属民に害を加えた」ことを認めるにいたった．すなわち，琉球人を日本人として認めたということである．ここにおいてヤマトは，心おきなくウチナーの取りこみにとりかかることができるようになったのである．

以上においてみてきたことからも明白なように，琉球処分を伊波がいう「国民的統一」とすることは無理である．強いていうならば，「国家的統一」であろう．この場合の「国家」とは，ヤマト資本主義体制のもとにおける近代国民国家，天皇制国家に他ならない．また「奴隷解放」というが，それは農民を主体とした一般民衆の解放ではなく，国王をはじめとする支配者層の薩摩からの解放を意味していた．そうであれば，伊波には収奪されていた人たちに対する理解がなかったといわざるをえない．こうしたことから，伊波の見解は本書では論外におくことにしておきたい．

井上が，「国民的統一」ではなく「侵略的統一」としたのは，妥当だと考える．というのは，「独自の国」である琉球を日本という他の国が武力でもって強引に統一した，というとらえ方によるからである．また仲地の「天皇制支配にスッポリとはまりこむ性格を強く持っていた」という指摘は，明治期のヤマト天皇制国家の存在とウチナーがその体制内に組みこまれることを，明確に認識していたということである．さらに金城は，「真の民族統一」という視点に立って，琉球処分は政治的・国家的併合であって，日本国家への強制的編入であるとした．安良城はこれを批判し「上からの・他律的・民族統一」であるとの見解を示した．ただし，金城の「併合」といい安良城の「上からの・他律的」といい，不明確な概念であるといわざるをえない．また，金城の「日本国家への強制的編入」というのはよいとしても，安良城が「民族統一」とするのは肯けない．

これらの検討を通して，ここでは琉球処分を次のようにとらえておくことにする．明治期における中心部としてのヤマト国家権力は，その版図の拡大，国防上，資本主義的利益の獲得などのために，その一端としてウチナーの周辺末

端化をはかることにした．それにあたって，既述のようにまず那覇にヤマト国家の出先機関やその他の公共機関を集中させまた那覇港の改築をすすめ，ウチナー支配の拠点づくりを行った．これとともに，ウチナーをヤマトに完全に帰属させるべく日中両属に終止符をうち，廃藩置県の手続きをとって沖縄県の設置に乗り出した．そこでのウチナーとヤマトとの関係は，支配者と被支配者そのものであった．明治政権から出されてくる諸措置は，ウチナーにとっては容易に受け入れがたいものであったが，一方的な命令として従うことを強く求められた．これに対してはっきりとした抵抗をみせず嘆願を繰り返すだけであったウチナーを，明治政権の意に従わせるべく武力を背景にして断行されたのが琉球処分である．すなわちそれは，ウチナーをヤマトの政治的・行政的・資本主義的公的システムのなかに組みいれるための措置であった，といえよう．かくして琉球処分は，ヤマト中心部によるウチナーの周辺末端化，政治的・行政的・資本主義的公的システムのなかへの編入の起点であった，とみなしうる．このことは，次節で検証していきたい．

3．ヤマト公的システムによる編成

旧慣温存と差別政策

ヤマト公的システムは，長らく琉球王国のなかにあったウチナーにとっては全く異質の世界であった．もちろんその展開に対して支配者層による反対がなかったわけではない——例えば頑固党の活動[19]，宮古島のサンシイ事件（サンシイとは「賛成」のウチナーの発音）[20]，公同会事件[21]など——．だがこれらはいずれも散発的で弱いものであった．農民を主体とした一般民衆による下からの運動は起きなかった．それは，一般民衆がそれまでの薩摩と琉球王府による二重の搾取から解放されることになったということ，と彼らがこの事態の意味を政治的・社会的・経済的に十分に読みとれなかったということ，によるといえよう．さらにいえば彼らは，これまで共同体社会のなかで私的生活世界に埋没しており，それ以外の社会領域は別世界であった．もちろんその別世界が定めた法や制度によって生産活動や生活が拘束されていたとしても，彼らが日常的に営んでいた生産活動や生活の実質的内容とそれをめぐる社会関係＝私

的生活世界は別世界とはかかわりのないものであった．それだけに私的生活世界に大きな構造的変動がもたらされないかぎり，別世界に対しては無関心であった．

したがって明治政権としても，性急にこの私的生活世界に大きな変化をひきおこす措置を講じて農民がそれに抵抗し，それと琉球処分に反対している支配者層とが結びついた場合には，ヤマトへの組みこみに支障が生じてくることも考慮しなければならなかった．これが旧慣温存策（琉球処分の1879年から土地整理事業の終了する1903年）をとるにいたった1つの要因である[22]．もちろん旧慣温存策はこのためにのみ行われたわけではない．それを検討するにあたって，まず若干の事実関係を紹介しておく．

琉球処分後，ウチナーをヤマト公的システムのなかに組みこむためには，さまざまな旧慣行を改革する必要があった．そのもっとも基本的なものは，地方行政制度，土地制度，租税制度である．地方行政制度の改革は，いうまでもなく明治国家権力の中央集権的行政機構のなかに位置づけることであるが，それはとりもなおさず旧支配体制を解体することになる．そこで彼らの反感をすこしでも和らげるために，新たなる社会的地位と名誉及び経済的基盤を用意する時間を必要とした．また琉球王国時代に設けられた間切は，〈地域〉にしっかりと根づき私的生活世界の領域をなしたものだけに，これの改革は容易にすすめることはできなかった．

土地制度＝地割制度は，「シマ」を単位とした土地の共有制であって，それを基盤にして共同体社会が構成され，「シマ」人の共同関係がつくられてきた．これをとり急いで改革すれば，そこに大きな混乱が生じ抵抗もでてくることが予測されるだけに，慎重にならざるをえなかった．また租税制度は明治政権にとって国家財政にかかわるだけに，なるべく早く改正に着手したいところであったが，従来の租税が地割制度にもとづいた現物貢納を原則としていたものを，土地制度を改正して──地租改正──金納制にすることは一朝一夕でできることではなく，当分の間は現行（物納）のままとせざるをえなかった．

この旧慣温存をどうとらえるかについては，西里喜行・金城正篤と安良城盛昭との間に論争がある．西里は「〈処分〉以後の明治政府の対沖縄政策は，1．対清国外交への配慮（対外的要因），2．日本資本主義育成に必要な財源確保へ

の配慮(対内的要因), 3. 沖縄の旧支配階級(=士族層)の動向への配慮(沖縄内部の要因), 4. 沖縄〈併合〉の経済的基盤確立への配慮(沖縄の国内市場への結合)という四つの視点から総合的に決定された」とし, とくに2と4を重視している. そのうえで旧慣温存は, 日本資本主義の原蓄のための政策の1つであった, としているのである[23]. 安良城は, 統計資料に即して検討をすすめ「原蓄財源からの持ち出しによって, 国庫支出の沖縄県費の補填が行われているのが歴史的現実なのであった. このように確認される史実と金城=西里説との間には著しい乖離がみられるのである」[24]と批判し, 原蓄説に疑問を投げかけた.

　筆者としては, 安良城の原蓄説否定には賛同することはできない. たとえ原蓄財源からの持ち出しがあったとしても, 後述のように黒糖を通じての収奪が行われたのは事実である. といって西里・金城のいうように原蓄を重視するのも問題だと思う. 結論的にいえば, 西里の指摘するように4つの視点から総合的に決定された, とみなす方が妥当ではないだろうか. いずれにしても旧慣温存は, ウチナーをヤマトの公的システムのなかに組みこむにあたっての過度的措置であった, といえよう. だがヤマトとしてはなるべく早い機会にウチナーをそのシステム内に包摂することを望んでおり, 可能なところから実施し, それが一応の完了をみるのが1903年であった.

　一見ウチナーの現状を許すかのような旧慣温存策をとったとしても, ヤマトは着々と手を打ってきた. その最も重要なものの1つは, ウチナーを天皇制国家の体制内化することであった. ヤマトからすればウチナーンチュは, 天皇の恩恵に浴さない化外の民であるから彼らを教化しなければならない. そして天皇のもとに強固な統一国家をつくりあげていくことが至上命題となる. ところがウチナーンチュにとっては, これまで天皇とは一切かかわりがなかった. 一般民衆の多くは天皇の存在すら知らなかった. それなのに突然に, 絶対神としての天皇のもとにひれ伏して忠誠を誓えといわれても, 戸惑うばかりである. そこで, 明治政権としては皇民化教育を強力に推進することにした. 天皇についての知識を注入し, ウチナーンチュを洗脳する教育が徹底的にすすめられた. そのために琉球語の使用禁止とヤマト言葉の使用を強制し(琉球語を話すものには, 首から方言札を下げさせ, 改姓改名運動まで強行した), また学校制

度・施設を整備した．これによって皇民化教育の徹底をはかったのである．ヤマト国家権力にとっては，天皇の存在とウチナーンチュが皇民であり天皇に忠誠をつくすということだけを理解させればよかった．それだけに，初等教育だけで十分である，中等以上の教育を受けさせる必要はない，という姿勢であった．したがって，中学校・高等女学校の数は少なく，せいぜい師範学校が設けられたが，これが専門学校に昇格するのは何と1943年になってからである．1932年のウチナーにおける中等教育の普及率が全国の約5割，高等教育が約1割にすぎないことをみれば，いかに教育の面で差別されていたかがわかる．

　これとあいまって，統治機構の上でも差別がみられた．その1つは，公同会（注21）参照）が沖縄県知事を尚氏の世襲制とする特別制度を求めたが，全く相手にされず知事はヤマトから天下ってきた．なかには奈良原繁知事（1892-1902年）のようにヤマト権力を背景にして県政に君臨する者もいた．いま1つは，県の役職者および県政初期時代の教員・警官には，ウチナーンチュから登用される者はほとんどいなかった．これはまさしく「民族統一」ではなくて「侵略的統一」の現れである．とくに県レベルにおける役職者をヤマト国家権力中心部から派遣することは，行政管理にとって欠くべからざることであった．

　それとともに王府をはじめとする支配者層や上級士族などを懐柔するために（下級士族や一般民衆は問題視していなかった），秩禄処分を行った．まず1879年に国王と王子は華族に，士族はそのままに，町百姓（首里・那覇・泊村に住み商工農や下級官職に従事する者）と田舎百姓（地方に住む農民や地方役人）は平民とした．そして，国王には特別一割利付公債20万円の給付，領地を持ち知行や役地・役俸を貰っていた者には禄高に応じて金禄の支給，諸役場役人にも一時金の支払いを行った．これら以外の下級士族は何も与えられなかったので，商売を始めたり開墾に従事する者，あるいは文筆の才を生かして地方吏員になったりした者もいた．しかし農民を主とする一般民衆は，依然として零細な経営と貧しい生活のなかにうち捨ておかれた．

ヤマト公的システムとウチナー社会の変容

　ヤマト化のための外堀を埋めてきた明治政権は，いよいよ本格的にその公的システムによる編成にとりかかった．1896年に，首里と那覇を区とする沖縄

県区制と県内を島尻，中頭，国頭，宮古，八重山の5郡に分ける沖縄県郡編成法が公布された．区には区役所と区長を置き，また議決機関として区会を設けた．島尻，中頭，国頭それぞれに郡役所と郡長を，宮古，八重山には島庁と郡長に相当する島司を置いた．次いで97年に間切・島吏員規定が定められ，これまでの間切と島（宮古，八重山などの各島）の番所を役場に改め，地頭以下の役人たちは間切長・島長・収入役・書記となり，「シマ」に村頭を置いた．ただし宮古，八重山にはこれらを置かず島司・書記が代行した．99年に間切・島規定が施行され，吏員及び間切会・島会の権限が定められた．しかし間切長・島長・収入役は知事の任命であり，また間切会・島会は郡役所の指導によって作成した予算を形式的に審議するだけであることが多かった．

1908年になって，改正区制と特別町村制が施行された．改正区制は，区会で推薦された区長を内務大臣が上奏して裁可を得，助役・収入役は区会の選挙で知事の認可を得て任命すること，吏員は区長が任命するというものである．特別町村制は，間切・島を町村に，「シマ」は字に，間切長・島長は町村長に，村頭は区長に，間切会・島会は町村会に改めるものであった．1909年に特別県制が施行され，はじめて県会議員選挙が行われたがそれは区町村会議員のみが選挙権をもつものにすぎなかった．また12年には「沖縄県に衆議院選挙施行の件」が公布されたが，宮古・八重山島民には選挙権は与えられなかった．

この過程からも明らかなように，ウチナーは明治政権の政治的・行政的システムによってからめとられることになった．さらにいま1つの大きな改革は，土地制度＝租税制度の改正であった．ヤマト国家権力にとってみれば，いかにウチナーから収奪するかが大きな課題であった．この改正のきっかけをなしたのは，宮古の人頭税撤廃運動といわれている．人頭税とは，1637年以降，宮古・八重山において実施されたもので，それは15-50歳の男女に課せられた貢租であった．これによって農民たちは苦しい生活を余儀なくされていたのを，当時来島していた新潟県人の中村重作は，農民たちと相談して奈良原知事に改善を訴えた．だが役場吏員たちの妨害などがあり，解決はすすまなかった．そこで1893年に農民代表4人が上京し，政府と議会に提訴した．94年には160名署名の「宮古島々費節減及び島政改革誓願」が衆議院に上程・可決され，人頭税は廃止となった．この人頭税はきわめて苛酷なもので，琉球王国時代には

その廃止は考えられないことであった．それができたのは中村がいたからなのか，それとも農民たちだけで運動にとりくんだからなのか．ここではその結論を出すことはできない．

　1899-1903年の間に土地整理事業が実施された．それは，地割制を廃し土地の私的所有権を認めるものである．これは農業生産の根幹を揺るがすものであった．確かにこれによって農業生産力は高まり，換金作物経営が行われ，これまで「シマ」に緊縛されていた農民が自由に働きにでかけたり移民となることができるようになった．だが明治政権としては，このことだけが目的であったわけではない．むしろ旧来の租税徴収を改め，地価を決めて地租条例と国税徴収法を適用することにあった．かつて貢租を負担していたのは農民だけであったが，これによって県民すべてが地租・県税・町村税を納めることになり，しかも金納制となったのである．かくして明治政権は，ウチナーからの収奪体制を整えることができたのである．

　ここで論じておかなければならない問題がある．それは，かかる地方行政制度・土地制度・租税制度，とくに間切の改正によって私的生活世界としての「シマ」そして地域社会に大きな変動が生じなかったのか，ということである．一般的には，生産基盤としての土地所有形態が変わり，租税が金納制となり，また農民が自由に「シマ」を離れるということになれば，それまでの地域社会，その核としての「シマ」の共同体的構造は崩れ，私的生活世界は変化すると考えられる．だが生活と社会関係の実質的内容は，あまり大きく変わることはなかった．そのことは，ヤマトの村落が資本主義体制のなかにあっても，第2次世界大戦前までは比較的に共同体的特徴を維持してきたことと共通している．しかしウチナーの共同体的構造はヤマトよりももっと強固であった．それは，資本主義の商品経済の浸透が弱く，農民層分解の動きが鈍く，さらに「シマ」は祭祀共同体的性格を残し，人々は祖先の地が自らの存立の基盤であるとしていた，ということによると思われる．このように「シマ」という私的生活世界だけが自分たちが存立する場であっただけに，それが侵害されようとする場合には契機があれば反撃することもあった．その典型が杣山問題（杣山とは農民たちの共有入会山林）である．

　1894年に奈良原知事が，貧困な無禄士族の救済と産業開発のためという名

目で，杣山を払い下げて開発をすすめる方針を打ち出した．これを知った国頭地方の農民代表30名が「そま山開墾不許可被度儀に付嘆願書」を提出した．これを受理した謝花昇(ジャハナノボル)(1865-1908)²⁵⁾は実地調査を行い，杣山開発が貧困救済にもならず，また水源確保や洪水防備にも支障が生じることがわかり，各地の農民集会で開発反対演説を行った．これに激怒した奈良原は，謝花を主任のポストから追い出し，また謝花が却下した申請を再度とりあげて認可した．奈良原の本当のねらいは，杣山を旧支配階層や外来商人に払い下げるか，または土地は官有とし樹木を民有とするということであったが，現実には樹木も土地の払い下げを受けた者や官有となった．その結果，農民たちは山林を莫大な金を出して払い下げてもらわねばならなかった．

　この後，謝花は奈良原の悪政暴露と排斥運動を行い，ヤマトの有力政治家にも提訴したが不成功に終わった．やがて県庁を辞職した彼は，「沖縄倶楽部」を組織し機関誌『沖縄時論』を発行した．また，肥料・穀類・文房具などを販売する「南陽社」や印刷所を経営し，資金の確保に努めた．さらにここに集まった同志20人余りと一緒に，悪政批判と県政刷新を訴え，参政権獲得運動に乗りだした．これがウチナーにおける自由民権運動といわれるものである．この過程のなかで，奈良原らの公金横領問題が明らかにされたこともあったが，暴力団を使う奈良原らの迫害のため，運動は次第に弱まり追いつめられることになってしまった．

　このことからも，いかにヤマト国家権力というものが強大で，それに抵抗するものを押しつぶしていくかがわかる．他方では農民を主とする一般民衆は，自分たちの私的生活世界が荒らされないかぎり外の社会とはかかわりあおうとしなかったために，政治・行政の公的システムのなかで戦うのは謝花及びわずかの同志だけということになってしまったのである．

　ウチナーには資源が乏しくまた立地条件のうえからいってもヤマト資本にとって大きなメリットがなく，生産構造・商品市場ともに脆弱であっただけに，日本資本主義経済の本格的な編成はみられなかった．当時のウチナーの生産力の主たるものは農業であったが，それとても零細なものにすぎなかった．琉球王国時代の作物は，年貢の米，麦，甘藷，甘蔗，うこん，藍などであった．それらは，琉球王府によって作付け作物・作付地・肥料・生産量が決められてい

た．農民は土地に緊縛され強制的に農業労働に従事させられ，原則的に土地の売買・入質は禁止されていた[26]．それはいわば，半農奴的といってもよい状態であった．それだけに農民の生活は貧困そのものであった[27]．

　薩摩の侵攻以降，琉球王府は薩摩からの借入金返済のために，1646年に砂糖とうこんの私売を禁じ専売制とした．砂糖は農民から100斤銀20匁で買い取り，薩摩に銀35匁で納めた．薩摩は大坂市場に100斤銀70-80匁くらいで売った．それによって，王府と薩摩はともに大きな利益を手にすることができたのである．また食料増産という理由から甘蔗とうこんの栽培を制限したが，本当のところは砂糖やうこんの増産によって大坂市場における売買価格の低下をおそれたためといわれている．

　ウチナーにおける主要農産物は甘蔗であるところから，これの生産力向上のため甘蔗栽培制限を1888年に撤廃し，農民は自由に販売することができるようになった．それ以降，田を畑に換え，新しく開墾し，急速に甘蔗栽培が増えた．農民たちは，「組」組織でもって甘蔗を搾り煮詰め黒糖（含蜜糖）を製造するという，いわば手工業的な生産を営んでいた．だが1901年の砂糖消費税公布によって，生産者たちは大きな打撃を受けた．これに対して県は糖業奨励費の補助を申請したことから，政府は糖業保護に乗りだすことにし，1906年に中頭郡西原村(ナカカミグン)に糖業改良事務局を置き，試験場を開きまた圧搾能力一昼夜100トンの工場を建設し操業した．やがて試験場は県に無償で払い下げられ，工場は有償で民間に売却されることになった．1910年に大阪や横浜の糖商による資本金200万円の沖縄製糖株式会社が設立され，試験場を買い取るとともに，中頭郡北谷村(チャタンムラ)にも工場を建てた．これについては金城が「国内需要の70パーセント近くを外国産糖の輸入にあおいでいた当時の日本において，国内産糖のほぼ半分近くをまかなっていたものと推定される沖縄県の砂糖にたいし，明治政府が着目しないはずはなかった」[28]と述べている．それだけでなく，ヤマト資本にとって，ウチナーで資本主義的利潤を獲得する場が製糖業であったということでもある．かくして，砂糖の資本主義商品化が展開し，ウチナーの生産構造は次第に甘蔗栽培と製糖業によって編成されていくようになった．それは，まさに文字どおりの砂糖に群がる蟻のような状態を呈した．

　1914年の第1次世界大戦の勃発で，砂糖産業は好景気を迎えるにしたがっ

て，ウチナーはヤマトの手によって砂糖を通して資本主義の世界市場のなかに組みこまれることになった．だが戦後におそった不況で砂糖の価格は暴落し，ウチナーの経済は破綻に瀕した．民衆は着るものもままにならず食べるものにも欠くようになり，ついには有毒のソテツすら何とか毒を取り除いて口にせざるをえなかった．ここまで追いこまれたというのは，甘蔗栽培－製糖という単純な生産構造しかつくりあげることしかできなかったということと，それがウチナー経済の安定的な基盤とならないうちに世界市場に巻きこまれたことによるといえよう．これに対して政府は，400万円を支出して救済にあて，1932年から産業振興15カ年計画を実施した．だがそれはあまり成果の挙がらないうちに中止された．こうしてみると，日本資本主義はウチナーの利用できるところだけ〈つまみぐい〉したにすぎなかった，といえよう．

　以上に述べてきたような状況が，第2次世界大戦前まで進行していくことになるわけであるが，それはヤマト公的システムによる編成がかなりすすんだのに対し，日本資本主義の本格的な進出はまだみられなかった，ということになる．そうしたなかで，ウチナーの軍事拠点化がはかられ，やがて戦争に突入し悲惨な戦場化という事態を迎えることになる．

1) ここであらためて伊波普猷について論じることはしない．だが沖縄研究に本格的にとりくむ場合には，伊波の沖縄学を避けて通ることはできない．伊波は，ウチナーとヤマトとの関係を念頭におきつつ，言語・文化・民俗・歴史・政治などにわたって論じた思想家である．ある意味で，伊波によって初めてウチナーがトータルにとらえられることになったといえよう．彼の300篇余の論文，20冊をこえる著書のすべてが，ウチナーについて論じられており，その学問体系は沖縄学といわれている．彼の業績のすべてを挙げるわけにはいかないので，ここではこれらの論文，著書を集めたものを2点ばかり記しておく．
『伊波普猷選集』全3巻，沖縄タイムス社，1961－1962年．『伊波普猷全集』全11巻，平凡社，1974－1976年．
2) 『伊波普猷全集』1巻493頁．
3) 『伊波普猷全集』1巻47頁．
4) 伊波普猷『沖縄よ何処へ』67－68頁，世界社，1928年．
5) 井上清「沖縄」家永三郎他編『岩波講座日本歴史16 近代3』岩波書店，1963年．
6) 比嘉春潮他『沖縄』122頁，岩波新書，1963年．
7) 安良城盛昭『新・沖縄史論』201頁，沖縄タイムス社，1980年．
8) 仲地哲夫「伊波普猷論覚書」沖縄歴史研究会編『近代沖縄の歴史と民衆』沖縄歴

史研究会，1970 年．
9) 新里恵二『沖縄史を考える』勁草書房，1970 年．
10) 『沖縄県史』第 1 巻 59 頁，1976 年．
11) 安良城盛昭，前掲書，363 頁．
12) 『沖縄県史』第 1 巻 67 頁．
13) 安良城盛昭，前掲書，362 頁．
14) 安良城盛昭，前掲書，364 頁．
15) 安良城盛昭，前掲書，360 頁．
16) 安良城盛昭，前掲書，361 頁．
17) 安良城盛昭，前掲書，361 頁．
18) 15 世紀の琉球王府時代におかれたすべての政務を評議する 3 人合議の国務大臣である．任命されると総地頭親方となる．ほとんど 4 大姓の尚，毛，馬，翁の名家から選ばれた．
19) 廃藩置県後，頑固党と開化党があった．頑固党には，清国に属することを主張する黒党と日清両属を希望する白党があり，置県に反対する保守派であった．彼らは清国に密使を派遣して日本を排除するために清国の援助を乞い，日清戦争の時には清国の勝利を信じていた．だが日本が勝ち，また清国が琉球をその傘下に組みいれる意志のないことがわかり，頑固党は解散のやむなきに至った．
20) ヤマト国家による廃藩置県に対する反対の立場から，ヤマトの命令をこばみ清国の援助を期待する者が少なくなかった．宮古島では，(1)ヤマトの要求には応じない，(2)そのために殺されることがあっても，身命を惜しまない，(3)ヤマトから役職を命じられても断る，(4)ヤマトには絶対に内通してはならない，(5)これに背く者は殺され，父母妻子は流刑に処せられる，と何ともすさまじい誓約書をつくり何百人もが署名血判をした．こうしたところから宮古の警察派出所に雇われた人を惨殺するという事件が起きた．これが宮古サンシイ事件といわれるものである．これについて宮城栄昌は「もしも，沖縄の民衆が自己を解放するための沖縄の日本併合であったならば，逆の誓約書がつくられ，その実際活動があったはずである」と述べている（宮城栄昌『沖縄の歴史』169 頁，NHK ブックス，1968 年）．
21) 廃藩置県後，王府時代に国王であった尚氏を世襲の県知事とし，あわよくば自分たちも県の重職に就きたいと願う者たちが中心になって，公同会という政治結社を組織し，全県下から 7 万 3,000 人の賛成署名を集め，政府に請願を行った．だが政府はこれをまったく相手にせず，県内からも反対が出され，県当局も弾圧の姿勢を示した．かくしてこれは，あえなく消滅するところとなった．
22) 金城正篤は，旧慣温存の要因について次のように指摘している「第一には……〈旧慣〉温存とは，彼ら（沖縄旧支配階級：筆者注）の〈既得権〉を保障することによって，県政協力へひきいれるための慰撫策にほかならなかった．第二に，農民の暴発をおそれ，農村統治のかなめであり，その末端機構である地方役人層を，県政にだきこみ，協力させる必要があったからである．……第三に，基本的には，〈旧慣〉諸制度が，最も効果的な農民統治・収取機構として，温存・利用することが〈有利〉と考えられたからである」（『沖縄県史』第 2 巻 149 頁以下）．また比嘉春

潮らは「このことは，明治政府の反人民的な歴史的性格をあきらかにしていると同時に，沖縄県民のその後の不幸を決定づけた」と述べている（比嘉春潮他，前掲書，131頁）．
23) 『沖縄県史』第3巻134頁．
24) 安良城盛昭，前掲書，222頁．
25) 謝花昇は，東京の農科大学卒業後沖縄県の農業技師に就任した自由民権思想家である．彼は，農業技術向上のためにさまざまな事業にとりくみ，また地租改正の準備としての土地調査委員や民法取調委員として活動したが，当時の奈良原知事とことごとく衝突した．とくに奈良原が農民の共同利用地である杣山を華族・士族・外来商人・上級官僚に払い下げようとしたことに対して，謝花は農民とともに反対運動を行った．さらに奈良原が，杣山を官有林にしようとしたのに対して謝花は民有民木を強く主張し対立した．やがて県庁を辞任した彼は，同志とともに「沖縄倶楽部」を結成して奈良原の排斥運動を展開した．これに対して奈良原は弾圧を行い，謝花たちを追いつめた．その結果運動は不活発になってしまった．1901年に謝花は精神に異常をきたし，1908年に他界した．享年44歳である．ウチナーを支配するために赴任したヤマト官僚に対する彼の抵抗は，ウチナーの歴史のなかで特記されてしかるべきものである．謝花昇については，伊佐眞一編『謝花昇集』みすず書房，1998年．北原淳・安和守茂『沖縄の家・門中・村落』83-101頁，第一書房，2001年，参照．
26) 比嘉春潮他，前掲書，100-103頁，参照．
27) 廃藩置県後に政府と国会に対して宮古から出された請願書には，次のように書かれている．食事は「薩摩芋ヲ常食トシ，大半ハ粟ノ味ヲ知ラズ．味噌ヲ有スルモノハ全島民ノ四分ノ一，他ハ海水ニ淡水ヲ和シ，薩摩芋ノ葉，蔓，或イハ海草等ヲ煮テ食セリ．ソノ海岸ニ瀕セザルモノハ塩ヲ以テ味噌ニ代用ス．醬油ノ如キハ固ヨリ口ニ入ルナシ」，衣服は「甚ダ粗悪ニシテ，夏ハ芭蕉布一枚，冬ハ破レタル木綿ノ袷一枚ヲ着スルノミ．是等ハ全島民ノ半数ニシテ，其他ノモノニ至リテハ周年僅ニ一領ノ夏衣ニ過ギザルモノアリ」，住居は「丸木ヲ以テ築キ，草ニテ屋根ヲ葺キ，茅ヲ編ミテ四面ヲ囲ヒ，大半ハ屋内土間ニシテ，稍ヤ上流ナルモノハ僅ニ丸木ヲ二ツ割ニセシモノヲ敷クノミ．蓆ヲ敷クモノハ絶ヘテ稀ナリ」．
28) 『那覇市史』第2巻71頁，1974年．

2章　軍事基地化のなかのウチナー

　1章では，ウチナーがヤマトの公的システムのなかに組みこまれる端緒となった琉球処分について，各識者の評価について検討するとともに，第2次世界大戦までの公的システムによるウチナーの編成と変容について述べてきた．2章では，戦後におけるアメリカによるウチナーの軍事基地化の進行及びその法的措置とウチナーの対応についてみていくことにする．

1. 銃剣とブルドーザーによる軍事基地化

米軍占領下のウチナー
　第2次世界大戦において戦場化したウチナーは，街や村，田や畑，山や川が破壊され，県民約15万人（このうち住民が約13万人．地元出身兵士約2万8,000人．県民4人に1人が生命を奪われた）がいたましい最期を遂げた．沖縄は，本土決戦の時間かせぎのために犠牲にされたといわれている．1952年の対日講和条約締結によって，日本が米軍の占領状態を解消したにもかかわらず，ウチナーだけは米軍の上陸以降1972年の施政権返還までの27年間，米軍の占領体制のなかに置かれてきた．それどころか，占領時代に建設された米軍基地は実質的に強化され今日まで存続しつづけ，ウチナーの経済・社会・文化・住民の生活に多大な影響を与えている．とくに基地が存在するがゆえの危険，犯罪，環境汚染は，戦後におけるウチナーの最大の問題となっている．占領時代に，法や制度や手続きなどの民主化，教育の向上がすすめられたとしても，それは基地問題の免罪符とはならない．
　「軍事基地のなかの沖縄」といわれるが，この米軍基地の存続に対してヤマ

ト国家権力が，ウチナーの側に立つよりもアメリカ側に立って積極的に手を貸してきたことは，あらためてことわるまでもない．そこには，ヤマトのウチナーに対する政治・行政の論理がきわめて先鋭的な形で現れてきている．それだけに，戦後のウチナーとヤマトとの関係をとらえていくうえでは，この基地問題は欠かすことのできないテーマである．

　1945年に米軍は，沖縄における「日本帝国政府のすべての行政権の行使を停止する」という布告を出し，ウチナー全土を占領下に置いた．この段階において，米軍は嘉手納基地を接収し，読谷補助飛行場，普天間飛行場その他多くの基地を設けた．表2-1の米軍基地使用状況をみると，2000年現在39カ所の米軍基地のうち，21カ所が45年に基地として接収されていることがわかる．1946年にアメリカ政府は「北緯30度以南の南西諸島を，政治上・行政上日本から分離する」という覚書きを発表した．このようにアメリカがウチナーの施政権を確保しようとしたのは，大戦後の世界戦略体制を整えるため以外の何ものでもなかった．米軍が必要だとした処は，ハーグ陸戦法規（1889年ハーグ平和会議で交戦者の資格，降伏，休戦，占領などを定めた戦時国際法）によって，街や村であろうと田や畑であろうと勝手に基地とした．その1つの例を挙げると，那覇市で現在もっとも目抜き通りとなっている国際通りはもともと狭い道幅しかなかったのであるが，米軍の戦車やトラックなどが軍用道路として往復を繰り返すうちに広い幅員となったものである．

　住民が元の居住地に帰ることが許されたのは1945年10月以降のことであったが，その土地の多くは軍事基地，弾薬庫，その他軍用施設として接収されており，旧住民は，それ以外の狭隘なところにしか住むことができなかった．すなわち，多くの住民は彼らが所有していた居住地・農耕地を失ってしまったのである．現在もなお戦前の居住地に帰れない人がいる．1947年にやっと昼間の通行が自由となり，商業活動が許されるようになるのは実に48年になってからである．このことは，現在みられるような広大な面積を占める基地・米軍関係者の快適な居住地と，狭い地域内にひしめきあって居住する住民，農地を失ったままの農民，地籍不明・所有者不明の土地，という状態を生み出すことになった．

　読谷村の場合がその典型的な例の1つである．沖縄本島で米軍が最初に上陸

表2-1 米軍基地使用状況（2000年現在）

基地名	使用開始年	面積（km²）	所在地
キャンプ・ハンセン	1945	米軍が飛行場を建設	
	1957	51,405	名護市・恩納村・宜野座村・金武町
読谷補助飛行場	1945	1,907	読谷村
キャンプ・コートニー	1945	1,349	具志川市
キャンプ・マクトリアス	1945	379	具志川市
キャンプ桑江	1945	1,067	北谷町
キャンプ瑞慶覧	1945	6,479	北谷町・具志川市・北中城村・宜野湾市
普天間飛行場	1945	4,806	宜野湾市
牧港補給地区	1945	2,750	浦添市
津堅島訓練場	1945	16	勝連町
伊江島補助飛行場	1953	8,016	伊江村
キャンプ・シュワブ	1956	20,627	名護市・宜野座村
辺野古弾薬庫	1956	1,214	名護市
北部訓練場	1957	77,950	国頭村・東村
ギンバル訓練場	1957	601	金武町
金武レッドビーチ訓練場	1962	17	金武町
金武ブルービーチ訓練場	1963	386	金武町
安波訓練場	1963	4,797	国頭村
浮原島訓練場	不明	254	勝連町
			以上海兵隊基地18カ所
瀬名波通信施設	1945	612	読谷村
嘉手納飛行場	1945	19,953	嘉手納町・沖縄市・北谷町・那覇市
嘉手納弾薬庫地区	1945	28,081	恩納村・石川市・具志川市・読谷村・嘉手納町・沖縄市
鳥島爆撃場	1945	41	仲里村・具志川村
出砂島射爆撃場	1945	245	渡名喜村
奥間レストセンター	1947	546	国頭村
八重岳通信所	1950	192	本部町・名護市
久米島射爆撃場	1958	2	仲里村
			以上空軍基地8カ所
那覇港湾施設	1945	568	那覇市
陸軍貯油施設	1945	1,255	具志川市・沖縄市・嘉手納町・北谷町・宜野湾市
トリイ通信施設	1945	1,979	読谷村
工兵隊事務所	1968	45	浦添市
			以上陸軍基地4カ所
楚辺通信施設	1945	535	読谷村
泡瀬通信施設	1945	552	沖縄市
天願桟橋	1945	31	具志川市
ホワイトビーチ地区	1945	1,579	勝連町
キャンプ・シールズ	1952	701	沖縄市
黄尾嶼射爆撃場	1956	874	石垣市
赤尾嶼射爆撃場	1956	41	石垣市
沖大東島射爆撃場	1956	1,147	北大東村
慶佐次通信所	1962	10	東村
			以上海軍基地9カ所

注：沖縄県総務部知事公室基地対策室『沖縄の米軍基地』沖縄県基地対策室、1998年、より作成。

したのが読谷村である．米軍は村内のほとんどの土地を軍用地として使用した．その後一部返還されたとはいえ，現在なお村の総面積の48％を占めている．このために，かつての「シマ」はバラバラとなり，農民たちは村内外の各地区に離ればなれになって居住しなければならなくなった．それでも1章で述べたように人びとの「シマ」に対するアイデンティティは強く，さまざまな地区に分かれて住んでいてもいまだにかつての「シマ」人が，一体感をもって地縁集団として結集している[1]．これは，たとえ基地が「シマ」を物理的・空間的に分断したとしても，これまでのウチナーンチュの心の拠り所であった「シマ」は分断されなかった，ということを示すものである．

　農地を失い仕事のない民衆は，板囲いの小屋・テントに居住し，米軍からの僅かな食料や日常生活用品の配給で暮らしていた．仕事といえばせいぜい基地内の労務程度で，収入の道はきわめて少なく，生活しているというよりは，どうにか生存しているといった方がよいくらいの悲惨な状態におかれていた．48年に米軍の那覇港湾労働に従事していた人びとが，その待遇や扱いのひどさに抗議したところ食料配給を中止すると脅かされた．他にも米軍に少しでも抵抗を示すと，同じような脅かしを受けることがあった．教育の面をみると，青空教室やバラック建ての校舎で，教科書もノートも文房具もなく学び，資格を持った教師も少なかった．46年に教員養成のための文教学校がやっと設立され，48年に6・3・3制が施行されたが長期欠席の生徒が多かった．49年になって下りたヤマトへの旅行許可は，公用もしくは「同情すべき理由のある者」のみであったが，その決定は米軍の一方的判断に委ねられていた．またヤマトからウチナーに行くには，日本政府発行の身分証明書と米軍政府の入域許可書が必要であった．

　米軍はウチナー占領支配を行うにあたってウチナー側の協力を容易にするために，1945年に米軍政府の諮問に対する答申・意見具申を任務とする沖縄諮詢会(オキナワシジュンカイ)を設けさせて，同年に「地方行政緊急措置要綱」を布告し地方行政の整備を始めたが，46年には解散となった．46年に米軍政府の命令で沖縄民政府と沖縄議会を置いたが，それは知事のみならず議員・村長までが米軍政府の任命であり，民政府は米軍政府の管理下におかれ，議会は実質的な審議権を持っていなかった．結局これらは，米軍政府の命令を住民に伝達する機関にすぎな

かったのである．こうしたなかで貨幣経済が復活しはじめ，沖縄中央銀行（現在の琉球銀行）が設立され，経済復興がすすめられるようになった．また47年に，沖縄民主同盟，沖縄人民党が結成され，政治・経済の改革，知事や議員の公選を要求するようになった．

　1949年にアメリカは沖縄の長期保有を決定し，約5,000万ドルで恒久基地の建設を行うことにした．それは「米軍の沖縄軍事占領政策は，1947年に表明された共産主義封じ込め政策であるトルーマン・ドクトリンに規定されます．1948年，朝鮮半島に社会主義国ができ，1949年，中国革命が成功します．沖縄は，そういう中で『防共の砦』として位置付けられます」[2]といわれるように，当時の米ソの冷戦体制，中華人民共和国や朝鮮民主主義人民共和国の出現への対抗措置であった．1950年に米軍政府は琉球列島米国民政府と名を改めたが，それは占領軍支配という印象を少しでも和らげるためのものであり，現実にはアメリカの軍事支配体制をより強固なものにしていった．それを決定づけたのが，1951年の対日講和条約であった．

　条約は沖縄における日本の「潜在的主権」を認めつつも，その第3条に「日本国は，北緯29度以南の南西諸島（琉球諸島及び大東諸島を含む）孀婦岩の南の南方諸島（小笠原群島，西之島及び火山列島を含む）並びに沖之鳥島及び南鳥島を合衆国を唯一の施政権者とする信託統治制度の下におくこととする国際連合に対する合衆国のいかなる提案に同意する．このような提案が行われ且つ可決されるまで，合衆国は，領水を含むこれらの諸島の領域及び住民に対して，行政，立法及び司法上の権力の全部及び一部を行使する権利を有するものとする」とある．この条約の調印により，ヤマト国家権力は，アメリカがウチナーの唯一の施政権者であることに同意し，行政・立法・司法上の権利の全てを認めたのである．このように講和条約は，ウチナーの命運にかかわるものであるにもかかわらず，ウチナーはこの条約締結交渉のテーブルにつくことはなかった．

　講和条約は1952年4月28日に発効するが，ウチナーではこの日を「屈辱の日」と呼んでいる．それについて宮城栄昌がウチナーンチュの気持ちを見事に伝えている．「太平洋戦争は軍閥・官僚閥・財閥のおこした帝国主義的侵略の戦いであった．敗戦の結果によるサンフランシスコ平和条約は，日本をアメリ

カ帝国主義陣営に組み入れられるのを余儀なくされた，『苛酷かつ非和解』なものであった．そういう中で，最も戦争の責任を負わされ，最も犠牲を蒙っているのは自分たちだと，沖縄住民は信じている．廃藩置県以前は薩摩の植民地的支配下におかれ，置県後は四等県として遇され，天皇の臣民としては最も日の浅かったはずの沖縄住民だけが，なぜいまなお異民族の支配下で生活しなければならないのか，沖縄住民のやりようのない気持ちがそこにある」[3]．

　1952年に一応，司法・行政・立法の三機関が設けられ，奄美から八重山にいたる地域を統轄するウチナー側の琉球政府や立法院がおかれた．だがそれは米国民政府の指示に従うことが条件となっており，アメリカ人である民政府長官（57年に高等弁務官という名称に変わる）は，民政府主席・裁判所判事の任命，立法の拒否・禁止，布令・布告の権限を持ち，その他すべてにわたる絶対的権限を持っていた．これでは，琉球政府はあってなきがごとき状態である．実際立法院が，ウチナー側の要求を集約する機能を発揮しようとするたびに無力化された．こうした政治的・行政的・法的体制を整えつつ，ウチナー各地で「銃剣とブルドーザー」によって暴力的に恒久的ともいってよい軍事基地化が進行していくことになるのである．その背後にあったアメリカの思惑は，先にも述べたトルーマンのドクトリン，1953年のダレス国務長官の「極東に脅威と緊張がある限り米国は沖縄の現状を維持する」という表明，54年のアイゼンハワー大統領の「沖縄のわれわれの基地を無期限に保有する」という表明に示されている．かくしてヤマトは，アメリカの軍事的必要のためにウチナーを勝手に切り捨てたのである．やはりヤマトにとっては，ウチナーは利用するだけの異国――あるいは国内植民地――にすぎないのかもしれない．

　1952年の講和条約の発効以降，ウチナーを排除した形でヤマトとアメリカは，基地建設とその使用のための法的措置を講じていく．ヤマト国家権力は，これらの法的措置によってウチナーがいかなる悲惨な目にあおうとも，できるかぎり米軍にとって有利な協定をとり結んできた．ヤマトがアメリカにきわめて従属的なのは，アメリカのドルによる世界支配にすりよることによって利益を手に入れ，またアメリカの世界戦略の一翼を担い，安保条約と核の傘のもとで安定と経済的発展を図るためである．それだけにヤマト国家権力にとってみれば，ウチナーは自己の利益のために生贄としてアメリカに捧げてもよい存在

として認識されていたのであろう．

　講和条約とともに日米安全保障条約（旧安保条約）もとり結ばれた．それは，日本の希望によって「米軍は極東における国際の平和と安全を維持すること，日本国内の内乱及び騒擾を鎮圧すること，そして日本への外部からの武力攻撃に対して用いるために，自国軍隊を日本及びその付近に維持する」として，それにあたって「米国は日本に軍事基地を置く権利が認められる」（第1条）と謳っている．すなわち，日本は安全保障と引き換えに基地を提供するということである．だがよく考えてみなくてもわかることだが，日本の安全保障といってもそれはヤマトのことであり，引き換えの基地提供はウチナーに背負わせているのである．またこの時に，駐留米軍の特権と地位を保障する行政協定（後の地位協定）も定められたが，これがウチナーンチュを後々まで苦しめることになる．

軍事基地化の進行

　いずれにしても，米軍はこれまでのようにハーグ陸戦法規によって勝手に基地を建設し使用するわけにはいかなくなった．そこでまず1952年に，軍用地の賃貸権取得のため布令91号「契約権」を公布した（米国民政府は，沖縄の支配のために軍政府から引き継いだ布告・布令・指令の法令システムでもって臨んだ）．だがこれは，契約期間が20年にも及ぶということと，使用料が安すぎることから住民の抵抗にあって潰れてしまった．そこで53年に布令109号「土地収用令」と布令26号「軍用地域内の不動産の使用に関する補償」を公布した．とくに「土地収用令」は軍用地の強制収用を定めたもので，これ以降軍用地は銃剣とブルドーザーによって獲得されていくことになる．また布令26号は，一方的に「軍用地について，昭和25年（1950年）7月1日または収用の翌日から黙契により賃借権を取得していた」と宣言し，基地使用権を合法化するものである．

　土地強制収用のいくつかの事例を挙げておこう．(1)真和志村（現那覇市）の銘刈・安謝・平野・岡野の例――米国民政府は1952年10月16日に，同年12月10日までに4集落を収用するとの通告を出した．これに対して立法院は収用権のないことを主張したが，53年4月10日に「土地収用令」による通告

を発し，11日に米軍武装兵に守られたブルドーザーによって家屋や農地が踏みつぶされた．(2)小禄村(オロク)(現那覇市)の具志の例——53年11月に「ここの土地が必要であるから，できるかぎり早急に農作物を撤去せよ．ただし……農作物の損害賠償には応じない」という通告が出された．あわてふためく農民が12月5日に畑に出てみると，装甲車・機関銃などによって武装した300人の兵士に守られてブルドーザーが収穫間近のイモ畑やキャベツ畑を掘り起こしていた．これに対して農民は激しく抵抗したところ，米兵は暴力的に襲いかかり村民を排除した．(3)伊江村真謝(マジャ)・西崎の例——53年7月に米軍から農地150万坪の接収と152戸の民家の立ち退きが通告された．これに対して農民は拒否を示し米軍ならびに琉球政府に陳情を繰り返した．だが55年3月11日に武装兵300人とブルドーザーが現れ，抵抗する農民を実力で排除し有刺鉄線の柵をはりめぐらし，甘蔗・イモ・落花生・防風林の松林をブルドーザーで踏みつぶし，家を焼き払った．これに対して農民は，柵をとりはらい基地として予定されているところに家を建てて抵抗した．その結果，接収用地は100万坪，立ち退きは13戸に縮小した．(4)宜野湾市伊佐浜の例——54年7月に「水田に蚊が発生して，脳炎を媒介するおそれがある」という理由で農耕禁止令が出された．農民たちはこの言いがかりに強く反発したが，今度は基地建設のためであることを露骨に示され，ついには55年3月12日に強制的に退去させられた．

　いま1つ筆者らが調査した名護市辺野古の事例について述べておこう[4]．辺野古にはキャンプ・シュワブがおかれてあり，最近では，普天間基地移設問題の焦点となっていることは周知の通りである．1955年1月に米軍は久志村を通して久志岳・辺野古岳一帯の山林原野を演習場にすると予告してきた．これに驚いた辺野古の農民たちは反対決議をし陳情を行った．だが7月22日に，米軍はさらに山林原野と思原・長崎原の約62万坪を基地として接収する旨を通告してきた．これでは，辺野古の農民たちの生産・生活は崩壊してしまう．そこですでに54年に立法院において採択されていた，土地を守る4原則の貫徹運動(これについては基地闘争の章で述べる)を背景に抗議行動を行った．ところが米国民政府は「もしこれ以上反対を続行するならば，集落地域も接収し立ち退き行使も辞さず，また一切の補償も拒否する」と強硬姿勢を示した．これにおびえた農民たちは，他地域の強制立ち退きの事例を考慮した結果，次

の6条件を要望事項として交渉することにした．(1)農耕地はできるかぎり使用しない，(2)演習地内の山林原野も利用できるようにする，(3)基地建設の労務者の優先的雇用，(4)米軍の余剰電力及び水道の利用，(5)損害の適正補償，(6)不用地の黙認耕作の許可，である．これに対して米軍も了承したところから，軍用地接収は一気に進行するところとなった．12月20日米軍は，使用面積約76万8,000坪（田約1万9,000坪，畑約35万8,000坪，山林約32万3,000坪，その他約6万8,000坪）の接収を発表した．

　12月28日に土地使用契約がとり結ばれた．それは14条にわたっているが，そのうち主な事項を列挙すれば，(1)契約締結と同時に1カ年分の賃貸料を前払いし，翌年から毎年6月に支払う，(2)適正補償とすべての損害賠償の責任を負う，(3)契約期間は5カ年とする，(4)契約期間中といえども現行法規もしくは新しく制定される法規によって，単純封土権の権利を獲得する，(5)もし軍用地の全部もしくは一部を必要としなくなった時は地主又はその相続人もしくは代理人に返還する，(6)赤線（基地境界線）内でも農耕のできる箇所は農耕させ又薪炭取り入れもできるだけ許す，となっている．さらにこの契約以外に米軍側から次のような提案もなされた．(1)村振興事業として計画している豊原ダムを優先的に施工する，(2)代替地主に対しては生活安定のために営農貸付金制度を設ける，(3)就業転換を図る場合軍作業に優先的に雇用する，(4)軍施設納入の蔬菜は久志村産として指定する，(5)余剰電力水道は利用させる，(6)接収地地主に対しては地上物件を補償する，というものである．この他に村民側から，教育環境を守るために学校周辺の収用予定地の除外を申し入れた．

　これからすると米軍は，かなり譲歩し地元村民の意向を汲んだようにみえる．確かにこの契約と米軍の提案は，村民にとって農地・山林その他を失ったとしてもある程度の利を得ることになったのかもしれない．だが米軍ひいてはアメリカの得た利はもっと大きなものであり，これに比して地元村民はその生活世界の維持に基本的に重要なものを失ったといえる．いずれにしても，米軍がこのような穏便な姿勢をみせたのは，講和以降，あからさまな強制がしづらくなったこと，ウチナー全土を覆った「島ぐるみ闘争」（後述）の激烈化に手を焼いていたこと，地元からの条件つきの妥協案が受け入れられれば接収に応じてもよいという申し入れがあったこと，強制接収ではなく話し合いという形で基地

建設のモデルとしたかったこと，などにもとづくものといえよう．その後1957年にさらに軍用地として28万7,000坪余が追加接収された．この結果，地区の広大な面積が軍事演習場及びキャンプ基地となり，住民はわずかな辺野古原と思原の一部，前の上原，親里原に居住することになったのである．

　このような条件付きとはいえ，基地建設受け入れに対して村民全部が賛成したわけではない．なかには先祖が居ます代々の土地を守らねばならないという思いから，軍用地接収に反対し契約に応じない農民もいた．またこの辺野古の基地建設容認は，当時，展開されていた「島ぐるみ闘争」の足を引っぱり，運動の分裂を招くものとして強く非難された．この辺野古のとった処置は，ある意味ではやむをえない現実的な対応であったかもしれない．彼らとても好きこのんで先祖が居ます代々の土地を軍事基地として提供したわけではない．だが接収を拒否し抵抗するならば強制的に追い出されるだけである．それならば，少しでも自分たちに有利に運ぼうとしたということなのであろう．とはいえ，軍事基地が置かれたということの意味及び，反対闘争に動揺を与えたということ，を考えるとこれに双手を挙げて賛成するわけにはいかない．

　いずれにしても先に示した表2-1にみるように，米軍基地はすべて施政権返還前に建設された．しかもそれは1945年以降50年代にかけてがほとんどである．これらは辺野古のような例もあるが，多くは銃剣とブルドーザーによる強制接収に他ならない．この後，日米安保条約の改正以降，今度はヤマトが日米地位協定や駐留軍用地特別措置法（米軍用地特措法ないし特措法と略されている）の適用，公用地暫定使用法などによって，ウチナーに軍事基地の存続を強要してきた．これらについて次の節で検討をすすめていくことにしたい．

2．安保体制・地位協定のもとにおけるウチナー

日米安保体制の再定義

　1960年に，ソ連を中心とする共産主義陣営に対するシフトをつくるために日米安全保障条約の改定が行われた．それは改定というよりは，名称が「日米相互協力及び安全保障条約」となっていることからわかるように，新しい条約といったほうがよい．旧安保と異なるところとして，安全保障だけではなく日

米の相互協力という点に注目しなければならない．条約は10条から成っているが，第3条には，「武力攻撃に抵抗するそれぞれの能力を……維持し発展させる」としてある．すなわち，日本の軍備増強である．これにもとづいて自衛隊とよばれる軍隊が大きな軍事力を持つにいたり，米軍と協力態勢をとることになった．それが今日のウチナーで明確にみられる自衛隊の米軍後方支援，さらには最近とりざたされている集団的自衛権の行使として米軍と共同して戦争に参加するという問題にもつながっていく．これは，条約の前文における「両国が国際連合憲章に定める個別的又は集団的自衛の固有の権利を有していることを確認し」ということと関連していることはいうまでもない．

　とくに第6条は，ウチナーの基地問題と深くかかわる．それは「日本国の安全に寄与し，並びに極東における国際の平和及び安全の維持に寄与するために，アメリカ合衆国は，その陸軍，空軍及び海軍が日本国において施設及び区域を使用することを許される」．すなわち，米軍基地の使用が保障されるということである．いま1つこの条文で留意しなければならないのは，米軍の武力行使は日本だけではなく「極東」にまで及んでいるということ，そしてそれに日本が協力するということである．しかも第10条で「この条約は，日本区域における国際の平和及び安全の維持のため十分な定めをする国際連合の措置が効力を生じたと日本国政府及びアメリカ合衆国が認める時まで効力を有する」と定めている．これをいいかえれば，日本とアメリカが認めない限り恒久的に基地として使用するということである．

　この新安保条約及びこの締結時に同時にとりきめられた地位協定は，1972年の施政権返還以降発効することになるわけであるが，その条文や協定はウチナーの当時の現状を法的に整序したものにすぎなかった．というよりは，これまでの米軍基地の使用方法をそのまま新安保の運用として用いるもので，それは，いうなれば新安保の沖縄化ということになる．そして地位協定発効までの占領期間における米軍の基地使用と米兵の非道な行動は，野放しに近い状態にあった．この第10条にもとづいて安保条約締結後40年余がすぎた今日まで，依然としてウチナーには日本全体の米軍基地の75％がおかれ続けているのである．しかも核兵器が嘉手納弾薬庫，辺野古弾薬庫などにおかれ続けてきた．これについては，大江健三郎の「沖縄の民衆は，そこに核基地をおいて威嚇し

ようとするホワイト・ハウスとペンタゴンの人々の想像力において，報復核攻撃によって殲滅されるべき者たちとして把握されている」[5]という言葉を思い出す．しかもヤマトは，「非核三原則」の及ばない核基地としてのウチナーを黙認してきたのである．いうなれば日米の安全保障は，ウチナーを基地化することによって保たれているとさえいえる．それにもかかわらずウチナーは，この新安保条約のとりきめの席にまたもや呼ばれなかった．かくして日本は，アメリカの世界戦略体制のなかに組みこまれその一翼を担うことになり，ウチナーはその最前線という危険な役割を押しつけられたのである．

　冷戦終結後，日米安保体制は中国を意識したアジアの安全保障を重視するようになった．1995年に日米安保体制の再定義がはじまり，96年に「日米安保共同宣言」が発表された．これは，国際情勢の変化に対応したアメリカの世界戦略体制と日本の協力の強化をねらったものである．それは安保体制の変質といってよい．これまでの安保体制は「日本と極東」範囲を対象としていたが，日米安保共同宣言は，「アジア・太平洋地域の平和と安定」のためとしてその範域を拡大したものであった．それだけでなく，イラク攻撃の時にウチナーから出撃していることにみるように，その範囲は中東にまで及ぶ．このことからもわかるように，米軍にとってウチナーは海外最大の前線基地であり，世界戦略の中核的拠点なのである．それだけに施政権返還後にウチナーに駐留した自衛隊は，当初米軍の後方支援の任務を担わされていたのであるが，もっと軍事的な行動すら期待されるようになった．それに対応して1995年以降の日本の防衛計画大綱の改定がすすめられ，「日本有事」から「周辺有事」までに備える方向が打ち出された．それは「日本周辺地域において発生しうる事態で日本の平和と安全に重大な影響を与える場合における日米間の協力に関する研究を始め，日米間の政策調整を促進する」ということで，これが97年の「日米防衛協力のための新指針」(新ガイドライン)の決定となるのである．これに沿って1999年に，「周辺事態法」など米軍支援のためのガイドライン関連法が定められた．これにもとづいて自衛隊は，米軍協力のための海外派遣が可能となったのである．だがこれによって日本も戦争にまきこまれることになるかもしれないだけに，きわめて危険なことといえよう．

　考えてみれば，いったい「周辺有事」とは何かきわめて不明瞭である．安全

保障の範囲は，60年新安保では日本と極東に限られていたのが，96年にアジア・太平洋地域にまで広がり，さらにここに至って具体的に限定されない周辺ということになってしまった．極言すれば，日米の安全が脅かされることがあれば世界中何処でもということになりかねない．しかもアメリカは，日本に同盟国が共同で武力行使する集団的自衛権行使を望み，ヤマト国家権力もこれに応えようとする姿勢をみせている．さらには，ヤマト国家権力は「有事法」の制定まですすめることにした．もしこれが現実となった場合には，自衛隊は米軍の後方支援ではなく，日本は常に戦争に参加する可能性をもつことになるばかりか，国土が戦場化するということになる．とくに軍事基地が集中しているウチナーは，もっとも危険な状況におかれる．また60年の新安保では核兵器の日本持ち込み，日本における基地からの直接出撃などについては，日米間で事前に協議することになっていた．だが実際にはこれまで事前協議が行われたことがなかったのみならず，核装備の艦船の通過・寄港を黙認するという了解すらできていた，というのが専らの観測である．そればかりか，この度の新ガイドラインにおいては事前協議すら消えてしまったのである．これでは核兵器の日本への持ち込みは自由となる．1972年の施政権返還時の条件の1つであった核兵器の撤去は，完全に有名無実化してしまった．筆者が調査で聞き取りをしたウチナーンチュの誰一人として，核兵器の存在を否定する人はいなかった（太平洋で唯一の核兵器管理部隊が現在も嘉手納に常駐している）．もし依然としてウチナーに核兵器が置かれているとすれば，先の大江がいうように，沖縄の民衆は核攻撃によって殲滅される運命におかれることになる．

米兵優遇の地位協定

この新安保締結と同時に，これまでの行政協定を廃止し新たに地位協定をとり結んだ．これが今日にいたるもウチナーンチュを苦しみのなかにおくものであった．地位協定は，新安保条約第6条の後段に明記されている「前記の施設及び区域の使用並びに日本国における合衆国軍隊の地位は，……行政協定に代わる別個の協定及び合意される他の取極により規律される」ことにもとづいて定められたものである．地位協定は表2-2にみるように28条から成り，基地の設置・維持・運用，軍事活動による紛争処理，軍隊構成員の権利義務を取り

表2-2 米軍の地位に関する協定

第1条	適用を受ける米軍の構成員・軍属・家族の定義
第2条	日本の提供する施設・区域
第3条	施設・区域に関する米軍の権利
第4条	施設・区域返還時の義務
第5条	米国関係船舶・航空機の出入国・国内移動の特権
第6条	航空・通信の軍事優先
第7条	公共役務・公益事業の利用優先権
第8条	気象業務の提供
第9条	米国構成員・軍属・家族の出入国の特権
第10条	自動車に関する米軍の特権
第11条	関税・内国消費税・税関検査の免除
第12条	米軍の物資労務調達とそれに関する税の免除
第13条	米軍構成員・軍属・家族への課税の免除
第14条	特殊契約者規定
第15条	軍人用販売機関への課税の免除
第16条	日本国法令の尊重義務
第17条	刑事裁判権
第18条	民事裁判権・請求権
第19条	米軍構成員・軍属・家族の外国為替管理
第20条	軍票
第21条	軍事郵便局の設置の目的
第22条	在日米人の予備役団体への編入・訓練
第23条	米軍とその構成員等に対する安全措置・米国の設備等に対する安全措置の義務
第24条	基地・路線権提供の経費・補償業務の日本側負担
第25条	日米合同委員会の設置
第26-28条	発効・改正・有効期間

決めたものであるが,実際には米軍の特権・優遇・例外措置を保障するものであった.この協定の適用は1972年以降ではあるが,それは占領時代における基地使用や米軍の特権などを明白にし,法的根拠を与えたものである.これらの措置には日本の国内法の適用ができないことになっており,さらにこれらの措置を補完するために,「地位協定実施に伴う国有財産管理法」「地位協定の実施に伴う土地等の使用に関する特別措置法」「地位協定の実施に伴う民事特別法」「地位協定の実施に伴う刑事特別法」などが併せて制定された.

　この協定とこれに関する特別法は,今日にいたるもウチナーンチュに大きな危険と不安と被害をもたらす元凶となっていることから,ここで少し詳しく検討しておこう.まず2条1(a)「合衆国は……日本国内の施設及び区域の使用を許される.……『施設及び区域』には,当該施設及び区域の運営に必要な現存の設備,備品及び定着物を含む」とある.これは,基地の提供を定めたもので

ある．この限りでは，使用する施設・区域は日本国内の何処でもよいということになる．このことからこれを「全土基地方式」と呼んでいる．また後段の規定にもとづいて領海・領空も含まれ，県内に31カ所の制限水域と15カ所の制限空域が設けられている．個々基地の使用目的や使用条件については，日米合同委員会で検討されるが，それは原則として非公開の秘密事項となっている．第3条（施設・区域に関する米軍の権利）は「1．合衆国は，施設及び区域内において，それらの設定，運営，警護及び管理のため必要なすべての措置を取ることができる」とある．要は日本側に基地立ち入り権を認めないということである．基地内に事故や危険な事態が起きてそれが周辺に深刻な影響を及ぼしそうな可能性があっても，日本側には調査権がないということである．この結果として現在，基地公害としての環境汚染が重大な問題となっているのである．

第4条の1に，「合衆国は，この協定の終了の際又はその前に日本国に施設及び区域を返還するに当たって，当該施設及び区域をそれらが合衆国に提供された時の状態に回復し，又はその回復の代わりに日本国に補償する義務を負わない」となっている．すなわち，どうぞ好きなように使いたいだけ使って下さい，環境破壊があっても責任は問いません，ということになる．第5条の1は，米軍関係の船舶や航空機の入港料や着陸料免除の規定である．2には，1に掲げる船舶及び航空機，合衆国政府所有の車両（機甲車両を含む）並びに合衆国軍隊の構成員及び軍属並びにそれらの家族は，合衆国軍隊の使用している施設及び区域に出入し，これらのものの間を移動し，又はこれらのものと日本国の港及び飛行場との間を移動することができる．合衆国の軍用車両の施設及び区域への出入並びにこれらのものの移動には，道路使用料その他の課徴金を課さない，と述べてある．ここでの問題は，米軍の機甲車両や軍隊が，重火器を携えて施設や区域を移動すると称して居住地の道路を行進することが当然のこととして認められるということである．ウチナーでみられる市街地を武装した米兵や装甲車や重火器を積んだ車両が住民の交通を遮断して行進することは，問題にならないということであろうか．

第6条1の規定を受けて，日米合同委員会が「暫定的に米国政府が那覇空港の進入管制業務を実施する」ことを合意し，那覇空港の進入管制業務が米軍の手でなされてきた．第7条で，「合衆国軍隊は，……日本国政府が有し，管理

し，又は規制するすべての公益事業及び公共の役務を利用することができ，並びにその利用における優先権を享有するものとする」と定めてある．公益事業にしろ公共の役務にしろ，本来それは国民生活全般に関する重大事であるにもかかわらず，米軍が優先権をもつということは肯けない．

第17条は，現在でも問題になっている裁判権についての取り決めである．「1 (a) 合衆国の軍当局は，合衆国の軍法に服するすべての者に対し，合衆国の法令により与えられたすべての刑事及び懲戒の裁判権を日本国において行使する権利を有する．(b) 日本国の当局は，合衆国軍隊の構成員及び軍属並びにそれらの家族に対し，日本国の領域内で犯す罪で日本国の法令によって罰することができるものについて，裁判権を有する．3 (a) 合衆国の軍当局は，次の罪については，合衆国軍隊の構成員又は軍属に対して裁判権を行使する第一次の権利を有する．(a)–(II) 公務執行中の作為又は不作為から生ずる罪，(b) その他の罪については，日本国の当局が，裁判権を行使する第一次の権利を有する．5 (c) 日本国が裁判権を行使すべき合衆国軍隊の構成員又は軍属たる被疑者の拘禁は，その者の身柄が合衆国の手中にあるときは，日本国により公訴が提起されるまでの間，合衆国が引き続き行うものとする」．要するに米兵の犯罪が公務中に行われたと認定された場合には，その証明は米軍指揮官が行い，日本側には第1次裁判権はない，ということである．これでは犯罪米兵に有利になってしまう．事実ウチナーでは，犯罪を犯した米兵が長期にわたって基地内にかくまわれ無罪になったり，アメリカに逃げ帰ったりしている．これは，きわめて不平等な条約であり，犯罪者は罰せられないかもしれないし，それに比べて被害者は殺された，強姦された，傷害をうけた，強盗された，ということだけで終わってしまいかねない．それだけにこの条項を焦点の1つとして，地位協定の改正がすすめられるようになった．

いま1つこの地位協定で問題となるのは，第24条の米軍駐留の経費負担である．「1. 日本国に合衆国軍隊を維持することに伴うすべての経費は，2に規定するところにより日本国が負担すべきものを除くほか，この協定の存続期間中日本国に負担をかけないで合衆国が負担することが合意される」「2. 日本国は，……すべての施設及び区域並びに路線権（飛行場及び港における施設及び区域のように共同に使用される施設及び区域を含む）をこの協定の存続期間中

合衆国に負担をかけないで提供し，かつ，相当の場合には，施設及び区域並びに路線権の所有者及び提供者に補償を行うことが合意される」．これからするならば日本は，施設と区域と路線権を提供し相当の場合に補償を行うだけのはずで，米軍の維持費はすべてアメリカが負担することになっていた．しかるにアメリカは，1970年代以降の財政難と円高ドル安で日本人従業員の給料支払いに悩んだところから，日本政府に経費負担を求めた．日本政府はこれにあまり抵抗もみせず，1978年に62億円を支出した．この支出の法的根拠がないことから，「思いやり予算」といわれるようになった．その後この額は年々増え，91年以降になると日本人従業員給料及び電気・水道・光熱費の全額を負担するようになり，96年には78年の44倍の2,731億円にものぼるようになった．そればかりではなく，日本が移転を要請した演習の移転費まで日本側が支払うと合意された．そのうえ，兵舎・体育館・娯楽施設・家族用高層住宅・家族の学校など基地内の建築物のほとんどが日本の税金で建設された．これらと米軍用地の地代や基地周辺整備費を合わせると，米軍が日本に駐留する必要経費のうち75％が日本側の負担となっているのである．1979年から2001年度までの総額は4,727億円にものぼっている．米軍にとって見れば，世界でこれほど使いやすくて安上がりな基地は他にない[6]．

　以上を通してみると，この地位協定は何と米軍に奉仕しその特権と優遇に終始していることか，と思わざるをえない．日本は，何故にこんな多額の「思いやり予算」を負担しなければならないのか．また基地が設けられている地域・住民は，この協定の適用によってどれだけ人権侵害や生命の危険・生活の不安のなかに置かれているかわからない．とくに日本全体の0.6％の面積しかないウチナーに米軍基地が75％も集中していることを考えると，ウチナーの危険・被害が甚大なものとなるのは当然のことである．

　それだけにウチナーでは，この協定の改正を強く望んできた．しかし1960年に施行されたこの協定は，40年間1度も見直しされてはいない．ただ95年に日米両政府の合意で，凶悪事件に限って起訴前でも身柄引き渡しを可能にすることにしたが，実際にはスムースに処理されてはこなかった．96年の「米軍基地の整理・縮小と日米地位協定の見直し」の賛否を問うた県民の投票で，89％が地位協定を否定した．これをバックにして当時の大田知事は，政府に

表2-3　沖縄県が作成した日米地位協定改定案（2000年）

1	基地に関する協定に地元の意見を採り入れる
2	基地での事件・事故の際は自治体に立ち入りを認める
3	米軍の活動には環境保全の国内法を適用する（新設）
4	基地返還時は日米で環境汚染を調査し，原状回復する
5	緊急時以外，米軍の民間空港・港湾の使用を禁止する
6	伝染病予防のため，検疫に国内法を適用する
7	米兵らの私有車に日本人と同じ課税をする
8	基地内の免税施設の日本人利用を制限する
9	要望があれば米兵容疑者の起訴前身柄引き渡しを認める
10	米兵らの公務外の事件・事故の賠償金未払いは日米で補塡する．裁判所の命令があれば米兵の給料を米側が差し押さえる
11	日米合同委員会の合意事項を速やかに公表する

見直しを迫った．これに対して日米両政府は，公道における行軍の中止などに合意したが，当時米国防次官補であったジョセフ・ナイは「日米地位協定はすでに寛大な内容だ．改正を論議する必要はない」として，「運用の見直し」に終わった．この発言はあまりにも実情の認識不足に立つものであり，アメリカの都合のみしか考えないものである．

　ウチナーとしては，相変わらず危険や被害が生じそれが正当に処置されないことから，沖縄県が2000年8月に，表2-3にあるような11項目に及ぶ協定見直し案をヤマト政府に提出した．このいずれもが重要なものであるが，なかでも1の協定に地元の意見を採り入れる，2の自治体の立ち入り，4の基地返還時の環境汚染調査と原状回復，5の緊急時以外米軍の民間空港・港の使用禁止，9の米兵容疑者の起訴前身柄引き渡しなどの改正は，必要欠くべからざるものといえよう．それにもかかわらず，ロッドマン米国防次官補（当時）は「改定というカードはない．日米とも地位協定の大きな変更に関心はない」と改正を否定し，日本政府も「運用の改善」で切り抜けようとしている．さらに，2001年に起きた米兵暴行事件では，「運用改善」すら難航している．地元新聞の関係者が「米軍は依然として沖縄を占領していると思っている」と筆者に語っていたが，このことはそれを裏書きするものである．それにしても，ヤマト政府は沖縄は日本国であるといっておきながら，それをアメリカの思うように任せてしまうというのは，やはり日本政府＝ヤマト国家権力にとってみれば，沖縄は何時切り捨ててもよいトカゲの尻尾にすぎないのであろう．ここにヤマトの

ウチナー支配の実体が読みとれるのである.

　このように，特権と過度の優遇措置に守られた米軍とそのために配慮をいとわないヤマト国家権力にとって，施政権返還後の重大課題は何よりもウチナーにおける米軍の軍用地を安定的に確保することであった. そのためには，これに法的根拠を用意する必要があった. それが72年に施行された「公用地暫定使用法」(正式には，沖縄における公用地等の暫定使用に関する法律) であり，いま1つが「駐留軍用地特措法」(正式には，「日本国とアメリカ合衆国との間の相互協力及び安全保障条約第6条に基づく施設及び区域並びに日本国における合衆国軍隊の地位に関する協定の実施に伴う土地の使用等に関する特別措置法」) である. これにもとづいて強引に軍用地使用が行われることになった. それでは，これについて次節でみていくことにする.

3. 法的システムによる強制使用と知事の代理署名拒否

基地確保のための公用地暫定使用法と駐留軍用地特措法

　施政権返還後，アメリカはアジア・太平洋地域において10万人規模の米軍前方展開戦力態勢をとり，日本に1972年当時で約6万5,000人，2000年現在で約4万7,000人，そのうちウチナーには，72年当時で約3万9,000人，2000年現在で約2万5,000人が配備されている. 2000年の米軍専用施設数・面積は，ヤマトで52施設の7万9,062 km^{2}に対して，ウチナーでは38施設の23万7,535 km^{2}となっている. これをみると，日本全土面積のわずか0.6％しかないウチナーにいかに基地が集中しているかがよくわかる. ウチナーにおける基地面積は，沖縄全県の11％を占めるが，本島に限ってみると実に20％にも及んでいる.

　既述のように1956年に始まる島ぐるみ闘争を通じて，基地用地提供に反対する動きが高まり，また施政権返還後は，ハーグ陸戦法規や布令109号の土地収用令では軍用地使用が不可能となった. ヤマトにおける基地のほとんどが国有地であるので軍用地確保にはあまり問題がないが，ウチナーでは国有地が基地面積の約3割にすぎず，他は公有地が約3割，民有地が約3割となっている. この民公有地については，土地所有者と賃貸借契約を結ばなければならない.

そこでヤマト政府は，返還後の米軍基地の継続使用のために契約をすすめようとしたが，軍用地所有者約3万人のうち約3,000人が契約に応じなかった．彼らがいわゆる反戦地主である．そこで基地の安定的使用のために施政権返還前の71年に，ウチナーだけに適用する「公用地暫定使用法」を制定し，72年に施行した．それは5年間という時限立法であって，この間に何とか未契約地主を説得しようと図った．

だが当時の琉球政府の屋良朝苗(ヤラチョウビョウ)主席が「沖縄に存在する米軍基地は，米軍が占領軍としての権力と，絶対的，排他的な施政権によって，民主主義の原理に違反して県民の意思を抑圧ないし無視して構築，形成されてきたものであります．そして，その基地の存在が県民の人権を侵害し，生活を圧迫し，平和を脅かし，経済の発展を阻害している……したがって軍事基地の維持，強化を図ることを目的とするこの法案には基本的には反対せざるを得ません」(1971年にヤマト政府に提出した「復帰措置に関する建議書」)といっている．直接にこの作業に携わる防衛施設局は，軍用地料の大幅な引き上げ，契約謝礼金制度，地主自宅の個別訪問などによって説得に努めた．その結果，未契約地主は減少し公用地法の期限切れの前年76年には，未契約は反戦地主356人，軍用地971件となった．しかしこの971件は77年までには解消する見通しは立たなかった．そこでこれを解決する手段として出されてきたのが，76年10月に国会に提出された「沖縄県の区域内の駐留軍用地等に関する特別措置法案」である．

ウチナーが戦場化したことによって土地の公図・公簿が焼失し，また基地建設によって土地の原型が破壊されたために，多くの位置境界不明地籍がある．これが明確にならない限り沖縄の戦後処理は終わらないといわれているが，2003年の今日なお不明籍地がある．この法案に，基地の地籍を明確にするとともに，そのなかに未契約地の基地継続使用をもりこんだことから，それは「基地確保・地籍明確法」といわれるようになった．しかし，この法案は，77年の公用地暫定使用法の期限切れまでに成立せず，4日間の法的空白の末やっと5月18日に成立し，基地使用権をひき続き5年延長するという附則がつけられた．この4日間の法的空白期間中は，米軍が土地を不法占拠しているということで，反戦地主らは那覇地方裁判所に立ち入り妨害禁止の仮処分の申請を行い，地主のなかには「防衛施設庁とアメリカ軍に告ぐ．ここは私の土地です．

許可なく立ち入り，使用を禁ず」という看板を立てた者もあり，地主たちは自由に基地内の自分の土地に入った．この法案はあまりにも姑息なものであり，地籍を明確にすることは必要だとしても，そこにどさくさに紛れて未契約地の継続使用と5年間の延長を決めたのは，これらの法的措置の不法性を物語ってあまりある．

　この法案が施行された当時には，まだ反戦地主が356人，25施設，2万0,082 km^{2}の未契約地があった．そこでヤマト政府は，来るべき5年後の契約期限切れに備えて，1952年に制定された「駐留軍用地特措法」を，制定から30年余も経ってもちだし82年から適用することにしたのである．この「特措法」なるものが，今日にいたるまでたびたび繰り返されてきた軍用地の強制使用の根拠なのである．特措法は，軍用地の契約に応じないか，または返還を請求する場合に，「地主の意思に反しても，……当該地主の私権を制約して，当該地に対する国の使用権を設定し，または確保する．しかし，政府がその使用権を強制収用するに至るまでには，同法に定める手続きとして，代理署名および公告・縦覧などの手続きに関して関係自治体の長が関与することが必要とされる」[7)]としている．このように強制収用を定めるとともに，これを国の地方自治体への機関委任事務としているのである．このことをめぐって，後述するように大田沖縄県知事は，公告・縦覧拒否，代理署名拒否という形で強制収用反対を表明したのである．

　「特措法」第3条に土地等の使用または収用について定めてある．「駐留軍の用に供するため土地等を必要とする場合において，その土地等を駐留軍の用に供することが適正且つ合理的であるときは，この法律の定めるところにより，これを使用し，又は収用することができる」とある．「適正且つ合理的」という判断は，もちろんヤマト国家とアメリカが一方的に行うもので，ウチナーは関与することはできない．しかもそれは，第14条の土地収用の適用によって強制執行ができることになっている．また，第6条に関係行政機関等の意見の聴取，第7条に土地等の使用又は収用の認定に関する処分の通知，告示及び公告が定められてある．この「特措法」にもとづく強制収用の最初の事例は，施政権返還の72年5月に公用地暫定使用法にもとづいて行われた．その時には，62施設に及ぶ未契約地主2,941人の土地4万5,330 km^{2}を強制的に収用した．2

回目は 77 年 5 月に公用地暫定使用法を 5 年間延長して 82 年まで使用することにした．それは，反戦地主 356 人の 25 施設にわたる 2 万 0,082 km² である．3 回目は駐留軍用地特措法を用いて，13 施設における反戦地主 144 人の土地 781 km² を強制的に確保した．これまで反戦地主に手を焼いてきたヤマト国家権力は，84 年に基地の使用期限を 20 年とすることにした．そして，12 施設にわたる反戦地主 136 人（ヤマト国家権力による利益誘導と制裁措置によって，ここまで減少した）と後にふれる一坪反戦地主 1,959 人の土地 654 km² を収用するために，沖縄県収用委員会に申請した．これに対して委員会は 87 年に，期間を 10 年間（一部 5 年間）に短縮して認可した．

　さらに 1991 年において，92 年に期限切れとなる一部の土地を特措法によって強制的に収用することにした．そのための手続きとしての「公告・縦覧」は，軍用地の強制使用のために，申請のあった土地を一般に知らせ（公告），関係書類を 2 週間公開（縦覧）することをいう．この公告・縦覧の手続きは，県収用委員会が強制使用の裁決申請を受理した後，対象地がある市町村長が委員会の要請にもとづいて行うことになっている．この手続きが終了しないと委員会は採決のための審議をすることができない．ところが市町村長が 2 週間すぎても手続きをしなかったばあいには，国が知事に代行を求めることができることになっている．これをもう少し詳しくいえば，まず防衛施設局長が軍用地の使用認定の申請を総理大臣に提出し，その認定をまって地主の立ち会い署名を求める．これに対して地主が拒否した場合に市町村長が代行することになっているが，市町村長も拒否した時には知事が代理署名をする．だが知事もこれを拒否した場合は総理大臣が勧告・命令し，それにも応じないときには知事を提訴するが，そこで出された職務執行命令に知事が従わなければ，総理大臣が代理で署名することになっている．それを経て，施設局長が収用委員会に裁決を申請する．そこで収用委員会が，改めて市町村長による公告・縦覧の手続きをとることを求めることになるが，その手続きをしない場合にはここでも知事が代行することになっている．さらに知事がこれを拒否した場合には，総理大臣が代理署名の場合と同じように自ら縦覧を代行する，という仕組みである．

　1991 年 5 月 18 日に県と国は「返還予告期間の在り方，返還後の補償期間，返還後の跡地利用について関係機関と密接に連携．計画的な返還の実現を図る．

防衛施設庁の範囲外の要望は関係省庁に働きかける」という合意に達した．これがやがて，95年の「沖縄県における駐留軍用地の返還に伴う特別措置に関する法律」（通称軍転特措法）として施行されることになる．そのうえで大田昌秀知事（当時）は，92年に期限切れとなる用地の強制収用に対して，91年5月24日に違憲共闘会議などで構成する八者協[8]に対して，公告・縦覧の手続き代行を引き受けることを告げた．これに対して八者協のメンバーは強く反対し，代行を拒否することを求めた．だが4日後の28日に知事は，正式に代行を表明した．当然のことながら知事のこの決定に対し，多くの批判・非難が浴びせられた．当時の大田知事は「私が裁決申請書の公告・縦覧代行に応じなければ，少なくとも公約違反は免れうる．だが，もしここで代行を拒否し，政府と対立すれば，就任直後に県民へのアピールで訴えた第三次沖縄振興開発計画の策定は，困難になってしまう」[9]と悩み続けていた．後日防衛庁長官と面談した折に「政府は，沖縄問題にきちんととりくむ．そのため新たな制度をつくって基地問題に対応する」という言葉に期待をかけて，代行を引き受ける決心をしたとのことである．知事は，これを「苦渋の決断」といっているように，それはある意味ではやむをえなかったかもしれないが，知事に就任したばかりとはいえヤマトに対する判断が甘かったのではないだろうか．もちろんその後，基地問題が知事の望んだ方向には向かわなかったことはいうまでもない．大田のこの時の苦い経験は，後年の1995年の代理署名拒否という形でもって生きてくる．

大田知事の代理署名拒否と裁判における敗訴

1996年3月31日に期限切れとなる読谷村の楚辺通信所（通称「象のオリ」）および97年5月14日に使用期限切れとなる嘉手納飛行場など12施設は，アメリカの世界軍事的支配にとってはきわめて重要なものであるだけに，その使用権原を確保することの絶対的な必要性があった．だがこれに対して約3,000人の反戦地主（1坪地主も含む）が契約に応じないところから，施設局は1995年に関係9市町村長に署名代行を求めたが，那覇市・沖縄市・読谷村がこれを拒否した．そこで95年8月に大田知事に代理署名を依頼した．しかし知事は，91年の代行を受け入れた際の基地整理・縮小の要望が一向に現実的なものに

ならないことから政府に不信感を抱き，基地があることによる危険・被害の解消を求め，さらにはこれまでウチナーがヤマトによって差別され，基地を集中させられてきたことに抗議するために，県執行部や与党の社会党などと協議し代理署名を拒否する姿勢を固めた．9月28日県議会において知事は「沖縄の基地機能が強化され，将来にわたって固定化される状況のなか，県民に明るい未来の道筋がみえない」として，正式にこの軍用地強制使用の代行業務拒否を表明した[10]．

　この間，同年9月4日に米兵3人による女子小学生暴行事件が発生した．県警は犯人の身柄引き渡しを要求するも米軍は地位協定を楯にこれに応じず，29日になってやっと身柄が日本側に引き渡されたことも，知事の決意を強めることになった（ただし大田知事は，代理署名拒否は少女暴行事件がきっかけであった，というマスコミの解説は事実に反する，といっている）．これに関連して，以前から問題となっていた地位協定の見直しも要求していくことにした．この米兵の少女暴行事件に激しい怒りをもった県民は，10月21日に宜野湾市で「少女暴行事件を糾弾し，地位協定見直しを要求する県民総決起大会」を開き，8万5,000もの人が参加した．この他東京や各地でも抗議集会が開催された．これほどの人が参加したということは，いかにウチナーンチュが基地の危険・被害にさらされ，苦しめられているか，そしてそれを解決するために基地の撤去を望んでいるか，を示すものである．それはまた，知事の代理署名拒否を強く支持するという意思表示でもあった．

　それにもかかわらず当時の村山富市首相は，1995年11月21日に職務執行命令手続きに着手し大田知事に署名勧告を出したが，知事はこれを拒否し，また12月4日に職務執行命令も拒否した．そこで12月7日に村山首相は，大田知事を相手に職務執行命令訴訟をおこした．すなわち，国家が県を訴えるという対立関係が生じたのである．裁判は，1995年12月22日に福岡高等裁判所那覇支部で開かれた．国家側の「知事が機関委任事務を怠った」という訴えに対して，県側は「代理署名は機関委任事務ではない．訴えそのものが不適法である」とし，逆に「国は沖縄の基地過重負担を是正する努力をしてこなかった」と告発した．ここにおいてこの裁判は，単なる職務執行命令訴訟だけではなく「基地訴訟」としての性格を強め，改めて沖縄の基地問題が問われることになり，

ウチナーがヤマト国家を照射する機会となったのである．県側の主張でとくに注目すべきことは，その準備書面にある文言「平和・反基地の主張は，……県民の生活実態を通した心からの叫びであり，未来にわたって人間的生き方を希求してやまない切実な願いである．……沖縄に存在する基地からの出撃・補給により他国の国民が被害者となること，それによって自らが間接的な加害者となることも拒否する」である．前段からは，基地によって苦しめられているウチナーンチュの切実さが窺え，後段は，戦争そして基地がいかに人類を破滅させるものなのかをふまえたヒューマンな視点に立つものである．なかんずくウチナーンチュが加害者となるという発想は，ヤマト国家の権力者はもちろん一般のヤマトンチュからも出てこない．

裁判においては，政府側は，在沖米軍基地の必要性を「沖縄は極東の安全に寄与する安保目的の地理的条件を満たしており，移転すると財政負担がかさむ」と主張した．県側は，地理的条件はこじつけにすぎず，財政負担がかさむからといって沖縄を犠牲にしていいのか，と反論した．そのうえで知事は「未来を見据えると，私の取った措置（署名拒否）の方が国益，公益につながる」と強調した．審理は，県側の証人申請を一切認めないなど政府寄りの形ですすめられ，開始からわずか3カ月，審理も4回のみの早いスピードで1996年3月25日に判決が下された．それはいうまでもなく，5月14日に使用期限切れとなる軍用地の使用権原獲得に間にあわせようとするものであった．判決は県側の主張をことごとく退け「知事に3日以内に代理署名の執行を命じる」というもので，県側の全面敗訴に終わった．この結果29日に当時の橋本龍太郎首相が代理署名を行い，また首相から指名された施設庁職員が契約拒否の地主の調書に署名・捺印をした．

1996年3月29日に施設局は，表2-4にみるように県収用委員会に12施設の未契約用地の10年間使用裁決を申請するとともに，楚辺通信所の一部軍用地の緊急使用も申し立てた．嘉手納飛行場など12施設などの使用期限切れは97年5月14日であったが，楚辺通信所の一部の土地240m²（土地所有者1人）の期限切れは96年3月31日であった．したがってこの楚辺通信所の軍用地に関しては，当然に期限までには使用権原を得ることはできないことから，国家が不法占拠するという異常事態になる．これをめぐって地主・支援住民とヤマ

表2-4　1996年軍用地裁決申請一覧

施設名	土地所有者数(人)	筆　数	面積(1000m²)	使用期間(年)	裁決(年)
伊江島補助飛行場	27	96	239	10	5
キャンプ・ハンセン	7	12	6	10	5
瀬名波通信施設	1	1	0.2	3年11カ月	1
嘉手納弾薬庫地区	13	9	6	10	5
キャンプ・シールズ	1	1	1	10	却下
トリイ通信施設	2	2	1	10	5
嘉手納飛行場	2,305	34	39	10	5
(在来地主)	21	31)			
(一坪地主)	2,284	3)			
キャンプ瑞慶覧	9	19	15	10	5
普天間飛行場	704	21	20	6年6カ月	4
(在来地主)	15	20)			
(一坪地主)	689	1)			
牧港補給地区	4	22	13	10	5
那覇港湾施設	11	23	16	10	4
陸軍貯油施設	3	8	6	10	5
楚辺通信施設	1	1	0.2	5	2年7カ月
合　計	3,088	249	362.4		

注：この申請に対する裁決は，1998年5月19日に下された．なお，それぞれの申請筆数のうち嘉手納飛行場8筆，普天間飛行場2筆，キャンプ・シールズ1筆，牧港補給地区2筆は，地籍不明のため却下された．瀬名波の1年というのも事実上は却下と同じといってよい．

ト国家の末端権力としての防衛施設局とが対峙するという事態となった．政府側は，安保体制・地位協定・公用地暫定使用法などを楯にして不法占拠を正当化することに努め，地主の立ち入りを拒否した．ヤマト政府の言い分は，米軍には管理権があるとしたうえで，(1)過去20年間，賃貸借契約にもとづいて使用してきた，(2)土地提供は安保条約，地位協定上の義務である，(3)特措法にもとづき，使用権原を得るための手続き中である，(4)土地所有者に損害を生じさせない措置を取る，として，4月1日以降の使用は直ちに違法とはいえない，と主張した．だがこれは，自ら使用権原の不在を認めながらの苦しい言い逃れにすぎず，不法占拠は事実である．

　これに対して地主の知花昌一や反戦地主たちは激しい抗議行動を行い，また「立ち入り妨害禁止」と「土地の明け渡し」を求める仮処分を那覇地裁に申し立てた．5月11日に県収用委員会は，楚辺通信所の一部用地の緊急使用について不許可を決定した(この後99年に金武町議会が，軍用地料アップ・基地返還後の跡地利用計画への支援・基地雇用など5項目の条件付きで通信所の移設

を受け入れることを表明した）．この決定が他の12施設の用地使用に影響することを怖れ，また今後における軍用地の安定的確保のために，政府は特措法の再改定及び特別立法をすすめることにした．

ところで13施設の未契約用地の10年間使用申請について，改めて市町村長の代理署名を求めたところ，前回と異なり関係10市町村のうちこれに応じようとしたのは，わずか伊江村の1村のみだけであった．こうした事態のなかで4月1日に知事は，高裁判決は「代理署名命令の適否に踏み込まなかったのは違法であり，米軍基地にかかわる事実関係を法的判断の枠外としたのは誤りであり，また駐留軍用地特措法を沖縄に適用したのは違憲である」として，最高裁に上告した．ここにおいて再び県と国家が直接に対決することになった．こうしたなかで橋本首相（当時）は，7月12日に不法占拠状態の楚辺通信所の強制使用手続きとして，公告・縦覧代行の職務執行命令訴訟を起こした．また他方では，「沖縄県における施設及び区域に関する特別行動委員会」(Special Action Committee on facilities and areas in Okinawa, 通称SACO) の基地縮小・返還についての中間報告及び沖縄振興計画というアメと強制収用というムチを用意した．それはうがった見方をすれば，このような措置でもってこの裁判を有利に運ぼうとしたともとれる．

1996年7月10日に開かれた最高裁の口頭弁論で知事は「非武の沖縄文化，強制土地収用の歴史，基地があることによって他国民への加害者となっていること，などから代理署名拒否はやむをえざる選択であった」と述べた．最高裁でも審理は5カ月足らずのスピードでもってすすめられ，8月28日に判決が出された．それは，基地の重圧が，憲法で保障された住民の生存権・財産権を侵害しているという県側の訴えをことごとく退け，「駐留軍用地特措法は合憲であり，署名の拒否は日米安保条約の履行義務に支障が生じ，公益が著しく侵害されるのは明らかである」として知事の上告を棄却した．ここにおいて県の敗訴が確定することになり，9月13日に知事は，強制収用手続きの公告・縦覧代行に応じることを表明した．応諾したことについて知事は「橋本首相と会談の結果，基地施設の一部返還と本土移転及び整理縮小，21世紀・沖縄のグランドデザインをふまえて沖縄県の自立と発展のために全力を傾ける．そのために特別調整費50億円を予算計上する．沖縄政策協議会を設けて，沖縄に関す

る施策の協議・充実・強化を図る」と述べている.

結局これは,代行応諾にあたっての取引ともいえる.ヤマト国家権力側からすれば,ムチばかり振るってばかりいてはどこかに後ろめたいところがあるし,またいうことを聞けば恩恵を与えるのだ,という姿勢をみせることだったのであろう.

軍用地関連法をめぐるヤマト政府とウチナー

ところで,これと並行して嘉手納基地など12施設の使用期限切れとなる1997年5月14日が迫ってきている.96年3月に県収用委員会に使用申請したこれらの軍用地に対する裁決は,とうてい間にあいそうにもない.そこでヤマト国家権力は,一方で緊急使用を収用委員会に申し立てる,他方では公開審理中であっても期限切れとしないように駐留軍用地特措法を改定する,という対応をとることにした.1997年4月23日特措法の一部改正法が公布・施行された.それは,まさしく米軍用地を強制使用するにあたって万全を期するためのもの以外の何ものでもなく,改正ではなく改悪であった.改定法は,これまでの条文を改めるのではなく,15から17条及び経過措置を追加したものである.特に15条で認定土地等の暫定措置を定めた.それは,米軍の使用土地で使用認定のあったものは使用期間の末日以前に裁決申請していれば,収用委員会の公開審理中に限り,必要な権利手続きが完了していなくても損失補償のための担保を提供すれば,引き続き暫定使用することができる,というものである.要は期限切れとなっても,軍用地は使用できるということである.またこの法律は,施行以前に防衛施設局長が裁決申請している土地にも適用する,となっている.すなわち,この法律施行後のみならず施行以前のものまで遡って適用することにしたのである.これによって,楚辺通信所の一部土地の不法占拠という事態を合法化したのである.

しかしながら,これはあくまでも公開審理中の暫定使用にすぎない.1996年3月に県収用委員会に申請した嘉手納基地などの軍用地の裁決で,使用申請が却下されれば基地使用に問題が生じ,またもや不法占拠という事態がおきる.収用委員会の公開審理は,90人に余る地主側の意見を集めきわめて公正で中立的立場を堅持してすすめられた結果,98年5月19日に,地籍が確定してい

ない以上土地の特定はあり得ないとして「キャンプ・シールズ1筆，牧港補給地区2筆，普天間飛行場2筆，嘉手納飛行場8筆の地籍不明地を却下．日米特別行動委員会（SACO）で返還合意された瀬名波を1年後，楚辺を2年6ケ月後，普天間・那覇港を4年後に返還とし，さらに伊江島補助飛行場など8施設の使用10年申請に対して5年」とした．これまで収用委員会は，使用期限と補償期限を定める権限を有するのみで，使用認定の適否，特措法第3条「土地等を駐留軍の用に供することが適正且つ合理的であるときは，この法律の定めるところにより，これを使用し，又は収用することができる」の審理・判断の権限は有しないと考えられてきたが，ここにおいて使用認定の適否，軍用地の合理的要件の該当性にまで踏み込んだ裁決を下したのである（委員会の当山尚幸会長は「政府・米軍は，われわれの裁決がないと基地使用ができないという認識に欠けている」と語っている）．これのもつ意味は大きい．県収用委員会は，基地用地収用・使用の根幹にかかわる権限を持っているということになるだけに，ヤマト国家権力にとっては1つの大きな衝撃であり，またウチナーンチュにとっては収用委員会は信頼するに足るということになる．結果としてみれば，これもウチナーからのヤマトに対する反撃といえる．

　これに驚いた政府は6月17日に，収用委員会が却下した4施設13筆の裁決取り消しを求めて，建設大臣に不服審査請求をした．これは，公共用地取得特別措置法にある「収用委員会が2カ月をすぎても結論を出さない場合には，建設大臣が裁決を代行できる」という定めに準拠しているものである．さらに那覇防衛施設局は2000年9月に，楚辺通信所の強制使用4年2カ月，牧港補給地区の一部土地の使用10年という裁決申請を県収用委員会に提出した．そのうえで2000年11月20日に建設大臣は，県収用委員会の裁決を違法として取り消し処分を下した．だが政府側としては，このようなその場しのぎの対応では安定的に軍用地を提供することはできない．そこで先頃から検討がすすめられていた地方分権整備一括法のなかに，駐留軍用地特措法の再改定を持ち込むことにした．これはすでに1996年において橋本首相が，米軍用地の収用手続きを国の事務とし，収用委員会への訴訟手続きも省略し知事が代理署名を拒否した場合，直ちに首相が代理署名をすることができるようにする，ということを考えていたといわれている．

この一括法は何と475条に及ぶ法律である．いうなれば，どさくさに紛れてこのなかに特措法再改定を押し込むことにしたのである．1999年7月8日にこの法案は成立した．それは，国の機関委任事務制度を廃止することに伴って，特措法にもとづく軍用地の使用・収用の事務としての市町村長・知事の代理署名及び公告・縦覧と知事による土地明け渡しの代執行を国の直接執行事務とし，また収用委員会による土地等の使用・収用の裁決事務に関して緊急裁決制度を設け，この緊急裁決期間に裁決が行われないときには内閣総理大臣による代行裁決ができる，となっている．これではウチナーの知事も市町村長も軍用地に関して一切発言権がなく，政府は思うままに土地を強制収用することができることになる．かくしてヤマト国家権力は，法の改悪を通じてウチナーからの反撃を封じ込めたのである．

　以上においてみてきたようにヤマト国家権力は，米軍用地を安定的に提供することに努めてきた．それは，あらゆる秩序の判断と行動の基準となる，もっとも客観的妥当性をもつとされる法規でもって武装された公的システムによって，ウチナーを取り込む作業であった．いうなれば，「法規という名の銃剣とブルドーザーによる軍用地収用」といえよう．それは，収用というよりも収奪といった方がよいかもしれない．もしヤマトが本当にウチナーを自らと同じ日本としてみなしているのであれば，このような措置はとらなかったのではなかろうか．しかし，ウチナーはさすがにこれを従順に受けいれたわけではない．知事の代理署名拒否をはじめとするさまざまな抗議・抵抗や3章にみるような基地反対闘争が展開されたのである．非武・平和を愛するウチナーンチュがこのような行動をとるというのは，やはりその生存・生活・人権がギリギリまで追いつめられていたからに他ならない．これらの行動が，巨大で強力なヤマト国家権力に対する小さくて弱いウチナーの「国」・〈地域〉からの反撃であったことは，銘記されねばならない．それでは次章において，かかる状況を生みだしている基地の現状と基地問題及びそれに対する基地闘争について検討していくことにしたい．

1) 仲地博「属人的住民自治組織の一考察」和田英夫先生古稀記念論文集編集委員会編『憲法と地方自治』敬文堂，1989年．高橋明善「基地の中での農村自治と地域文化の形成」山本英治・高橋明善・蓮見音彦編『沖縄の都市と農村』東京大学出版会，

1995年，など参照．
2) 阿波連正一「沖縄の基地問題の現在」『沖縄国際大学公開講座4　沖縄の基地問題』26頁，沖縄国際大学公開講座委員会，1997年．
3) 宮城栄昌『沖縄の歴史』211頁，NHKブックス，1968年．
4) 山本英治「海上ヘリ基地建設と辺野古住民」『沖縄ヤンバル地域の社会変動と海上ヘリ基地問題』188-192頁，平成8・9・10年度科学研究費補助金研究成果報告書．高橋明善『沖縄の基地移設と地域振興』日本経済評論社，2001年，参照．
5) 大江健三郎『沖縄ノート』65頁，岩波新書，1970年．
6) 地位協定24条に「すべての経費は，日本に負担をかけず合衆国が負担する」ことが定められているにもかかわらず，米軍駐留のための必要経費の約75％を日本が負担している．アメリカが負担しているのは，米兵の給与だけである．結局，米兵1人駐留させるために日本国民は年間1,000万円を支払っているのである．
7) 東海大学平和戦略国際研究所編『日米安保と沖縄問題』141頁，社会評論社，1997年．
8) 大田知事の公告縦覧拒否を支援するために，社会党県本部，社会大衆党，共産党県委員会の革新3党及び県労連，県労働協センター，沖教協，高教協，の労働4団体と沖縄軍用地違憲訴訟支援県民共闘会議が結成した「米軍用地強制使用反対，公告・縦覧を拒否する八者連絡協議会」をいう．
9) 大田昌秀『沖縄の決断』123頁，朝日新聞社，2000年．
10) 大田昌秀，前掲書，第4章代理署名拒否，153-206頁．及び沖縄タイムス社編『50年目の激動』30-60頁，沖縄タイムス社，1996年，参照．

3章　基地問題と基地闘争
――反撃するウチナー

1. 基地のなかのウチナー

アメリカの世界戦略としての基地

　2章でみてきたように，アメリカとヤマト国家権力は強引に軍用地確保を図ってきた．ここでは，その後1990年代までの軍事基地の実態を明らかにしておこう．まず図3-1をみると，ヤマトの米軍専用基地は1995年には72年に比べ60％も減少しているのに，ウチナーでは僅か15％減にとどまっているにすぎない．この米軍基地の分布を参考までに図3-2で示しておく．これをみると米軍基地のほとんどが本島中南部に集中し，また中部と北部に大規模な基地が置かれていることがわかる．とくに南部は比較的人口が集中している地域だけに，こうした数多くの基地が存在することによって生活上に大きな支障をきたすだけでなく，危険や被害も多く発生することになる．とくに基地のなかには，米軍の太平洋基地のなかで最大の嘉手納飛行場，米軍有数のヘリコプター基地である普天間飛行場や，大規模弾薬貯蔵施設としての嘉手納弾薬庫地区，在沖米海兵隊基地司令部があるキャンプ瑞慶覧や，象のオリと呼ばれる巨大なアンテナで知られる楚辺通信所，米軍原子力潜水艦の寄港地となっているホワイト・ビーチ地区がある．さらに表3-1でみるように，日米安保体制の新展開とかかわって自衛隊基地が80年代に入って急激に増加していることがうかがえる．この自衛隊基地もほとんど南部に集中している．
　米軍基地の市町村面積に占める割合の大きなものをみると，嘉手納町の82.8％，金武町の59.6％，北谷町の56.4％，宜野座村の51.5％，読谷村の

在日米軍基地の変遷

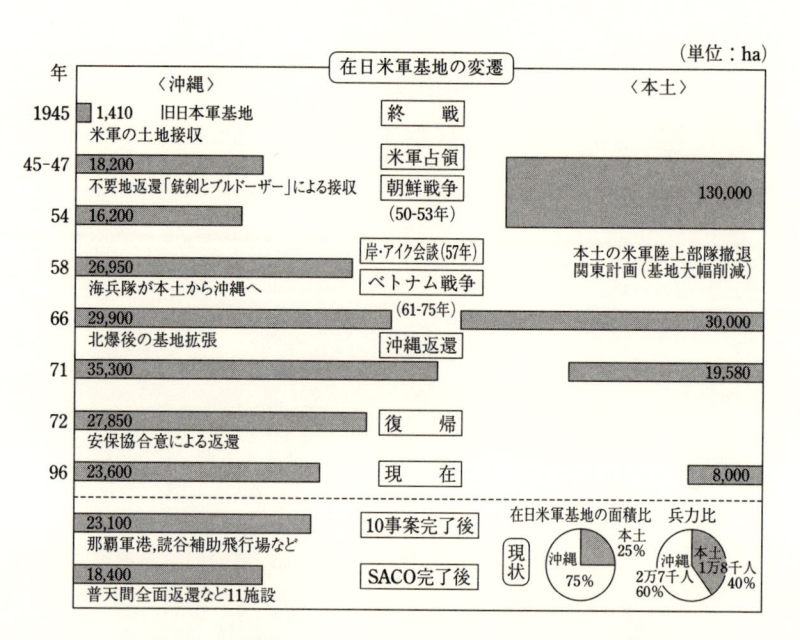

（単位：ha）

〈沖縄〉 / 〈本土〉

年	沖縄 (ha)	出来事	本土 (ha)
1945	1,410　旧日本軍基地　米軍の土地接収	終戦	
45-47	18,200　不要地返還「銃剣とブルドーザー」による接収	米軍占領／朝鮮戦争（50-53年）	130,000
54	16,200		
58	26,950　海兵隊が本土から沖縄へ	岸・アイク会談（57年）／ベトナム戦争（61-75年）	本土の米軍陸上部隊撤退　関東計画（基地大幅削減）
66	29,900　北爆後の基地拡張		30,000
71	35,300	沖縄返還	19,580
72	27,850　安保協合意による返還	復帰	
96	23,600	現在	8,000
10事案完了後	23,100　那覇軍港、読谷補助飛行場など		
SACO完了後	18,400　普天間全面返還など11施設		

在日米軍基地の面積比　現状：沖縄75%／本土25%　兵力比：沖縄2万7千人60%／本土1万8千人40%

在日米軍従業員数

都県	合計（人）
青森県	1,020
埼玉県	26
東京都	2,464
神奈川県	8,484
静岡県	97
広島県	6
	379
山口県	1,147
福岡県	7
長崎県	972
本土計	6
	14,596
沖縄県	6
	7,928
合計	12
	22,524

注：上段は船員で内数．1995年8月末日現在．

在日米軍兵力の推移

年	人員（人）
1952	260,000
55	150,000
60	46,000
65	34,700
70	37,500
72	65,000
75	50,500
80	45,100
85	46,800
90	47,400
93	46,800

注：1971年までは本土のみ，72年以降は沖縄を含む．『防衛ハンドブック』平成6年版，より．

図3-1　在日米軍基地の変遷

注：沖縄タイムス社編『50年目の激動』13頁，沖縄タイムス社，1996年．

47.9％となっている．この他にも30-40％に及ぶところが5市村を数える．これら市町村における基地面積の占める割合のこれほどまでの大きさを考えると，地域の主人は基地であって住民はそれの単なる付属物にすぎないという感すらもたざるをえない．とくに嘉手納町の82.8％というのは想像を絶する．しかもこれらの軍用地は県全体でみると，私有地が32.8％，市町村有地が30.4％，県有地が3.4％と約70％近くが公・民有地であり，国有地は30％ほどにすぎない．しかも，主要な基地用地のほとんどが公・民有地である．ということは，それだけ基地が住民生活を侵害しているということになり，結果として後述のような基地闘争が起きるのは必然的であるといわざるをえない．また米兵員数は施政権返還の72年に最も多く3万9,350人であったが，その後多少の増減をくりかえして2000年に2万4,858人となった．しかし，兵員数が減ったといって喜ぶことはできない．というのは，それに反比例して，基地施設や設備が整備され，また高性能の軍用機や兵器が配備され，基地機能が強化されたことを見落とすわけにはいかない．このことは，後で述べる軍用地の返還についても同様にいえる．なお基地で働く駐留軍従業員数は，72年に最多の1万9,980人であったが，その後減少傾向を示していた．だが96年以降再び増えはじめ2000年には8,450人となった．この従業員の雇用は，基地存続とウチナー経済の問題と深くからんでいるが，これについては後述する．自衛隊基地は，72年当初は3施設にすぎなかったが2000年現在で35施設，兵員数が5,840人となっている．

　米軍がウチナーに基地を置き，それを恒久的に使用しようとするねらいは何処にあったのか．1950年前後からの米ソ冷戦時代においては，いうまでもなくソ連との戦争に備えたものである．ウチナーはそのための重要な軍事基地として位置づけられていた．冷戦構造の終了以降は，主として朝鮮半島及び中国との有事を想定し，さらには後になるとインド洋・中東までを軍事的にカバーする基地として確保しつづけてきた．すなわち，安保条約によって米軍は日本をも防衛することになっていたはずのものが，やがてそれは日本の防衛というよりはアメリカの世界戦略のための軍事力としてとらえられるようになったということになる．米空軍は日本の防空任務は負っていないし，第7艦隊は日本防衛兵力ではなく，西太平洋・インド洋を担当している．ウチナーはますます

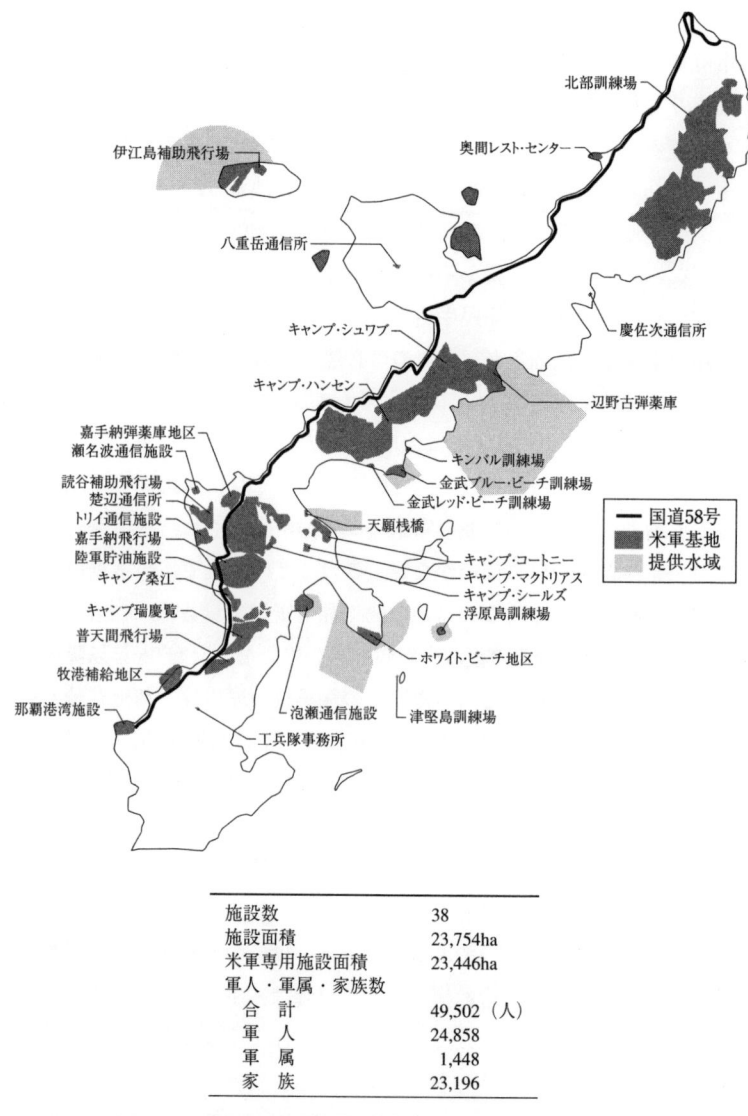

施設数	38
施設面積	23,754ha
米軍専用施設面積	23,446ha
軍人・軍属・家族数	
合　　計	49,502（人）
軍　人	24,858
軍　属	1,448
家　族	23,196

図3-2　米軍提供施設・区域の概要

注：施設数・面積は2000年3月現在．軍人数等については，2000年6月30日現在の数字である．

沖縄県総務部知事公室基地対策室『沖縄の米軍基地』6頁，沖縄県総務部，2001年．

表3-1 自衛隊基地面積の推移

(単位：km^2)

	1972年		1977年		1982年		1986年		1992年		1997年	
	面積	施設数	面積	施設数	面積	施設数	面積	施設数	面積	施設数	面積	施設数
陸上自衛隊	291	1	907	9	1,233	10	2,290	11	2,428	12	2,282	13
航空自衛隊	1,301	1	2,151	10	2,305	10	3,218	10	3,269	10	3,340	10
海上自衛隊	69	1	206	2	242	2	259	2	870	4	867	4
計	1,661	3	3,264	21	3,780	22	5,767	23	6,567	26	6,489	27

注：沖縄県総務部知事公室基地対策室『沖縄の米軍基地』沖縄県総務部, 2001年, より.

　アメリカのための重要な基地としてみなされるようになった．これにともなって先にみたように，新ガイドライン及び周辺事態法が設けられたのである．ここにおいて自衛隊は，自国の防衛というよりは米軍の後方支援という任務を担うことになってしまった．さらにはアメリカは米軍とともに戦う集団的自衛権の行使すら日本に望む，という事態にまでたち至っている．そうなった場合には，ウチナーは再び戦場化する可能性が出てくることになる．

　アメリカは兵員数を減少させるのに反比例するように，ウチナーにおける米軍基地の機能強化を図ってきた．すでに1966年の「海軍施設マスタープラン」にもとづいて，ベトナム戦争時においてキャンプ・シュワブ沖に，弾薬庫と滑走路と軍港を一体化した海上基地構想をもっていた．弾薬庫には核兵器の備蓄も想定していた．「プラン」のなかに，この施設は将来沖縄の軍港整備の核として機能しうるとし，特殊兵器（核兵器）をキャンプ・シュワブ北西の弾薬庫に貯蔵すると，提案されている．1996年に普天間基地の県内移設が提案された時に，その有力候補地としてキャンプ・シュワブ近辺が挙げられたことと，このマスタープランとは無縁とは思えない（この問題については5章でとりあげることにしたい）．98年にアメリカ国防省は「東アジア戦略報告」を発表した．それには，アジア太平洋地域における米軍の10万人体制の堅持と日米同盟を21世紀における米国のアジア安保政策のかなめ，と位置づけた．さらに米軍前方展開の新形態の支援を打ち出し，自衛隊に積極的な役割を求めようとした．これは，冷戦後の新しい世界編成を形成していくためにウチナーにおける基地はきわめて重要である，という認識によるものである．かくして96年に橋本・クリントン会談による「日米安全保障共同宣言」が発表され，安保再定義のもとに日米新安保体制が動きだすことになるのである[1]．

2章でみてきたように，ヤマト国家権力は，アメリカの軍事的世界支配のためにウチナーにおける基地を確保するにあたって，法という公的システムによって強引に支配を貫徹してきた．それによってウチナーには，巨大で高度な機能をもった軍事基地が存在しつづけている．だがそれは，ウチナーに大きな経済的・社会的問題を引き起こし，危険・被害・環境汚染をもたらすことになった．このような基地が存在することから生じる諸問題に対処し，住民の抵抗を少しでも緩和するためにとられたのが，「基地周辺対策事業」であり，またSACO（日米特別行動委員会）報告にもとづく基地の縮小・返還である．しかしこの周辺対策事業にしても基地の縮小・返還にしても，基地問題を根本的に解決するには程遠いといわざるをえない．

基地周辺対策事業交付金

施政権返還前のウチナーにおいては，基地による被害に対しては補償制度はあったものの，被害防止のための基地周辺対策は全くなかった．返還後やっとヤマトの各種補償制度や「防衛施設周辺の整備に関する法律」(1966年)，「防衛施設周辺の生活環境の整備等に関する法律」(1974年)が適用されるようになった．それには，米軍の訓練や軍事行動にともなう生活障害防止工事の助成，学校騒音防止工事・住宅騒音防止工事・民生安定施設などへの助成，移転補償などとともに特定防衛施設周辺整備調整交付金が定められ，基地周辺対策の事業がすすめられるようになった．この交付金は，基地の存在や運用が周辺地域に多大の被害を及ぼしている場合に，関連市町村に公共施設の整備を行うために交付されるものである．だがこれらによっても，基地被害はほとんど解決されることはなかった．依然として基地周辺の学校や住宅はジェット機や銃砲の射撃の騒音に悩まされ，機甲車両の使用による道路の破損，射撃訓練による山林原野の破壊と土砂流失・洪水という状態のなかにおかれている．ただし，交付金は交通・通信施設，スポーツ・レクリエーション施設，環境衛生施設，医療施設，教育文化施設，社会福祉施設，産業振興に関する施設の整備に充当することができるところから，市町村が基地の受け入れに強い反対姿勢を示さないだけに，基地確保のための1つの手段となりうるものである．この他に基地交付金として，基地が存在することによる市町村の財政需要に対する，使途に

表3-2 防衛施設庁沖縄当初予算と助成交付金・調整交付金の推移
(単位:100万円)

	1993年	1997年
一般会計		
1 基地周辺対策の推進	17,356	17,677
障害防止事業	1,269	1,421
騒音防止事業	11,312	11,293
民生安定助成事業	1,653	1,791
道路改修事業	1,033	986
周辺整備調整交付金	1,876	1,933
移転措置事業	154	166
緑地整備事業	57	53
施設周辺の整備の補償	2	34
2 提供施設の整備	24,205	15,039
3 補償経費等の充実	64,586	77,919
4 労務管理関係	1,271	1,295
5 基地従業員対策の強化	38,389	49,040
6 提供施設の移設	264	207
助成交付金	2,109	2,441
調整交付金	3,646	3,768

注:沖縄県総務部知事公室基地対策室『沖縄の米軍基地』沖縄県総務部,1998年,より作成.

　制限のない一般財源としての助成交付金,また道路・水道・ごみ処理などの公共サービスが市町村の負担となっていることに対する調整交付金が交付されている.それらは例えば表3-2にみるように,1997年で一般会計からの支出額が1,788億5,400万円,助成交付金が24億4,100万円,調整交付金が37億6,800万円という巨額にのぼる.これらの合計は1,850億6,300万円に達する.

　施政権返還後は,県全体の基地関連収入の割合は低下してきており,1972年には県民総所得に占める割合が15.6%であったものが,90年には4.9%となり,その後も5%前後にすぎなくなった(これについては,4章2節で資料を挙げて検討する).それでも県外受け取りとしては,財政収入,観光収入に次いで多く,依然として基地経済的特性を残している.1996年の市町村歳入に占める基地関連歳入をみると,金武町が34.7%の約26億円,嘉手納町が29.1%の約15億円,恩納村が28.5%の約18億円,伊江村が25.4%の約15億円となっている.これら以外に金額の大きなものを挙げると,沖縄市の約26億円,名護市の約17億円,北谷町の16億円,読谷村の約13億円である.この他にも1市1村が5-10億円の基地関連の歳入,2市1町1村が1-5億円の基地関連の歳入がある.これらの市町村は基地のない市町村に比べると,たし

かにある程度財源が潤っているといえる．したがってこの歳入が減少すれば，基地所在市町村は財政的に打撃をこうむることになる．ここに基地依存財政の危険性がみられるわけで，その点からいって，こうした財政体質からの脱却が大きな課題といえよう．1979年度から2000年度までの間に在沖米軍基地施設の整備に注ぎこまれた経費は，嘉手納基地の989億円を最高に総額4,559億円にのぼり，24施設の隊舎・家族宿舎・汚水処理施設・道路整備などに充当され，この工事によって建設関連業界は潤うことになった．

いずれにしてもウチナーには，巨大でいくつもの基地が集中しており，それによって多くの危険・被害・環境汚染が生じている．こうしたことからこれまで，ウチナーでは基地の縮小・撤去を求める声が強く出され，運動が展開されてきた．それは時には，日米安保体制すら揺るがしかねないほどのものであった．それだけにヤマトとアメリカとしても，これに何らかの対応をせざるをえなかった．とくにそれは，かつての大田知事が，91年に公告・縦覧の代行を引き受けるにあたって基地の整理・縮小を強く求めたが聞き入れられず，そこで95年には代理署名を拒否したこと及び8万人も参加した県民総決起集会が1つの大きな契機となった（2章参照）．

停滞する基地返還

米軍基地施設は，1972年の施政権返還当時で87施設，28万6,608 km²あったが，2000年現在で38施設，23万7,535 km²となっている．施設数は減ったが面積はわずか4万9,073km²の返還にとどまっているにすぎない．参考までに表3-3で1997年までの施設・区域の返還状況を示しておく．これをみるとわかるように，全部返還は面積も小さくまた補助施設や主要な機能をもっていない通信施設などにすぎず，大きい面積を占める被害発生の危険性の高い軍用地のほとんどは返還されていない．

とくに基地面積が20％も占める沖縄本島の南部では，人口や産業が集中するにつれて都市計画をすすめ，また産業基盤の整備を行わなければならないにもかかわらず，基地が大きな障害となっており地域発展のための施策に十分にとりくめないでいる．それだけに沖縄県は，基地の整理・縮小を最重要課題として掲げ日米両政府に働きかけてきた．1990年に日米合同委員会は，「那覇港

湾施設の返還」,「読谷補助飛行場におけるパラシュート降下訓練の廃止及び同施設の返還」,「県道104号線越え実弾砲撃訓練の中止及び廃止」という県知事要望3事案,安保協19事案(安保協で了承された施設・区域の整理統合計画のうち未だ実施されてないもの),軍用地転用促進・基地問題協議会の返還要望8事案,米側が返還可能とした3事案についての手続きをすすめることを確認した.ここにおいて返還が確認された基地施設は,表3-4にみるように17カ所であるが,実施されたのはやはり米軍にとって現在それほど必要ではない11カ所,これに対して依然として重要な機能をもっている基地施設6カ所が一部返還ないし未返還となっている.すなわちアメリカが東アジア地域に10万人の前方展開という戦略を変更しない方針をもち,またヤマト政府もこれを支持しているためにほとんど実施されなかったのである.

　だが先にも述べたように,大田知事の署名拒否や県民総決起集会によって安保体制がゆさぶられることを怖れた日米両政府は,95年に日本政府と県による沖縄米軍基地問題協議会と,さらに日米両政府によるSACOを設け,96年にSACOの最終報告が出された.それは表3-5に示すように,11施設,約5万5,000 km^{2}の返還となっている.だが返還といっても,いわゆる基地ころがしの県内移設にすぎない.とくに普天間基地は,移設というよりは名護市辺野古のキャンプ・シュワブ沖に新設するものであるだけに,大きな問題となっている.こうしたなか県は,96年に「基地返還アクション・プログラム」を作成しヤマト政府に要望した.それは,21世紀にむけた沖縄のグランドデザインである「国際都市形成構想」の実現にとっては基地が大きな障害となることから,その目標年次である2015年を目途に,米軍基地の計画的かつ段階的な返還を目指すものである.それは表3-6にみるように40施設に及んでいる(ただしキャンプ桑江が第1期と第2期に分かれている).これは,ウチナーが平和で豊かな社会を築いていくための必要欠くべからざる要望といってよい.この要望は,基地の全面撤去がもっとも望ましいが,現実的には無理であることを考えて段階的な整理・縮小案を出しているのである.SACOと「アクションプログラム」の両提案をみても明らかなように,ウチナーの願いと日米の思惑とは大きな乖離がある.それのみならず先にもみたように,日米合同委員会の返還確認事項にしてもSACOの返還計画にしても,2003年現在にいたるも

表3-3 米軍施設・区域返還状況（1997年現在）

一部返還 施設名	返還時期	面積（km²）	現在面積（km²）
北部訓練場	1993（年までに）	9,867	77,950
安波訓練所	1987	96	4,797
奥間レストセンター	1991	13	546
伊江島補助飛行場	1987	51	8,016
八重岳通信施設	1994	200	37
慶佐次通信所	1995	577	10
キャンプ・シュワブ	1996	425	20,627
辺野古弾薬庫	1990	2	1,214
キャンプ・ハンセン	1997	725	51,405
ギンバル訓練場	1995	0	601
金武レッドビーチ	未着手		17
金武ブルービーチ	未着手		386
瀬名波通信施設	1992	4,008	612
嘉手納弾薬庫地区	1995	3,185	28,081
楚辺通信所	未着手		535
読谷補助飛行場	1992	1,024	1,907
天願桟橋	未着手		31
キャンプ・コートニー	1993	362	1,349
キャンプ・マクトリアス	1996	6	379
キャンプ・シールズ	1987	110	701
トリイ通信施設	1994	1,358	1,979
嘉手納飛行場	1996	591	19,953
キャンプ桑江	1994	57	1,067
キャンプ瑞慶覧	1995	1,231	6,479
泡瀬通信施設	1983	1,861	552
ホワイトビーチ地区	1976	355	1,579
普天間飛行場	1996	171	4,806
牧港補給地区	1995	37	2,750
工兵隊事務所	1986	8	45
那覇港湾施設	1996	242	568
陸軍貯油施設	1996	210	1,255

全部返還 施設名	返還時期—面積（km²）
久志訓練所	1974(年)— 59
恩納通信所	1992 — 7, 1995 — 624
キャンプ・ハーディ	1975 — 267
恩納サイト	1973 — 267, 1975 — 1
屋嘉訓練所	1974 — 2,001
屋嘉レストセンター	1979 — 82
知花サイト	1973 — 150, 1996 — 1
石川陸軍補助施設	1974 — 206
読谷陸軍補助施設	1974 — 122
天願通信所	1973 — 946, 1983 — 28
キャンプ・ヘーグ	1977 — 638
平良川通信所	1973 — 54, 1974 — 124
波平陸軍補助施設	1974 — 41
嘉手納住宅地区	1977 — 102

全部返還（つづき）	
施設名	返還時期―面積
砂辺倉庫	1993―3
砂辺陸軍補助施設	1997―24
カシジ陸軍補助施設	1996―7
コザ通信所	1973―5
瑞慶覧通信所	1976―123
西原陸軍補助施設	1973―62，1974―136
泡瀬倉庫地区	1973―131
久場崎学校地区	1981―127
キャンプ・マーシ	1974―62，1976―307
キャンプ・ブーン	1974―151
牧港倉庫	1974―2
牧港サービス事務所	1973―事務所
牧港調達事務所	1974―1，1993―1
浦添倉庫	1973―3，1975―3
牧港住宅地区	1975―6，1977―229，1980―1，1985―24，1987―1,666
那覇冷凍倉庫	1979，1990，1993，いずれも建物のみ
ハーバービュークラブ	1972―17
那覇サービスセンター	1995―5
那覇空軍・海軍補助施設	1973―26，1975―5，1976―197，1977―165，1978―19，1980―918，1981―10，1982―2,318，1983―59，1984―13，1986―41
那覇サイト	1973―104
知念第一サイト	1973―115
知念第二サイト	1973―312
新里通信所	1974―105
知念補給地区	1974―1,795
与座岳航空通信施設	1972―3，1973―155
与座岳サイト	1973―122
与座岳陸軍補助施設	1973―85，1974―132
南部弾薬庫	1977―1,287
久米島航空通信施設	1972―2，1973―232
宮古島ボルタック施設	1973―164
宮古島航空通信施設	1972―1，1973―101
那覇海軍航空施設	1975―836
伊波城観光ホテル	1979―60

注：沖縄県総務部知事公室基地対策室『沖縄の米軍基地』330-341頁，沖縄県総務部，1998年，より整理作成。

表3-4 日米合同委員会確認事案返還状況（1990年）

(単位：km²)

施設名	基地面積	返還計画面積	返還実施面積	未返還面積
北部訓練場	82,748	4,798	4,798	0
八重岳通信所	229	192	192	0
キャンプ・シュワブ	20,802	5	5	0
キャンプ・ハンセン	51,494	1,653	34	1,619
恩納通信所	624	624	624	0
嘉手納弾薬庫地区	28,842	1,869	769	1,100
知花サイト	1	1	1	0
トリイ通信施設	1,980	38	38	0
嘉手納飛行場	19,977	21	21	0
砂辺倉庫	3	3	3	0
キャンプ桑江	1,083	426	16	410
キャンプ瑞慶覧	6,510	469	1	468
普天間飛行場	4,832	42	0	42
牧港補給地区補助施設	2,753	1	1	0
工兵隊事務所	45	45	0	45
那覇冷凍倉庫	0.1	0.1	0.1	0
陸軍貯油施設	1,312	43	43	0

注：沖縄県総務部知事公室基地対策室『沖縄の米軍及び自衛隊基地』（統計資料集）64頁、沖縄県総務部知事公室基地対策室、2001年3月、及び他から作成。

表3-5 SACOの最終報告（1996年）における1997年現在の返還状況

(単位：km²)

施設名	面積	返還予定面積		未返還面積
普天間飛行場	4,762	4,762	(5-7年内)	4,762
北部訓練場	74,379	39,471	(2002年度末)	39,471
安波訓練所	(4,752)	(4,752)	(1997年度末)	(0)
（共同使用解除のため返還面積に加算されない）				
ギンバル訓練所	594	594	(1997年度)	594
楚辺通信所	525	525	(2000年度末)	525
読谷補助飛行場	1,891	1,891	(2000年度末)	1,891
キャンプ桑江	1,059	980	(2008年度末)	980
瀬名波通信所	604	604	(2000年度末)	604
牧港補給所	2,723	30	(国道拡幅に合わせる)	30
那覇港湾施設	564	564	(不明)	564
住宅統合	6,415	822	(2008年度末)	822
計	98,268	54,995		54,995
新規提供				
那覇港湾	346			
北部訓練場	376			

注：沖縄県総務部知事公室基地対策室『沖縄の米軍基地』230頁、沖縄県総務部、1998年。

表3-6　沖縄県基地返還アクションプログラム

第1期　2001年まで
　第3次沖縄振興開発計画が終了する2001年を目途に，早期に返還を求め，整備を図る必要のある米軍基地を対象
　　那覇港湾施設，普天間飛行場，工兵隊事務所，キャンプ桑江，知花サイト，読谷補助飛行場，天願桟橋，ギンバル訓練所，金武ブルービーチ訓練所，奥間レストセンター
第2期　2002-2010年
　次期全国総合開発計画の想定目標年次の2010年を目途に返還を求め，整備を図る必要のある米軍基地を対象
　　牧港補給地区，キャンプ瑞慶覧，キャンプ桑江，泡瀬通信施設，楚辺通信施設，トリイ通信施設，瀬名波通信施設，辺野古弾薬庫，慶佐次通信所，キャンプ・コートニー，キャンプ・マクトリアス，八重岳通信所，安波訓練所，北部訓練所
第3期　2011-2015年
　国際都市形成整備構想の実現目標年次の2015年を目途に返還を求め，整備を図る必要のある米軍基地を対象
　　嘉手納飛行場，嘉手納弾薬庫地区，キャンプ・シールズ，陸軍貯油施設，キャンプ・シュワブ，キャンプ・ハンセン，伊江島補助飛行場，金武レッドビーチ訓練所，ホワイトビーチ地区，浮原島訓練所，津堅島訓練所，鳥島射爆撃場，出砂島射爆撃場，久米島射爆撃場，黄尾嶼射爆撃場，赤尾嶼射爆撃場，沖人東射爆撃場

注：沖縄県総務部知事公室基地対策室『沖縄の米軍基地』240-241頁，沖縄県総務部，1998年.

進んではいない．

　こうしてみると，米軍とヤマト政府の基地返還はポーズだけかといいたくなる．SACOで返還が予定された基地は，米軍の世界戦略にとってはもっとも重要なところである．それだけに一旦返還予定という形をとったとしても，県内に移設することが確実にならないかぎり米軍は返還に実際には応じない．だが県内移設は住民の抵抗が大きいだけに，今後とも返還は容易に実現しないかもしれない．これに対してヤマト国家権力は，懐柔と制裁をちらつかせて住民の抵抗を排除することに努めている．これほどまでにして，日米両政府はウチナーに基地を確保しようとしているが，それによってウチナーンチュはどれだけ苦難のなかにおかれたかわからない．それを次節でみていくことにする．

2．深刻な基地問題の多発

生命・生存を脅かす基地問題

　米軍基地が存在するということは，当然にアメリカの世界戦略体制のなかに組みこまれているということであり，それはとりもなおさず戦争にまきこまれる危険性があるということになる．ウチナーンチュは常にその影におびえざる

をえない．それのみならず，特権をもち手厚く保護され軍事活動を行い占領意識をもちつづけている異国の軍隊が駐留していれば，当然のことながらそこに多くの被害が生じてくる．まず，米軍基地による被害について施政権返還以前における状況からみていこう．ただし，詳しい資料は残されておらず概略にとどまらざるをえない．

以下は，沖縄県知事公室基地対策室『沖縄の米軍基地』(1998年)，『沖縄を知る事典』編集委員会編『沖縄を知る事典』(日外アソシエーツ，2000年)，『新沖縄文学』(68号，1986年，73号，1987年) 及び新聞資料などから整理したものである．1948年に伊江島で米軍の爆弾が爆発し，連絡船の乗客106人死亡，76人が負傷．50年に読谷村で米軍機からの落下物で1人死亡，3人重傷．51年に那覇市で米軍機からの落下物で民家全焼，6人死亡．55年には嘉手納町で米兵が6歳の少女殺害．59年に石川市の小学校に米軍機墜落し児童17人死亡，100人余負傷．コザ市で米兵が女性絞殺．金武町のキャンプ・ハンセンで米兵が農婦を射殺．60年に天順で米軍水タンクが破裂し4人が死傷．三和村で米兵が老人を射殺．61年に伊江島で米兵が男性を射殺．久志村で米兵2人が女性を殺害．コザ市で米兵の車が小学生2人をひき殺し，2人が重傷を負う．具志川村の民家に米軍機が墜落し6人が死傷．62年に嘉手納町で米軍機墜落し7人死亡，8人重軽傷．63年に那覇市で米兵の車が中学生1人をひき殺す．美里村で米兵が女性を絞殺．64年に北谷町で男性1人が米軍の流れ弾にあたり死亡．65年に金武村で米兵3人が女性を殺害．コザ市で米兵が民家2戸に爆弾を投げる．読谷村で米軍機からの落下物で小学生1人死亡．

1966年には嘉手納基地の米軍機の離陸失敗により男性1人死亡．那覇市で米兵がタクシー運転手を射殺．金武村で米兵が女性を殺害．米軍の車と民間バスが衝突し1人死亡，44人が重軽傷．久米島近海で漁船が米軍機の銃撃を受ける．67年に金武村で米兵が女性を殺害．那覇軍港内で米軍トレーラーが男性1人をひき殺し放置．嘉手納の4つの井戸から米軍が投棄した廃油が発見される．浦添村で米兵がタクシー運転手を射殺．具志川村で高校生が米軍の車にはねられ死亡．同じく具志川村で幼児がひき殺される．68年，浦添村の米軍宿舎でメードが殺害される．嘉手納基地で米軍機が墜落し住民4人負傷．69年糸満市で主婦が米兵の車でひき殺される．70年に浦添村で女性が米兵に襲

表3-7 基地による危険事故,生活・自然環境破壊,犯罪

年	危険事故	生活・自然環境破壊	犯罪件数	加害者人数
1972	5	2	219	250
73	6	10	310	318
74	4	7	318	308
75	4	10	223	251
76	2	15	262	295
77	9	11	342	396
78	11	15	288	264
79	6	4	274	249
80	7	4	321	280
81	5	2	253	275
82	10	8	218	270
83	7	5	211	220
84	3	7	142	142
85	3	2	160	157
86	8	—	155	132
87	13	4	123	102
88	8	1	177	135
89	5	2	160	136
90	3	3	98	74
91	2	3	116	104
92	7	9	51	76
93	9	10	163	52
94	6	11	130	67
95	6	10	70	62
96	9	11	39	33
97	3	24	44	46
計	161	190	4,867	4,694

注:沖縄県知事公室基地対策室『沖縄の米軍基地』343-404頁,沖縄県総務部,1998年,より整理作成.

われる.具志川村で女子高校生が米兵にナイフで刺される.コザ市で米兵の交通事故でいわゆるコザ騒動が起きる.71年に米軍の毒ガス移送で沿道住民5,000人が避難.宜野湾市で米兵が石で女性を殴り殺す.金武村で女性が殺される.石川市でタクシー運転手が刺殺される.北中城村で女性が殺される.

　以上みてきたように,占領期を通じて軍事活動による事故と米兵の凶悪な犯罪や交通事故によって,多くの人命が失われ傷つけられた.そして殺人を犯しても米兵は厳しい処罰に問われることもなく,時には無罪にすらなった.施政権返還後においても,事故や犯罪が減ることはなく,厳正な処罰も行われなかった.それどころかこれまで基地に蓄積されてきた汚染物質によって,環境破壊の問題も新たに出てきている.次にこれらについて述べていくことにする.

ただ資料は，1972年から97年にわたる厖大なものなので，危険（軍事活動による事故）と生活・自然環境破壊と犯罪による被害の3つに分けて整理し，そのなかでとくに重要なもののみに説明を加えることにする．

表3-7に示すように，施政権返還後の1972年から97年までの26年間におきた軍事活動に伴う危険な事故の総数は，161件で年平均にすると6.2回，生活・自然破壊は190件で年平均7回余，米兵の犯罪は4,867件で年平均187件，加害者人数は4,694人で年平均180人の多くにわたっている．いうまでもなく，事故の場合には幾多のウチナーンチュの命が奪われ傷つけられ，人々に大きな不安を与えずにはおかなかった．また軍事演習によって，山林原野が火災となり，海や河川が汚染され，騒音に悩まされている．さらに畑が破壊され，米兵の乱暴な運転による交通事故がおこり，道路や上下水道が破損し，生活上に著しい障害がみられる．

それではここで，これらの基地問題のなかで主要なものについて若干の説明を加えておくことにする．まず危険な事故をみると，1972-73年には，嘉手納弾薬庫地区や那覇港湾施設などで有害なガス漏れ，普天間基地近辺や那覇空港での墜落事故．74-76年には，嘉手納飛行場や普天間飛行場における墜落事故の続出，嘉手納弾薬庫地区の爆発，キャンプ・ハンセンの実弾演習による負傷．77-79年には，やはり嘉手納・普天間両飛行場における墜落事故，嘉手納弾薬庫地区その他における砲弾落下，とくにキャンプ・シュワブのある名護市で銃弾が撃ち込まれるという事件が発生．80-82年にも，嘉手納・普天間両飛行場での墜落事故，嘉手納弾薬庫地区での模擬地雷の爆発と伊江島における銃弾事故，83-85年では，キャンプ・シュワブやその他の基地近くでの銃弾被害．86-88年には，墜落以外に不時着が多くなり（14件），また相変わらず被弾事故が発生．89-92年には，墜落，施設外降下，落下物．93-95年には，飛行場その他での墜落，施設外訓練，交通事故．96-97年においては，演習で劣化ウラン弾を使用していることが判明，300発の空砲発射，落下物などの事故が多発した[2]．

以上述べたように，軍事活動により例年のように危険きわまりない事故が発生し，ウチナーンチュの生命が脅かされている．それだけではなく，これによって生活や自然環境が破壊されるという事態が生じてきている．まず生活の方

をみると，飛行機からの落下物や不時着及び演習などによる農作物被害，道路・上下水道破損，電話線切断，住居地区での有毒ガス漏れ，騒音，交通事故，交通遮断，緊急着陸による那覇空港の閉鎖などである．すさまじいのは自然環境破壊である．軍事訓練のために行われる実弾砲撃その他によって，多くの山林原野が火災で消失してしまった．それは1972-97年の間に，154件，焼失面積1万7,317 km^{2}に及ぶ．この他に廃油のたれ流しや赤土の流失などにより河川・海の汚染が著しい[3]．

くり返される悪質な米兵犯罪

このなかでとくに深刻なのは，米兵による犯罪である．表3-7にみるように，それは1983年頃までは年間で200件以上，なかでも73, 74, 77, 80年には年間300件以上で，ほとんど毎日か1.5日ごとに発生していた．それ以降は次第に少なくなり97年には8日に1件となっている．だがこの数字は表面に現れたものだけで，軽犯罪的なものを含めれば本当はもっと多いとのことである．しかも2002年の現在まで次々と凶悪な犯罪が跡をたたない．それではいかなる犯罪がおきているかを，表3-8でみておこう．凶悪犯は1980年頃までは，おおよそ年に30件以上，わけても73-80年の間は75年，78年をのぞいて年に35件以上に及んでいる．とくに77年には69件という異常な数となっている．この数はその後少なくなり84年以降には年に10件程度となった．さらに粗暴犯をみると，72-83年の間は79年，80年，81年，83年をのぞいて50件以上であるが，そのうち1年間で70件以上に及ぶのは6年もある．84年以降30-40件程度となり，その後89年頃まではおおよそ年に20件弱で90年代に入り10件程度となった．犯罪件数として最も多いのは窃盗犯で，26年間の総数2,506件を数え，犯罪総数の50％以上を占めている．おおよそ85年以降犯罪が減ってきたとはいえ，依然として凶悪な犯罪や粗暴な犯罪が行われ，ウチナーンチュはその恐怖にさらされていることに変わりはない．凶悪な犯罪が再発するたびに，アメリカ政府や米軍司令官及びヤマト政府は謝罪し再発防止を誓うが，ほとんどその成果は挙がっていない．やはりこれは，米軍基地が存在することそのものに要因があるのであって，それが撤去されないかぎり解決はつかないといえよう．

表3-8 米軍構成員等による犯罪検挙状況

年次	凶悪犯				粗暴犯				窃盗犯	その他	計
	殺人	強盗	放火	強姦	暴行	障害	脅迫	恐喝			
72 件数	3	13	1	7	28	45	3	1	51	67	219
人数	3	23	1	8	33	53	4	2	59	64	250
73 件数		21	2	14	32	48	9	4	122	58	310
人数	2	33	1	17	31	56	8	3	104	63	318
74 件数	1	39		11	25	53	1	3	151	34	318
人数	3	52		14	28	59	1	4	110	37	308
75 件数		26		5	27	20	3	2	110	30	223
人数		49		6	27	24	2	1	111	31	251
76 件数	2	38		9	24	49	2		97	41	262
人数	2	45		9	26	64	2		97	50	295
77 件数	5	55	2	7	21	53	2		121	76	342
人数	5	55	3	6	34	79	2		125	87	396
78 件数		17	8	5	19	49		2	130	58	288
人数		21	2	6	17	63		2	96	57	264
79 件数		30	8	5	13	32		1	113	72	274
人数		35	3	6	12	37		2	77	77	249
80 件数	2	25		8	9	33	2		168	74	321
人数	2	32		9	12	39	2		120	64	280
81 件数	2	20		5	7	30		1	130	58	253
人数	2	29		5	17	43		2	117	60	275
82 件数	2	14		3	8	45			94	52	218
人数	2	18		4	9	69			108	60	270
83 件数		14		1	14	20	2	2	114	44	211
人数		19		1	12	22	3	1	115	47	220
84 件数	1	4	1	4	9	17			75	31	142
人数	2	5		3	8	17			76	31	142
85 件数	1	7		5	10	22			91	24	160
人数	1	11		6	12	22			81	24	157
86 件数		6	1	1	3	12			116	16	155
人数		10	1	1	3	20			82	15	132
87 件数		2		3	4	14			69	31	123
人数		4		4	4	14			50	26	102
88 件数		4		2	6	14			133	18	177
人数		5		2	6	24			80	18	135
89 件数		4		3	2	17	2		110	22	160
人数		5		4	1	25	2		80	19	136
90 件数		3		3	4	7			60	21	98
人数		5		3	4	9			39	14	74
91 件数	1	8		1	2	3			79	22	116
人数	2	8		1	2	4			71	16	104
92 件数		2		1		2			35	11	51
人数		7		1		2			55	11	76
93 件数	1	2		3		3			141	13	163
人数	1	4		4		2			35	6	52
94 件数		2		3	1	10			101	13	130
人数		7		3	1	10			35	11	67
95 件数	1			1	1	5			44	18	70
人数	2			3	1	7			31	18	62
96 件数	1	1		1	1	5			24	6	39
人数	1	2		1	1	6			14	8	33
97 件数		2		1	3	5			27	6	44
人数		3		1	5	5			25	7	46

注:沖縄県総務部知事公室基地対策室『沖縄の米軍基地』403-404頁,1998年,より整理作成。

ここではとくに米兵による殺人・傷害と暴行だけをとりあげることにする．72年に，宜野湾市で女性を殺害，キャンプ・ハンセン内で従業員を射殺，73年に金武ブルー・ビーチ訓練場で女性が戦車により轢殺．74年伊江島飛行場で青年が狙撃される，名護市で女性経営者が殺害．75年に金武村で米兵が女子中学生2人を暴行．82年には，名護市で女性を暴行・殺人，金武町で男性がブロックで殴打殺害される．83年タクシー運転手が殺害．85年に金武町の男性が刺殺．91年沖縄市で男性が殺害．93年に金武町で男性が殺害，女性が暴行．94年ホワイト・ビーチ地区で強盗・傷害事件が頻発，キャンプ桑江の軍人家族による放火．95年に宜野湾市で女性が殺害．この年に反基地運動としての県民総決起大会の契機となった少女暴行事件がおきた．96年宜野湾市で米兵家族の少年がバス運転手を銃撃，石川市で強盗傷害事件，沖縄市でも傷害事件発生．97年には家宅侵入し女性に対する強制わいせつ行為．この後も米兵の犯罪は絶えず，2001年に女性暴行事件がおきた．たとえば女性に対する強姦事件だけでも，72年から95年までの間に110件にも及ぶ(警察の発表)．

　これまで述べてきたように強制的に接収された基地という存在は，ウチナーンチュの生命を危機に陥れ，生活を破壊し，彼らのアイデンティティとしての〈地域〉を解体し，さまざまな社会関係を寸断するとともに，ウチナーの自立的発展を阻害するのみならず，米軍事体制の前線基地としてのきわめて危険な役割を担わせるものである．しかもこの基地の存続は，アメリカに従属するヤマト政府の強引な法的措置によって保障され，地位協定によって手厚く守られている米兵は，殺人や暴行という凶悪な犯罪を犯しても容易に日本の司法によって裁くことはできず，判決は比較的に軽いものといわざるをえない．

　こうした状況だけに，和を愛し礼を守るといわれているウチナーンチュでも，さすがにこれには抵抗をせざるをえなかった．そこで次にこのウチナーンチュの抵抗としての基地闘争についてみていくことにしたい．

3. 基地反対闘争の展開——〈地域〉からの闘い

〈地域〉住民運動としての基地闘争

琉球王国時代には，ヤマトのような百姓一揆はなかったといわれている．琉球処分の折には，支配階層によるヤマトに対する散発的な抵抗がみられたが，一般民衆による行動はなかった．その後ヤマトユになってからも，謝花昇など若干の知識層による知事に対する抗議活動が行われたにすぎない．だが第2次大戦後のアメリカユ，そしてネオヤマトユにおいては，一般民衆を主とする激しい基地反対闘争が展開されるようになった．換言すればこのことは，戦後の世界システム編成における中核部としてのアメリカが日本を従属させつつ，ウチナーを世界的軍事支配のための根拠地としたことに起因する．そしてヤマト国家権力は，法と行政のシステムを通してウチナーの米軍基地化を支えたのである．一般的にウチナーンチュは，平和を愛し争いは好まないといわれてきたにもかかわらず，このとき激しい闘いが行われたのは，いかに基地問題がウチナーンチュの人間としての存在の否定，生命・生活の破壊にみちたものであるか，それに対して自らを守るためにやむにやまれず闘争という行動をとらざるをえなかったか，ということを物語るものである．

なお，このウチナーンチュの基地反対闘争の現実をみていくにあたって，それを社会運動としてどのように位置づけるかという課題について検討しておきたい．それは，(1)生命・生活の防衛にもとづくものとしてとらえるのか，(2)政治性をもったもの，あるいはイデオロギー的立場に立つものとして位置づけるのか，(3)「市民運動」なのか，それとも「住民運動」なのか，という問題，である．

(1)についていえば，1960年代にヤマトにおいて，公害や地域開発などにともなう生命と生活の破壊という危機に対する防衛としての運動が，全国的に展開された[4]．それは，ある一定地域範囲に生じ，そこで利害を同じくする住民が連帯して行政措置を求める運動を行い，目的達成あるいは権力によって屈服されれば終焉をむかえるものである[5]．ウチナーンチュの基地反対闘争も，生命・生活の防衛という点においてはヤマトの運動と同じである．だがヤマトの場合は，私生活・私的利害にもとづくものであるのに対して，ウチナーの運動

はそれだけではない．それはもちろん生産基盤としての土地を失うことに対する拒否もあるが，潜在的には自己の存立基盤である自然・宗教・生産・生活・文化が一体化した先祖のいます私的領域としての〈地域〉に対するアイデンティティにもとづいているのである．

　たとえば祖先を祀る墓は，「祖先崇拝――というより，"永遠の生命"が，親子代々の鎖の輪でつながれている，という一体感といってもよい．子どもの誕生，入学，就職など，何かあれば墓参り，ということになる．那覇市小禄の上原健保さんは，ジェット機が噴煙を吐く那覇空軍基地を指さしながら，顔をしかめた．『抵抗を感じるなあ．このやりきれなさ．いつまで続くのですか』．先祖代々，百年の歴史を刻む上原一族（門中）の巨大な墓は，その基地の中にあるのだ」[6]．この墓に行くには，2-3日前から市役所に「基地内通行証」を申請し米軍の承認を得なければならない．この通行申請は，日に3-4件を数える．米軍も初めは戸惑ったが，墓参りは100％OKにせざるをえなかった．基地内に御嶽がある場合も，その祭祀の時には基地内立ち入りを認めることになる[7]．

　前知事の大田昌秀が米軍用地の強制接収に対して「祖先崇拝の念の厚い沖縄では，一般住民にとって土地は，単に作物をつくる土壌とか，売買の対象となる物品ではありません．土地は，言うならば，祖先が残してくれたかけがえのない遺産であり，祖先と自分を結びつけてくれる心の紐帯を意味しています」と述べている[8]．しかも，祖先がいます墓と生活していた家は，「シマ」という〈地域〉と一体化しているだけに彼らにとってみればこの〈地域〉を喪失するということは，とうてい耐えられないことではないだろうか．

　(2) 政治性をもつ，あるいはイデオロギー的立場のものなのかという点についていえば，政治性，イデオロギー的立場に立つ運動としては地域政治や行政の変革を求めるものから，果ては国家政策の変更にまで及ぶ．時にはそこに政党との結びつきがみられたり，また階級的イデオロギーに立ち労働運動家や労働組合と提携する場合もある．だが一般的には住民運動は，生活防衛・生活上の諸要求のために利害関係をもつ住民の主体的意思にもとづいて行われたものだけに，これら非〈地域〉的なものとは一線を画すことが多い．とはいえ，ウチナーにおける基地反対闘争の場合にも，こうした政治性をもったものやイ

デオロギー的なものがないわけではないし，そうした視点からとらえられることもある．たとえば，「島ぐるみ闘争」は（反米的）戦後ナショナリズムによってその基底を支えられていたという[9]．日米両政府の沖縄返還政策は，沖縄の米軍基地機能の維持・強化を前提としていただけに，沖縄の民衆運動が明確に基地にその矛先を向け始めた．それが1971年の沖縄返還協定粉砕ゼネストへと展開する．また67年の革新勢力の中核組織であった沖縄教職員会の政治活動を規制しようとする教公二法（ヤマトの地方公務員法に相当する地方教育区公務員法と教育公務員特例法の二法案）に対する阻止闘争，全沖縄軍労働組合スト，さらには反戦地主たちの抵抗，大田知事の代理署名拒否とそれを支える民衆[10]，に政治性をみることができる．この他に，沖縄返還同盟などが運動を政治的，イデオロギー的視点からとらえている[11]．基地反対闘争ということであれば，それは必然的に政治性が付着してくるともいえる．だが運動の実質的担い手である一般民衆は果たしてこうした政治的，イデオロギー的視点を意識してとりくんだのであろうか．一部にはそうした人々がいたと思われるし，また運動の過程においてそれを認識するようになったことは否定できない．しかし多くの民衆は，本書のこれからの議論でみるように生活と〈地域〉の論理で動いたと筆者は考えている．

(3)の「市民運動」なのか「住民運動」なのか，という問題について，ここで「市民」という概念と「住民」という概念を厳密に区別しておきたい．松下圭一は「市民とは，自由・平等という共和感覚をもった自発的人間型，したがって市民自治を可能とするような政治への主体的参加という徳性をそなえた人間型」[12]とし，古城利明は「私民としてのエゴイズム（欲望）を根にもちながら，日常生活批判のなかで，その根を権利意識に高次化し，さらにそれを物質的手段を媒介に社会所有に結びつけ，またそれを統合的規範を媒介に公共制度を確立しようとする実践主体である」[13]としている．筆者は「市民社会において私的所有に立つbourgeoisとしての性格と，公的な権利主体であるcitoyenとしての性格をあわせもつbürger（独）」[14]と考えている．

これに対して「住民」は，「主体性，権利の自覚，抵抗性，連帯性などの特質が備わっていない人々」（中村八朗）という規定がある[15]．抵抗性がないというのは，私生活主義に埋没しきっているということが想定されている故であ

ろうが，私生活にわたる利害が侵害された時には抵抗するのであるから，抵抗性がないというのは「住民」の特性ではない．また連帯性の欠如があげられているが，もともと「住民」は日常生活をめぐって共同し地域社会を維持・運営してきただけに，連帯性がないとはいえない．こうした意味からここでは「住民」を「近代的な主体性や権利意識は薄く，私的な日常生活のみが主要な関心事であるが，それでも共同して地域社会の運営に努めてきた人々である．それだけに私的な生活利害や生活の場である地域への侵害が生じた時には，これに対して抵抗することがある存在」と規定しておきたい．

ヤマトにおける「住民運動」においては，大阪空港公害訴訟や横浜新貨物線反対運動，あるいは生活環境条件整備要求や消費生活に関する運動などのなかで，このような「市民」が形成され「市民運動」としての性格をもつようになったものがある．それではウチナーではどうであろうか．知識人や運動のリーダーさらには若い人々——とくに女性——のなかには「市民」的感覚をもっている人がいることを否定しない．さりとて一般民衆が「市民」へと転回しているとはいえない．それはウチナーにおいては「市民」を生み出す社会的諸条件(基本的人権の保障，政治的権利の自覚，明白な私的所有権の意識及びそれにもとづく「個」の確立)が未成熟であるということに加え，やはりウチナーンチュが〈地域〉の宗教的・文化的・社会的諸関係のなかに，自らの存立基盤をもっていることと無関係ではない．こうしたことからウチナーの基地反対闘争は，たとえそれが政治性をもったものだとしても「常民」[16]の「住民運動」であるとしておきたい．しかし近代化の浸透のなかで，「住民」が「市民」に転化するかもしれない．そしてそこにハーバーマスのいうような「市民的公共性」を形成するかもしれない[17]．

以上の(2)で述べたことからもわかるように，ウチナーの基地反対闘争は，好むと好まないにかかわらずその性質上政治性をもったものにならざるをえないが，(1)で指摘したように，本質的には私的生活領域としての生命・生産・生活と自己の存立基盤である〈地域〉を守る「住民運動」であるといえよう．それでは以下においてこの闘争の具体的な有り様をみていくことにしたい．

新崎盛暉はウチナーにおける闘争を3波にわけてとらえている．第1波は1950年代半ばから60年代半ばまでの時期で，これを島ぐるみ闘争とし，第2

波は67年の教公二法阻止闘争（この二法案に，ヤマト政府がヤマトなみに教員の政治活動の制限や争議行為の禁止及び勤務評定などを盛りこもうとしたことに対して沖縄教職員会などが実力行使でもって阻止した闘争）から72年の沖縄返還までの間で，沖縄返還を主軸とする日米軍事同盟の強化としている．第3波は72年以降現在までで，この時期に「安保体制に対峙し続けた反戦地主」という副題をつけている[18]．この時期区分に妥当性があるかどうかは別として，ウチナーの基地反対闘争をとらえていくにあたっては1つのメルクマールとなる．だが第3波を反戦地主の闘いに重点をおいてとらえるよりも，むしろ第3波は，1972年の施政権返還から91年の大田県政の誕生の間における，日米軍事協力強化のなかでの多様な住民闘争の展開の時期とし，加えて第4波として，知事の代理署名拒否訴訟敗訴や普天間基地移設と住民の抵抗などに典型的にみられるように，ヤマト国家権力による公的システムの強化と私的生活世界に根をもつ〈地域〉住民闘争とした方がよいのではないか，と筆者は考えている．

第1波　島ぐるみ闘争

「島ぐるみ闘争」から述べることにしよう．すでにみたように，1950年代に入って銃剣とブルドーザーによって軍用地が強制接収されることに対する住民の抵抗が，1954年に立法院で決議された「軍用地問題に関する四原則」（通称「土地を守る四原則」）にもとづく「島ぐるみ闘争」へと展開する．「土地を守る四原則」とは，軍用地の強制接収と安い地代に対して，(1)土地の買い上げ又は永久使用料の一括払い反対，(2)使用中の土地に対する適正な補償，(3)損害に対する適正な賠償，(4)不要な土地の解放と新規土地の接収反対である．この決議のもとに，行政府・立法院・市町村長会・軍用地地主連合会でもって「四者協議会」を設けた．後に市町村議会議長会が加わり「五者協議会」がアメリカ側と折衝した．ところが，地主連合会よりこの五者協議会の総辞職が提案され決定された．それは「支配者の与えた擬似的自治機関である行政府の責任者や立法院議員，さらには市町村長や議会議員，土地連役員などが，総辞職して，支配者の意思伝達ルートを断ち切り，これに代わるものとして直接民主主義的住民闘争組織を代置させようと」したものであるといわれる[19]．だがこの決定は1カ月後，撤回されることになった．

1956年に来日したアメリカ連邦議会のプライス調査団は「軍用地料の一括払い方式と新規の土地接収の必要性」を勧告した（「プライス勧告」6月8日発表）．ここにおいて6月18日に，沖縄教職員会・沖縄青年連合会・婦人連合会・土地連絡会（軍用地主会）・革新系三政党・市町村長会など16団体などが協議し，反対運動を行うための住民組織として「軍用地問題解決促進連絡会議」を結成した．20日には，ウチナー64市町村のうち50以上の市町村で住民大会が開催され，25日に開かれた那覇市の大会には10万人，コザ市では5万人が参加した．さらに7月28日の住民大会には15万人も集まった．かくして，ウチナー全土に激しい抗議運動が広がっていくことになった．それにもかかわらずアメリカ側は57年に，地料の一括払いと新規土地接収を定める「米合衆国土地収用令」を公布した．この結果，「島ぐるみ闘争」はますます激化の一途をたどることになった．アメリカ側もこの事態を無視することができなくなり，58年に，一括払い方式の中止と地代がプライス勧告当時の約6倍に引き上げられることになった．ここにおいて，軍用地主のほとんどが賃貸借契約を結んだ．これを一定の成果として，「島ぐるみ闘争」はいったん終結した．

　この「島ぐるみ闘争」をどのように評価するか．いうなればそれは，形としては政治性をもったものではあるが，本質的にはアメリカの軍事的システムの暴力的行使に対する住民の私的生活世界からする総反撃である．だがたとえ一括払い方式の中止と地代の引き上げを獲得したとしても，軍用地の新規接収を阻止できなかったということは，ウチナーにおける米軍基地の存在のみならず，その拡大を黙認することになる．すなわち，この島ぐるみ闘争は，結果として今後とも軍用地接収が行われることをウチナーが受け入れたのか，という問題を考えてみなければならないということである．これについて，新崎は「10年におよぶ米軍支配に対する島ぐるみの総反撃」[20]としているが，もしそうだとしたら，軍用地の新規接収に対してもっと徹底的な闘いがあっても不思議ではない．それがなかったということは，住民の意識の底に反米感情や軍用地接収反対という全島的な政治的争点があったとしても，それを真正面に押しだして「島ぐるみ」共同戦線を形成して闘ったというよりは，当面の経済的利益を入手することで妥協した，というのはいいすぎであろうか．それはやはりこの闘争は，私的な生存・生産・生活を守るということからする住民運動的性格の

方がより強かったということなのではないだろうか．そのことの現れの1つが，軍用地地主連合会が中心になって住民運動組織を結成したことに示されている．

　この間1955年に，6歳の少女が米兵に暴行・殺害されるという事件が発生し，激しい抗議運動が行われた．次いで59年に石川市の小学校に米軍ジェット機が墜落し，17人の死者，210人の負傷者が出たことに対して，教職員会・子供を守る会・遺族連合会・婦人連合会・沖縄青年連合会などが対策協議会を結成し抗議活動を展開した．だがこれに対する補償が遅々として進まなかったことから，20団体による賠償促進協議会が，強い姿勢で抗議し賠償要求を行った．また同年にナイキ発射阻止県民大会が開かれた．こうした住民の抗議行動及び「島ぐるみ闘争」で大きな自信を得たことを背景に，1960年4月「沖縄県祖国復帰協議会」が結成された．それは，米軍の占領意識むきだしの苛酷な支配から脱却するべく，日本へ復帰しようとするものであった．そのために県民こぞっての運動が展開されることになったわけであるが，しかし復帰の結果は，後の施政権返還のところで述べるように，ウチナーンチュが期待したほどのものではなく，幻想にすぎなかった．この後，63年に那覇市内で青信号の道路を渡っていた中学生が，信号無視の米軍トラックにひかれ死亡した．そこで12団体によって結成された対策協議会が，裁判の公開，捜査権・裁判権の民間移管などを要求したが受け入れられず，しかも軍法会議でトラックの運転手に無罪判決が下された．これに対して県民抗議大会が開催された．

　先に「島ぐるみ闘争」では，軍用地の新規接収については要求を貫徹することなく終わったことを述べた．それだけにこの後，糸満市喜屋武，知念村志喜屋において新規接収が行われ，また那覇軍港・嘉手納飛行場・ホワイトビーチの基地機能強化のために拡張工事が進められた．だがそのなかで新規接収を阻止したのが，具志川村（現在は市）の昆布である．1966年に米軍は，ベトナム戦争のために天願桟橋近辺の農耕地8万2,000m^2の接収を通告し，「即時占有譲渡命令書」が出された．それは120日以内にいつでも土地を接収できるというものである．土地の所有者は38人，その大半は戦争で夫や肉親を亡くした女性であった．土地をなくすることは，生活を失うことを意味するだけではない．彼らがつくった「一坪たりとも渡すまい」という歌のなかに「この土地こ

そは，われが生命，祖先ゆずりの宝物」という詞がある．ここに住民の基地反対闘争の真の姿がみえる．すなわち，ここに「土地」＝〈地域〉こそが彼らの存立基盤であることが明白に示されている．もちろんこの抵抗運動を徹底的に貫くようになったのは「基地があるから戦争が起きる．だから基地の建設や拡張は絶対にだめなんだ」という思いがあったからでもある．この阻止運動はウチナー各地やヤマトからの支援者に支えられ，米軍の物理的圧力にも屈せず闘いぬき，ついに71年に米軍は接収を断念したのである．

第2波　政治性をもつ闘争とコザ騒動

　この後，新崎の時期区分としての第2波の段階に入る．この段階は，教公二法阻止闘争といい，「生命を守る県民共闘会議」のゼネスト計画（結果的には屋良主席の要請により回避），さらには全軍労の24時間ストといい，1971年の日米で取り決めた施政権協定反対のゼネスト計画といい，新崎のいうように政治的であり，イデオロギー的な色彩の強いものであったといえるかもしれない[21]．それでは〈地域〉に根ざした住民運動は逼塞してしまったのかというと，かならずしもそうとはいえない．たとえば，68年11月に嘉手納基地において離陸に失敗したB52が墜落炎上するという事故が起きた．B52は核ミサイル搭載機であり，嘉手納弾薬庫には核爆弾が貯蔵されているといわれていただけに，ここで大事故がおきればウチナー全域が全滅しかねないことになる．ここにおいて140団体による「B52撤去・原潜寄港阻止県民共闘会議」（生命を守る県民共闘会議）が組織され，県民大会を開き嘉手納基地周辺へのデモを繰り返して行われた．それは正しく，住民が自らの生命を守るための運動であった．

　さらに1970年12月20日に，有名なコザ（現在の沖縄市）騒動が起きる．午前1時に米軍車両が1人のウチナーンチュをはねた．だが米軍MP（憲兵）は被害者を放置したまま現場検証を始めた．この時点で200–300人の群衆が集まり口々に抗議した．これに対してMPが威嚇発砲したことから，群衆の感情に火がつき車両を燃やしはじめ，午前7時までに82台の車が焼かれた．集まった群衆は約1万人，米軍の方は，MP 300人，武装兵400人，琉球警察500人が出動し鎮圧行動にでた．これに対して群衆は睨み合いを続け「ヤンキーゴーホーム」と叫び，なかには投石を行い棍棒をもって立ち向かう者もいた．そし

て一部は嘉手納基地第2ゲートに突入し焼き打ちを行った．これは確かに群集心理による暴発ともいえるが，この前日には，基地に貯蔵されている毒ガス撤去を求める1万人規模のデモが行われていたし，また12月12日には糸満市で主婦をひき殺した米兵が無罪になっていた．このような米軍の非道な仕打ちが戦後一貫して生じてきただけに，鬱積していたウチナーンチュのエネルギーがこの機会に爆発した，といえる．アメリカ側は「暴動」と表現しているが，伊敷勝美が「奇妙な統制と自己制御」(『沖縄タイムス』2000年8月23日)としていること，また豊見山和行が「民衆の正当性意識働く」(『沖縄タイムス』2000年8月23日)としている視点に立って，一般的に「騒動」という表現が用いられていることに留意しておきたい．それは住民というよりはさらに根源的な人間としての生存・権利を守るための行動であったといえるのではないか．

　このような騒動は，もちろん政治的あるいはイデオロギー的な色あいをもつものではない．また住民運動というよりは一時的な群集行動といったほうがよいかもしれない．この後ウチナーにおいては，かかる群集的な騒動という住民行動はみられないが，実弾砲撃阻止行動や日の丸焼き捨てなどの実力行使が起きている．一般的にウチナーンチュは，争いをこのまず和を大事にするといわれる．それだけに打たれ強くたえ忍ぶ．だがこれらの事例は，その生存が絶えず危機にさらされギリギリまでに追いつめられた時には，状況によっては突発することもあることを示している．住民が抗議し抵抗し運動を展開していくのに対して悪政が極限に達した時には，それを一気に突き破る姿勢を住民が基本的にもっていることが住民運動の成否には重要になってくる．いうなればそれは抜いてはならない伝家の宝刀であるが，相手には伝家の宝刀を持っていることを判らせねばならない．現在のヤマト国家権力は，ウチナーには利益と圧力をもってのぞめば，何とか処理していけると思っているようである．序章でウチナーの特性として，クサテと事大主義を指摘したが，そうしたウチナーンチュの態度がヤマト権力に見透かされているのかもしれない．

　なお，この段階における動きとして注目しておきたいのは，71年に反戦地主会が結成されたことであるが，これについては改めてとりあげたい．

第3波　運動の展開と法廷闘争

　それでは，第3波についてみていくことにしよう．先にふれたように，1960年に「沖縄県祖国復帰協議会」が組織され熱烈な復帰運動が行われた．そして70年に，日米国家間でウチナーには何も知らせないまま返還協定作業がすすめられた．そこには核持ち込み容認の密約があったとされている．このような事態に対して，返還協定粉砕ゼネストが呼びかけられ，全沖縄軍労働組合は無期限ストに突入した．またこれらの経過のなかで，ウチナーの自立・共生さらには独立まで唱えられた．いずれにしても，1972年5月15日に一応施政権が返還された．しかしそれは，復帰協が同日に復帰抗議県民大会を開いたことからも明らかなように，ウチナーが望んだ完全な解放としての復帰ではなかった．それだけにこの72年において，沖縄返還・日本による沖縄併合・沖縄処分抗議県民総決起大会がもたれるほどであったのである．この併合・処分という表現が明らかにかつての琉球処分を意識したものであることは，改めてことわるまでもない．

　この返還にともなって，自衛隊の配備という事態がでてきたことに反対する県民大会が開かれ，同時に米兵による虐殺事件糾弾も併せて行われた．1973年には米軍が国道104号線を封鎖し，集落ごしに恩納山にむけて実弾演習を強行した．これによって，周辺住宅や学校はすさまじい爆発音と地響きに悩まされ砲弾破片が住宅地に落下し，また広範囲にわたって緑が失われ，土壌が流出し近海の赤土汚染が生じた．これに対して，住民たちはたびたび中止要請と抗議を繰り返したが，米軍はこれを無視した．この演習は何と97年3月まで続行されたのである（73年から97年までの間に約4万4,000発が撃ち込まれたという）．この事態を重くみた住民は，県民大会や毎年の現地での抗議行動のみならず，着弾地点での座り込みという実力行使すら行った．時には，労働組合員や学生が逮捕されるということもあった．さらに73年と74年には，米軍基地撤去要求の県民大会が開催され，次いで75年には，米兵による女子中学生暴行糾弾の県民総決起大会が開かれた．日米防衛協力指針（ガイドライン）が決定した78年に，名護市で米軍戦車の通行を阻止し，またAV8Aハリアー訓練阻止現地集会がもたれた．さらに平和とくらしを守る県民総決起大会が開かれ，それはこれ以降毎年開催されるようになった．80年には，駐留軍用地特

措法の発動による強制収用手続きが開始された．この年には原潜の寄港反対抗議行動や米軍の事故に対する抗議，自衛官募集業務阻止闘争も行われた．81年には，反戦地主会が米軍用地の使用認定取り消しを求めて，那覇地裁に提訴した．

　1981年8月に，嘉手納基地周辺6市町村住民が「嘉手納米軍基地爆音防止住民共闘会議」を結成した．嘉手納基地はいうまでもなく，米軍の極東における最大の規模にして最高の機能をもった空軍基地である．それは，アジア・中東地域までをカバーする米軍の世界戦略拠点である．またここには，核爆弾が貯蔵されているとささやかれている巨大な弾薬庫もある．それだけにこの基地では昼夜わかたず空軍機が発着し，周辺住民はその騒音に悩まされ肉体的にも精神的にも大きなダメージを受ける――騒音性難聴，低体重児，不安定な精神状態，さらには周辺学校における教育障害など――だけでなく，空軍機の墜落や落下物によって生命の危険にもさらされている（2002年にも米軍機事故が4月だけで4件）．また基地米兵の暴行・強盗などによる被害もおきている．こうした事態だけに，これまで住民や県及び関係市町村からたびたび要請や抗議が出されてきたが，一向に改善されることはなかった．

　1982年2月，601人が原告団として那覇地裁沖縄支部に「米軍機の夜間・早朝の飛行差し止めと損害賠償」を提訴した．83年にも306人の原告団が第2次提訴を行い，合計907人の原告団となった．これは「嘉手納爆音訴訟」といわれるものであり，その訴訟が確定したのは何と1998年であった．1993年2月の1審判決は，基地爆音の違法性は認定したものの「飛行差し止め請求棄却，賠償は過去分のみ認容」というものであった．住民側の真の目的は飛行差し止めであっただけに，これに納得できず，すぐ3月に福岡高裁那覇支部に控訴した．審理においては，住民側が「静かな夜を返してほしい」と訴えたのに対して，ヤマト政府は「差し止め請求は，政府の権限が及ばない第三者である米軍の行為の差し止めを求めるもので，主張自体妥当性を欠く」（第三者行為論）とし，また身体上の影響の因果関係も認められないと主張した．5月22日に下された判決は，基地爆音の違法性を認定したうえで「夜間飛行差し止め却下，騒音と健康被害の因果性は断定できない．だが騒音の違法性を認め精神的被害があったとして，対象地域を広げ過去分の損害賠償額を増額し，867人に総額

13億7,300万円を支払うこと」とした．この判決に住民は，損害賠償が増額したことは一歩前進としつつも，健康被害がみとめられなかったこと，とくに夜間飛行差し止め却下には納得できなかった．だが16年にわたる闘いの間に80人の原告が死亡し，また最高裁に上告してもこの壁は破れない，と判断し上告を断念することにした．ヤマト政府側も上告を見送った．ここに嘉手納爆音訴訟は一応の結末をむかえたのであるが，昼夜わかたず爆音が響きつづけることに変わりはない．

　この一審と二審で注目しておきたい点がある．それは施政権返還以降にこの周辺に移転してきた人々の問題である．この人々も騒音に悩まされ被害の補償を求めたのであるが，一審では自ら「危険に接近」したとして15％の減額となった．だが二審ではこの「危険への接近」という法理論の適用を退けた．ここで注目したいといったのは，移転してきた人々が好きこのんで騒音の地域に来たのではない，ということである．なかには損害賠償金を貰いたさに来住した人がいるかもしれないが，多くの人々は，もともと先祖代々この基地周辺に住んでいたのであるが基地のために追い出されてしまった人々であり，最近になって再びこの地域に居住地を得たから帰ってきただけのことである．危険への接近というリスクにもうちかって帰ってきたことからも，ウチナーンチュにとって先祖代々の地とは特別な意味をもっていることがわかる．

　ここでいま1つ言及しておきたいことがある．審理の過程でヤマト政府側は，「基地には日本の支配は及ばぬ」と主張したが，それでは日米間で取り決めた法や協定以外であれば，米軍は何をやってもかまわないということを意味することになる．事実このような事態がままみられる．それのみか，法や協定すら守られないことがある．とくに，一審，二審ともに，爆音が違法状態であるとしているのは基地の運用が不法行為である，としていることによるのであるが，ヤマト政府はこれに適切な対応を示さないでいる．ヤマト国家権力におけるウチナーの周辺化を物語ってあまりある．

　この判決をふまえ原告団は，われわれの目的は金ではないとして，5月23日に「今後も，静かな夜を返せ，というごく当然でささやかな要求の実現をはかるため，さらなる闘争を続けていく決意である」という声明を出した．それに立って2000年3月27日に，基地周辺6市町村の住民5,544人が日米両政府

を相手どって那覇地裁沖縄支部に,「夜間・早朝の飛行差し止めと精神的・身体的被害への損害賠償」を求める「新嘉手納基地爆音訴訟」を提訴した. とくに今回注目されるのは米政府をも被告としている点である. それは, ヤマト権力があくまでも第三者行為論をふりかざしその壁が容易に破れないのなら, 元凶であるアメリカをも法の前に引っぱり出そうということである.

　1982年から始まった爆音訴訟は直接的には, 私的生活世界に立つ住民たちの生命・健康・生活を守るための住民運動である. そこには政治的なものやイデオロギー的なものは入っていない. だが原告団はその声明のなかで「基地の重圧にあえぐ沖縄の現実は, 必然的にこの訴訟に基地の整理・縮小と平和を求める沖縄県民の願いを象徴する裁判としての性格を与え, われわれも, 沖縄の現実を変革していく重要な闘いの中心にあるとの自負を抱きつつ, これまでの16年間の闘いを進めてきた」としている. すなわちそれは, 単なる飛行差し止めと損害賠償を要求する住民運動であるだけではなく, 基地反対闘争がその射程のなかにおさめられており, 米軍の軍事システムとヤマト国家権力の公的システムに対抗するという政治性をも持つものでもある. それは87年にはじまる人間の鎖による嘉手納基地包囲とも共通していえることである. 87年にどしゃぶりの雨のなかで老若男女2万5,000人が手をつないで基地を包囲した. この包囲は, 巨大な基地を人間の手で締めあげ基地を撤去し平和なウチナーをとりもどそう, という発想にもとづく基地反対闘争であり, 反米的でありヤマト国家政策に抗議するという, 政治性をもつものであることはいうまでもない. だがそれとともにこの包囲行動には, 政党関係者・イデオロギー主義者・労働組合員・民衆が, それぞれの生存・健康・生活を守るために主体的に自発的に参加したものであり, 政治的立場をこえた一体感をもつ民衆運動といってよいものである.

　1987年10月, 読谷村で国体ソフトボール競技開会式場に掲揚されていた日の丸を, 同村の知花昌一が引き下ろして焼き捨てる, という事件がおきた. この知花の行動に対して村民のなかには「知花の行動を支持する. 日の丸は見たくもない」や「沖縄戦で死んだ神々が昌一に, やってくれ, と勇気を与えた」という人もいる. 1章でも述べたように, ウチナーは, 明治期の琉球処分以降日の丸で象徴されるヤマト国家権力によって「侵略的に統一」され天皇制国家

へ組みこまれ，国内植民地なみに支配され差別され，苛酷な状態におかれてきた．しかも第2次世界大戦中は，天皇とヤマト国家のためにすさまじい犠牲を払わざるをえなかった．日本本土防衛のためにウチナーが戦場化され，15万人にものぼる死者がでた．こうしたことだけに，天皇・日の丸はウチナーンチュにとってみれば，かなり違和感があったといわざるをえない．そのうえ，ヤマト国家権力は戦後における対日講和条約以降もウチナーを切り捨て，米軍の占領支配のもとに置きざりにし，ヤマトの自らの安全と経済発展のために，ウチナーをアメリカへの人身御供としてさしだした．その結果，米軍基地化のなかでウチナーンチュは，絶えず生存の危機と人間としての人権の侵害と身体的危険にさらされてきた．それだけにウチナーンチュにとっては，天皇といい，日の丸といい，これにすべてを越えたアイデンティティをもつことはできない．そのことは，施政権返還後のウチナーにおいては，日の丸掲揚と君が代斉唱率が全国に比べてケタはずれに低く，また1985年の文部省からの日の丸掲揚と君が代斉唱の強要に対して，86年に日の丸・君が代に対する反対県民総決起大会がもたれていることに現れている．しかしその後にヤマトのムチの怖さに恐れをなし全く従順となり，全国一の実施率となったが，なかには，天皇と日の丸をウチナーの平和と発展を阻害する象徴としてとらえ，さらにはヤマトのウチナーに対する姿勢を問いただそうとしている人々もいる．その1人がこの知花昌一であり，また彼を支持する人々である．

　同じ1987年に，ハリアー機の訓練場として北部訓練場内にハリアーパッド（離着陸帯）を建設しようとしたが，国頭村安波区住民の反対によって中止となった．だが89年に，伊江村が条件付きでこれを受け入れ，96年に完成している．また89年に，米軍が恩納村キャンプ・ハンセンにおいて都市型戦闘訓練施設（都市型ゲリラ訓練施設）の建設工事を強行しようとしたのに対して，恩納村恩納区住民は体を張って阻止運動を展開した．まず区民大会を開き署名活動を行い，訓練場入り口に監視小屋を設け工事を強行しようとする米軍に座り込みでもって抵抗した．それにもかかわらず90年に施設は完成したが，区民の抗議活動は継続され，また県や恩納村もヤマト国家及びアメリカに対して施設撤去をたびたび申し入れた．その結果92年に施設は撤去され，ここに住民の願いが叶うことになった．この運動を担った人々の大半は，男女の老人た

ちである．筆者らの調査の時，あるオバァ（お婆さん）のいった「小遣い程度の軍用地料をもらうために，もし，銃弾にでも当たったら大変なことになる」という言葉は，基地問題が経済的補償だけでは充塡できないことを，生活者の視点から物語っている．またこの運動を通して「孫の代まで基地を残したくない」という思いから，軍用地としての土地提供を拒否する住民も少なくなかった．この恩納区の例は，ウチナーの住民運動に本質的に存在する特徴を示している．それは，戦争につながる基地に反対し先祖伝来の地で安心して生活を営むことが何よりも大事である，という思いによって貫かれていることである．この安波区及び恩納区さらには先述した66年の具志川村昆布区の私的生活世界に立つ住民運動が，強力な軍事的システムと公的システムにうち勝った，ということにおいて評価しなければならない．

第4波　私的生活世界とヤマト公的システムとの激突

1990年11月に大田県政がはじまり，基地反対闘争は新しい段階をむかえる．これを第4波としてとらえる．これ以降知事の代理署名拒否や普天間基地移設問題その他基地に関するさまざまな問題をめぐって，〈地域〉の連合体としての県・市町村および私的生活世界にある〈地域〉住民とヤマト国家による公的システムとが激突する．だが他方では，資本主義的商品経済の浸透やヤマト国家権力による公的システムの整備によってウチナーの再編成がすすめられ，それにからめとられる者もでてきたことがこの時期の背景として重要な意味をもっている．それはたとえば，知事選や市町村選におけるヤマト従属派の当選であり，また軍用地代確保のためや基地労務に就業するために基地存続を望む者，さらには建設業者を中心とした普天間基地移設を歓迎する者の登場，に典型的にみることができる．

　大田昌秀は，沖縄戦場化の時に鉄血勤皇師範隊員として従軍した戦争経験から，戦争を強く否定するようになり，戦後アメリカ留学においてもアメリカ的価値観に溺れることなくそれを相対化し，さらに琉球大学教授時代にアメリカとヤマトの圧政的な支配に抗議する姿勢をもちつづけた．それだけに知事に就任した彼の姿勢は，「人間らしく，平和で，文化の香り漂う豊かな，そして潤いのある沖縄をつくりたい」というものであった．そのためには，沖縄の発展

を阻害し，人々の生命と生活を破壊しつづける基地を撤廃しなければならない．だがそれは直ちに実現する可能性は少ないので，まずは基地の整理・縮小をすすめようとするものであった．このことにおいて，ヤマト国家権力やアメリカと対峙することもやむをえない，とすら考えていた．こうした姿勢に立つ知事をもっただけに，ウチナーの基地反対闘争は活発化し，ヤマト公的システムと対峙するようになったのである．

　それは，ウチナー各地における基地問題の解決を強く求める〈地域〉の連合体となった県が，ウチナーの平和と発展をおびやかす差別的なヤマト国家政策と行政システムに対して拒否・抵抗するという姿勢に他ならない．ここにおいて，県は〈地域〉の連合体としての「国」形成を展望しうるようになった．また市町村段階における「国」という状態は，各「シマ」＝〈地域〉の連合という形ですでに読谷村にみられたが，他市町村でもその可能性がでてきたといえる．かくしてウチナーの「国々」とヤマト国家とのせめぎあいという事態が出現する．〈地域〉住民はそして「国々」は，ヤマト国家権力に対峙して抗議・抵抗し運動を展開していく．しかしながらそれは，ヤマト国家の強圧的な公的システムの行使によって屈服を余儀なくされ，全般的にはヤマト権力従属体制が整えられてきている．とくにそれは，1998年の稲嶺恵一県知事や岸本建男名護市長の選出及び，普天間基地の名護市辺野古沖移設の決定と名護市の受け入れによって，固められた．かくして大田知事が去ったことにより，県レベルとしての「国」形成の可能性は失われたといってよい．

　大田知事就任以降，前段階からの基地反対闘争は継続されていたが，他方ではすでにみたように米軍用地の使用は，住民の抗議にもかかわらずヤマト国家権力が法や協定を用いることによって強引に維持されてきた．また知事は，この使用に関する公告・縦覧代行を余儀なくされた．そうしたなかで米軍基地だけではなく自衛隊基地建設にも反対する，という注目すべき住民運動もみられるようになった．1987年に本部町に海上自衛隊の対潜哨戒機P3C用の送信所建設計画が出され，91年に当時の町長が受け入れを承諾した．これに対して住民は建設阻止対策委員会を結成し，カンパを集め闘争小屋を建て，測量にきた那覇防衛施設局の職員を追い返した．94年に建設反対派の町長が選ばれ町を挙げて阻止運動が展開された結果，この計画は凍結状態となった．これは，

米軍基地だけでなく戦争に結びつく基地には全て反対する，というウチナーンチュの気持ちを表したものである．

　1995年8月に本島北部で女子小学生が米兵3人によって暴行されるという事件が起きた．これについて県警が3人の身柄引き渡しを要求したが，米軍側は地位協定を楯にそれを拒否した．これに端を発してウチナー側から地位協定の見直しをヤマト国家に迫ったが，ヤマト国家及びアメリカは今日にいたるも，それには一切応じてはいない．またこの事件に対して県や各団体が米軍に激しい抗議を行ったが，米軍側は通り一遍の謝罪をしただけである．8月末になってやっと3人の米兵の身柄が県警に引き渡され，那覇地裁が起訴し，96年3月に2被告を懲役7年，1被告を懲役6年6カ月とする判決が言い渡された．このような犯罪を犯した米兵を，地位協定によって日本側の警察が直接に逮捕できず，また起訴前に犯人の身柄を日本側に引き渡さないという状況は現在もみられるところである．同じことは98年に，酒気運転の米兵が女子高校生をひき逃げし死亡させた事件の時にもみられた．

　1995年の事件をきっかけに，これまでの長年にわたる基地被害と米兵による犯罪への怒りに満ちた県民は，95年10月21日に「少女暴行事件を糾弾し，地位協定見直しを要求する県民総決起大会」を開催した．これは，県婦人連合会，沖縄青年団協議会，PTA連合会などの民間団体や市長会，市町村各議会議長会などの公共関係団体及び日本労働組合総連合会沖縄県連合会などの18団体が呼びかけたもので，大会実行委員会には各政党，53の市町村及び市町村議会など247の団体が加盟した．8月28日に県議会で米軍用地強制使用の手続き代行拒否を表明した大田知事も出席し，行政責任者として少女の尊厳を守れなかったことを謝り，米軍基地の整理・縮小への決意を述べた．大会では，(1)米軍人の綱紀粛正と犯罪根絶，(2)被害者への謝罪と完全補償，(3)日米地位協定の見直し，(4)基地の整理・縮小が決議された．大会には8万5,000人も参加した．参加者が多数となった要因としては，各団体の参加要請もあっただろうがいわゆる動員というものではなく，家族づれ，友人づれ，高齢者仲間，学生・生徒などが，それぞれの意志にもとづいて参加したことによる．この大会はもちろん政治性をもつものではあるとしても，参加した民衆にとっては，自分たちの生存と生活及び人間としての尊厳ならびに私的生活世界を守るため

の行動であった．この集会に参加した「沖縄戦記録フィルム1フィート運動の会」の中村文子事務局長が「当たり前に子どもを産み，育てられる社会を取り戻すために」人々が集まった，といっている．

これに関して新城和博（雑誌『WANDER』編集長）は「僕たちの島の中に広々と横たわる基地が安全を保障しているのは，この島ではない．あの少女では決してない．日本というシステム，アメリカというシステム，なんだろう．その中で，少女の声は，『沖縄』の心は，取るに足りない存在だというのだろうか」（『朝日新聞』1995年10月18日）といっている．まさしく彼の指摘通りであって，日米権力はこの民衆の激しい抗議に痛痒を感じず，この後もひたすら米軍基地の維持と機能強化に努めた．しかしながら，ウチナーンチュは自らの私的生活世界を守るために，ヤマトの公的システムや米軍に抗議し抵抗を行いつづけた．

1995年に発足したSACOは，96年に普天間基地の返還を県内への移設という条件でもって示した．移設候補地として最終的にしぼられたのが名護市辺野古沖であり，そこに海上ヘリポート基地を新たに建設するというものであった．これをめぐって，〈地域〉住民，名護市民，名護市当局，宜野湾市民及び市当局，県民および県当局そしてヤマト国家が入り乱れて対峙していくことになる．ここにウチナーの私的生活世界とヤマト国家の公的システムとの対抗関係が集約された形で現れてくる．これについては，筆者の調査をもとに章を改めて述べることにしたい（5章）．

1997年になって，放射性物質を含有する劣化ウラン弾を1,520発も演習中に発射していたことが，1年以上経た後に判明した．これは人体や環境に悪影響を与える可能性があるとされているにもかかわらず，回収はわずかに192発のみである．このようにきわめて危険なものを，米軍がウチナーに何らの配慮も払わず平気で使用するという状況，そしてこれに強く抗議もしないヤマト国家，ここに基地のなかにおかれたウチナーの問題が端的に示されている．97年11月には，21日にヤマト政府が行う復帰25周年記念に対して，それは「新しい振興策と抱き合わせで，沖縄に新しい海上ヘリ基地を押しつけようとするためのものである」として，1フィート運動の会，1坪反戦地主会，那覇市から基地をなくす住民の会，沖縄民衆会議など14団体主催の反対集会が開かれた．

これは，まさしくウチナーンチュが自らの生存と生活を守るための抗議行動といえる．

　1998年5月17日の普天間基地包囲行動を目ざして，15日から平和行進がはじまった．この普天間包囲は96年にも行われたが，今回は基地問題の行き詰まりを民衆の力で打破したい，という願いがこめられていた[22]．包囲に参加した1万6,000人は，平和行進参加者，宜野湾市民や名護市民，労働組合員，年寄り，子供，飛び入りの若者，県外からの人であり，その多くは自分の自由意志にもとづくものであった．参加者の1人の山内徳信元県出納長は「参加者は，自分たちが動く事によって，基地もうごくことを確信している」と語っている（山内元県出納長からの聞きとり）．80歳で参加した八重さんは「基地のなかに墓がある．自分が死ぬまでに撤去してもらいたい」という．墓は先祖につながる自分の存在の証である．それが基地のなかにあるというのは許せないということなのである．

　この98年5月30日，県に事前連絡もなしに嘉手納基地において米軍グリーンベレーのパラシュート降下訓練が行われた．ウチナーンチュにとってみれば，これでは戦場と変わらないという思いである．これに対して県・沖縄市長・嘉手納町長・北谷町長・沖縄市議会及び各平和団体は強く抗議を行った．防衛庁施設局は「安保にもとづく訓練である」として，このことを容認する姿勢を崩さなかった．この抗議にもかかわらず，このパラシュート訓練は，99年には嘉手納基地だけでなく名護市のキャンプ・シュワブ地区においても実施された．ヤマト国家にとってみれば，アメリカの軍事目的が優先され，そのためには住民のことなどに配慮する必要がない，ということである．ここにも，アメリカとヤマト対ウチナーというシフトがよみとれるのである．

　SACOは，ギンバル訓練場の返還にあたってヘリパッド（ヘリの離着陸帯）を金武町，宜野座村などにまたがっているキャンプ・ハンセンへ移すことにしている．99年2月に宜野座村の村長・村議会は，防衛施設局と県に対して「危険であり村民が不安をおぼえている」として反対を申し入れた．さらに北部訓練場返還に伴うヘリパッド移設が国頭村安波区に予定されていることに対して，そこに隣接する東村高江区住民が10月に猛反対し，これによってヘリパッド移設は宙に浮いてしまった．最初，村長は水道管敷設や一般廃棄物処分

場建設などを条件に受け入れを表明していたが,住民たちの強い反発によってヘリパッドと地域振興は別問題であるとし,反対の立場をとることになった.

2000年7月3日に,沖縄市で米兵の女子高校生に対してのわいせつ事件がおきた.際限なく繰り返される事件に怒り心頭に発したウチナーンチュは,15日に宜野湾市海浜公園野外劇場で緊急県民総決起大会を開いた.この大会には家族づれが多かった.それは,自分たち家族が何時このような被害にあうかもしれない,という危機意識によるからである.それだけに大会では,(1)米軍人の綱紀粛正と人権教育の徹底,犯罪および事件・事故の根絶に向けた具体的プログラムの県民への公表,(2)被害者と家族に対する謝罪,(3)米軍基地の整理・縮小の促進,(4)日米地位協定の抜本的見直しの4項目の要求を決議した.また八重山郡民総決起大会も開催され多くの市町村議会でも抗議決議が採択された.さらに2001年1月に県議会において,全会一致で厳重抗議と海兵隊削減を求める決議を行った.しかし考えてみれば,これまで何回ともなく抗議・要請がなされてきたが,一向に是正されることもなく事件・事故は繰り返して発生している.米軍もヤマト政府も口先だけでは謝罪し,事件・事故が再発しないように努力するというが,それに真剣にとりくむ姿勢はみえない.問題は,基地が存在しているということ及び地位協定にある.この問題解決には,基地を一挙に撤去することが困難であるならば,やはりその整理・縮小にむけて,また地位協定見直しにむけて,県・市町村・ウチナーンチュが一体となった積極的に行動する以外にない.だが最近のウチナーは,ヤマト公的システムによる編成,ヤマト化によって四分五裂状態にある.これを放置すれば,ますますアメリカとヤマト国家権力の一方的支配のもとに従属を強いられ,生命・生存・生活が危機にさらされつづけ,ウチナーらしい社会文化的特質を失い,ウチナーンチュはアイデンティティを喪失することになってしまう.このような恐るべき事態を回避する手だてはないのであろうか.このことは,たいへんに難しいことではあるが,終論において論じてみたい.

反戦地主の闘い

これまで基地反対闘争のあらましについて書き述べてきたが,1つ重要なことについてはふれてこなかった.それは軍用地主——とくに通称反戦地主——

の問題である．この軍用地主の有り様は，基地問題をもっとも集中的に表現しているといってさしつかえない．それは米軍占領時代から今日まで引き続いており，大きな問題を提起している．

すでに述べたように，1952年の講和条約締結以降，米軍は軍用地の使用権原を強制的に取得できるようにするため，53年4月に「土地収用令」を公布した．ここにおいて6月「軍用地主の財産権を守る」ことを掲げて市町村軍用土地委員会連合会（土地連）が発足し，69年に沖縄県軍用地等地主会連合会に名称変更した．先にみたように，一括払いその他をめぐって島ぐるみ闘争が展開し，59年に一括払い方式の取りやめと地代の引き上げ（1953年の提示額の6倍の21億円）でもって運動は終息した．その結果，約3万人余の地主のうち8割が賃貸借契約に応じた．72年の施政権返還にさいして，これまでの米軍による軍用地強制使用の法的根拠が失われることに対し，また契約拒否地主の土地を強制使用するために，71年に公用地暫定法を定め，とりあえず軍用地使用期間を5年間とした（後にさらに5年間延長）．72年には4万5,330 km^2，62施設の賃貸契約を拒否した地主は2,941人であったが，軍用地料を6倍の126億円と大幅にアップしその解消をはかった．この後さらに，契約地主の確保と契約拒否地主の解消を目ざして軍用地料の引き上げを行い，95年には674億円に達した．

このような事態のなかで，1971年に約3,000人の契約拒否地主による「権利と財産を守る軍用地主会」（反戦地主会）が結成された．それは，(1)先祖伝来の土地を守り抜く，(2)自分の土地は自分で使う，(3)契約拒否することが権利の留保となる，(4)反戦平和の立場から契約を拒否する，という主張にもとづくものである．75年に施行された会則の3条には活動内容について記載されている．それによると，(1)公用地法に反対する広汎な地主の結集，(2)前項に賛同する自治体，民主団体との連絡連携，(3)軍用地に関する実態調査と啓蒙宣伝，(4)権利と財産を守るための裁判闘争，(5)軍用地の接収にともなう損害補償等の要求，(6)軍用地の契約拒否と強制収用対策などとなっている．

これにもとづいて反戦地主会は，さまざまな活動を展開していくことになるが，次のような理由によって参加者は減少の一途を辿った．その1つはいうまでもなく，地料の高額引き上げと契約拒否地主への見せしめ処置である．現在

土地連に加入している基地用地地主は約3万人（土地別，施設別それぞれ1人という延べ人数計算なので，実数は約2万3,000人）に対して年間570億円の支払い，1人当たり約190万円の受け取り，防衛施設局と直接契約している者約2,000人には年間130億円，1人当たり約650万円の受け取りとなる．最高は沖縄土地住宅株式会社で年額18億5,000万円，個人で約7,000万円を受け取る者もいる．とはいえ，400万円以上受け取る者は全体の11％にすぎず，200-400万円未満が13％，200万円未満が76％となっている．そのうえに彼らには，1人当たり2-7万円の提供施設契約協力謝金が支払われている．これに対して契約拒否地主には，強制使用されている土地に対しては一括前払いされ，そのために支払いがなされた年の所得が多いことから重課税となり，さらに補償金を受け取るとその後土地は担保価値がないものとされるという，経済的な不利益をこうむることになる．

　2つは，地主が高齢化したことによって生産労働がままならなくなり，地料を生活費に充当するようになったことである．1998年の県の調査によると，軍用地料がなくなると非常に生活が困るという層が59.2％，やや困るが30.3％と，9割近くが軍用地料をあてにしているわけである．またこれとともに新たに地権者となった若い世代は，これまでのウチナーンチュの軍用地に対する思いをもたず，それを単なる金銭収入の手段としてみなすようになってきているからである．このことは，最近のウチナーの街の不動産屋の広告や新聞の広告にみるように，軍用地の売買が盛んに行われていることに現れている．防衛施設局も国有地を増やすためにせっせと購入している．さらに市町村有地が軍用地となっているもののなかで，実質的にはいくつかの区有地（共有地）であるケースがある．その場合には軍用地料のかなりの額が，区に配分される．これによって区の財政はかなり豊かなものとなる．そうした状況のなかでは，個々の人が契約拒否を主張しづらい思いをもつことにもなりかねない．

　こうした事態の進行にともなって反戦地主会の契約拒否地主は，1977年に356人，82年に144人，84年には136人，86年に92人と激減してしまった．これはヤマト権力としては，きわめて望ましい推移であったに違いない．この動きを憂慮し契約拒否地主を支援するために，82年に一坪反戦地主会が結成された．それは，当時の反戦地主会会長平安常次の嘉手納飛行場の土地を1人

1万円でもって購入し共有登記するということから始まった．その後91年には，普天間飛行場の土地20坪も一坪反戦地主の共有するところとなった．かくして一坪反戦地主の数は，2000年で約2,300人にのぼっている．82年に施行された会則をみると，第2条に，この会は戦争に反対し，軍用地を生活と生産の場に変えていくことを目的とする，とある．第3条は活動内容で，(1)一坪反戦地主を拡大し，相互の団結を強化する，(2)反戦地主と連帯する，(3)未契約軍用地を返還された反戦地主を支援する，(4)契約拒否運動を拡大する，(5)その他，反戦平和運動に関する活動を行う，となっている．かくして反戦地主会と一坪反戦地主会が提携して，反戦平和運動を行い，土地の強制収用と闘うことになった．

1984年になって防衛施設局から，反戦地主と一坪反戦地主が所有する土地654 km^2（12施設）の20年間継続使用（駐留軍用地特措法）の文書が送られてきた．これに対して反戦地主136人，一坪反戦地主1,956人が，県収用委員会に強制収用拒否の裁決申請を行った．公開審理は百数十人の意見陳述を積み残したまま11回で終了し，87年2月に，那覇軍港だけを5年間として，他は10年の強制収用裁決を下した．この後さまざまな運動のとりくみがみられたが，ここでは最近の活動をとりあげておく．

1992年に，契約地主と反戦地主は軍用地料の支払いが異なるために反戦地主が重課税されることについて，伊江島の反戦地主の阿波根昌鴻夫妻が反戦地主重課税取り消し訴訟をおこした．1審では阿波根夫妻が勝訴．控訴審では逆転して国が勝訴．そして98年11月の最高裁は阿波根夫妻の上告を棄却した．これは反戦地主を切り崩すことに司法が手を貸すことになる．嘉手納基地など12施設の使用期限が切れた97年5月15日に，これら反戦地主たち1,000人が嘉手納基地第1ゲート前に集結し，基地立ち入りを要求した．それはまた，97年4月2日の使用期限切れでも軍用地の暫定使用ができるとした特措法改悪にも抗議するものであった．同様のことが，伊江島の海兵隊施設においても行われた．

1998年8月14日に，県収用委員会が5月に伊江島補助飛行場などの米軍用地の使用を認めたことは，財産権の保障を定めた憲法29条などに違反するとして，反戦地主ら203人が那覇地裁に裁決取り消しを求める訴訟をおこした．

さらに10月26日に反戦地主7人が那覇地裁に，改定された駐留軍用地特措法は違憲であるとして，国に原告1人当たり100万円の慰謝料と損害賠償を求めて訴訟を行った．すなわちこれは，収用委員会の裁決がなくても強制収用が可能になると定めた特措法改定そのものが違憲であり，またそれによって原告らの財産権や基本的人権が侵害され精神的苦痛を蒙ったというものである．98年5月に防衛施設局長が，嘉手納基地など4件に関して軍用地強制使用を申請したが，県収用委員会は地籍不明を理由としてこれを却下した．そこで同施設局長が建設大臣に不服審査を申し立てていた．これに対して反戦地主たちは，99年2月に建設大臣に，県収用委員会の裁決は正当であり，不服審査それ自体は認められるべき筋合いではない，という意見陳述を行った．2002年4月には，県収用委員会がかつて地籍不明などの理由で軍用地の強制使用を認めなかった（98年5月）のに後にこれを容認した（2002年1月）のは違憲だとして，一坪反戦地主284人が那覇地裁に県収用委員会の裁決取り消しの訴訟を起こした．

これまでの経過をみると，反戦地主たちの活動はほとんど法廷闘争の形をとっている．それは，ヤマト権力が法的システムによってウチナーを軍事基地として確保しようとすることに対して，反戦地主たちはそれと真正面から闘う構えをとっている，ということになる．2章でみたように法的システム自体が国家権力に握られているだけに，この反戦地主たちの闘いの展望は明るくはないかもしれない．しかしながら，こうした法廷闘争で勝ちを収めれば，それは決定的な結論を得ることにもなる．それを願って敗れても敗れても闘いを続けていく以外に道はない．全ての公的システムに抗って，差別・いやがらせ・圧力・制裁のなかで活動を続ける彼らの心情は，先祖と自分が一体化し人々と共同して暮らしてきた土地＝〈地域〉を戦争につながる軍用地として提供したくない，ということである．ここにウチナーの住民による基地反対闘争の真髄をみる思いがする．

だが他方では，すでに述べたように軍用地提供を承諾する多くの地主たちがいる．彼らにとっては軍用地料は生活費の一部となっており，それを含んで生活がくみたてられている．それだけに軍用地が返還されれば，これまでの生活に支障が生じかねない．とくに地主2世代目，3世代目にとっては，従来ウチ

ナーンチュがもっていた土地に対する思い入れがなくなりつつあり，軍用地料は収入を得る1つの手段と考えるようになっている．

しかしこれら契約地主たちは，ウチナーンチュとして本質的に軍用地提供を肯定しているのであろうか．一部にはそうした人たちもいるかもしれないが，大半はやむをえず提供しているのではないだろうか．彼らが怖れるのは，返還された後の土地利用計画が目に見えてこないこと，しかもそれが自分たちの生活にプラスになるのか，また跡地利用計画が実現するまでの長い年月の間，これまでの地料相当の収入が保障されるのか，ということである．もしこれらが確約されるならば，契約を拒否し返還を迫る地主が多くなる．だが現状ではその見通しはあまりない．たとえば少々以前のことであるが，1978年に沖縄県が，(1)返還時期，規模などを盛り込んだ返還計画を策定するよう国に義務づけ，(2)跡地利用事業が完了するまでの間，地主に対して地料相当額の補償を行うよう義務づける，という県要綱を作りヤマト政府に立法化を求めたが，全く相手にされなかったことがある．この状況は今日も一部の返還地をのぞいては変わっていない．何故であるかはいうまでもない．もしこれを明示し確約すれば，大量の契約拒否地主が出てくることは想像にかたくない．そうなればアメリカの世界戦略の拠点であるウチナーの軍事基地確保が困難となり，アメリカに追随するヤマト国家権力は窮地に陥ることになる．ウチナーを軍事基地としてしかとらえていないヤマト権力にとっては，契約拒否地主が圧倒的多数になることを望むはずはない．

ここで2つのことを指摘しておきたい．1つは，施政権返還後1972-2002年までの間，沖縄振興開発事業費として7兆円余りも財政投資がなされたにもかかわらず，ウチナーの自立的経済発展はみえてきていない，という点である．言葉を換えれば，経済的自立に結びつくような政策がヤマト国家権力の意図としてとられなかった，ということである．もし自立的経済発展の基盤がつくられそれが着々と進行しているならば，基地収入に寄りかかる人々はもっと少なくなるであろう．いま1つは，こうした基地政策は，ウチナーのなかに契約地主と契約拒否地主という相対立する2つの層をつくりだした，ということである．それによって〈地域〉や門中のなかに分裂・対立が生まれ，人々の共同性が失われる事態がみられるようになっている．このことは，いうなればヤマト

公的システムによってウチナーが覆いつくされ，ウチナーの経済・社会・文化のヤマト化のなかで，これまでの私的生活領域としての〈地域〉に亀裂が生じつつあることを物語るものである．

またこうした反戦地主会の動きとは別に，旧日本軍に接収された嘉手納基地の滑走路に位置する土地について，嘉手納旧飛行場権利獲得期成会 (123 人) が 1977 年に土地所有権確認の訴訟をおこしたが，95 年に最高裁で上告が棄却された．99 年にヤマト政府は「私法上の売買契約により正当な手続きを経て国有財産になった」と表明した．さらに読谷補助飛行場についても，同様な見解が示された．これに対して 2000 年 8 月に関係地主たち 1,200 人は，所有権回復を目ざして沖縄県旧軍飛行場用地問題解決促進協議会を結成し，政治問題化する方向で運動をすすめていくことにした．

以上において基地反対闘争のあらましをみてきた．それは，争点が基地問題であるだけに政治性をおびざるをえないが，基本的には自らの存立基盤である先祖と一体化した土地と，そこにおいて長い年月のなかで営々として築きあげられてきた生活と人々の共同の交わりを守るための闘いである，といえよう．彼らにとっては，この土地と生活と共同の世界＝私的生活領域こそが，何よりも大きな意味をもっていた．彼らには公的システムというものは異界にすぎない．それにもかかわらず，公的システムがアメとムチでもって否応なしに侵略してきたのである．もしこの公的システムが，ウチナーンチュに安定と豊かさと幸せをもたらすものであれば，これを拒否することはなかったであろう．このようなことから，基地反対闘争を一言でいうならば，それは私的生活領域と公的システムとの間の闘いである，ということになる．

これまで軍用地のための土地の強制収用，事故の危険，米兵の犯罪，環境破壊と，それに対する住民運動について述べてきた．こうした状況は，施政権返還後もほとんど変わらなかった．それは，返還にさいしての日米の協定そのものに問題があること及び，返還後のヤマト国家の公的システムによる組みこみと社会・文化・生活・意識のヤマト化と無縁ではない．そこで次章において，施政権返還とウチナーの社会変動についてみていくことにしたい．

1) 新安保体制については，剣持一巳編『安保「再定義」と沖縄』緑風出版，1997 年，

新崎盛暉『平和と自立をめざして』凱風社，1997年，参照．
2)　沖縄県総務部知事公室基地対策室『沖縄の米軍基地』343-369頁，沖縄県総務部，1998年，より整理．
3)　環境破壊については，多くの文献資料に分散的にとりあげられているが，さしあたってここでは，福地曠昭『基地と環境破壊』同時代社，1996年，を挙げておく．
4)　住民運動については多くの文献があるが，さしあたってここでは宮本憲一・遠藤晃編『講座現代日本の都市問題8　都市問題と住民運動』汐文社，1971年，及び，松原治郎・似田貝香門編『住民運動の論理』学陽書房，1976年，を挙げておくが，秋元律郎「住民運動の諸形態」松原治郎編『住民参加と自治の革新』133-168頁，学陽書房，1974年，及び，松原治郎・山本英治編『現代のエスプリ93　住民運動』至文堂，1975年，がまとめて整理してある．
5)　秋元律郎，前掲書，参照．
6)　朝日新聞社編『沖縄報告』209頁，朝日新聞社，1969年．
7)　朝日新聞社編，前掲書，209頁．
8)　大田昌秀『沖縄　平和の礎』176頁，岩波新書，1996年．
9)　新崎盛暉「沖縄闘争——その歴史と展望」恩河尚他『沖縄を読む』40頁，情況出版，1999年．
10)　これについてはきわめて多くの文献があるが，さしあたって恩河尚他，前掲書，を挙げておく．
11)　沖縄返還同盟編『沖縄黒書』労働旬報社，1967年．
12)　松下圭一『市民自治の憲法理論』x頁，岩波新書，1975年．
13)　古城利明『地方政治の社会学』251頁，東京大学出版会，1977年．
14)　山本英治編『現代社会と共同社会形成』38頁，垣内出版，1982年．
15)　『新社会学辞典』700頁，有斐閣，1993年．
16)　柳田国男や宮本常一がもちいた概念．宮本によれば「民間伝承を保持する人々，……常民はプライベートな日常生活のなかで結集する人々を表す文化概念として把握されるべきものであり……直接生産にたずわってきた人々が常民である」としている（『社会科学大事典』第10巻，鹿島研究書出版会，1969年）．これは正しく私的生活領域のなかで生活しているウチナーの人々と重なる．
17)　ハーバーマス，細谷貞雄訳『公共性の構造転換』43頁，未來社，1973年．山本英治編，前掲書，38頁，参照．
18)　新崎盛暉『平和と自立をめざして』166-180頁，凱風社，1997年，参照．
19)　新崎盛暉，前掲書，168頁．
20)　新崎盛暉，前掲書，170頁．
21)　新崎盛暉，前掲書，171-177頁．
22)　これに参加した山内徳信元県出納長は「みんなが誇らしげな顔をしている．今の状況に危機感をもち，自分の問題と考えて自ら行動する自信にみなぎっている」と語っている．

4章　施政権返還と沖縄開発
――ヤマト化するウチナー

　1972年の施政権返還における日米沖縄返還協定による，アメリカの世界戦略の軍事的再編のための米軍基地をめぐるとりきめ，及びそれ以降におけるヤマト政治権力によるウチナー政策は，ウチナーの政治・行政・経済・社会・文化に大きな変動をもたらし，ウチナーンチュの労働・生活・意識に影響を与えた．施政権返還から30年以上がすぎた現在，ここであらためてこの日本復帰といわれる事態をとらえかえす作業が必要である．そこで，まずウチナーンチュの日本復帰運動と施政権返還について述べ，次いでヤマト政府によるウチナー政策とウチナーの変動について検討し，最後にウチナーンチュの意識についてみていくことにし，それを通してウチナーのヤマト化の状況を明らかにしたい．

1．日本復帰運動と施政権返還

　まず最初に，ウチナーの施政権返還にさいして，一般的に「祖国」ないし「本土」復帰という言葉が用いられていたことについて，ふれておきたい．東江平之は「祖国復帰は……沖縄を日本の固有の一部として位置づける発想……沖縄をその本来の姿にもどす，というのが当時の政治的立場の基本であると同時に，住民の自然な感情の表現」[1]と指摘している．彼のこの文言は，当時の現実について客観的に述べているように思われる．「本土」という表現それ自体は基本的には地理的概念であるが，沖縄返還という事態においてはそれにとどまらず，「祖国」と同様に一定の歴史的状況のなかで生み出された，ウチナーとヤマトとの諸関係にもとづくものである．

すでに1章でみたように，ウチナーはもともとヤマトの一部ではなく，明治期の琉球処分までは1つの政治的・行政的・経済的・文化的・社会的な体系をもつ王国であった．それがヤマトによる侵略的併合によってヤマト国家の公的システムのなかに強引に組みこまれ王国は消滅してしまった．そして政治的にも行政的にも経済的にも，ヤマト国家の周辺末端部として位置づけられることになった．さらには皇民化教育を通して，天皇制国家の忠良な臣民であることが強制され，意識づけされた．日琉同祖論もこれを補強するのに役に立ったと思われる．その意識が，戦後のアメリカの軍事的支配の圧政から逃れるために，「本土」なり「祖国」という言葉となってこの時再び現れた，といえる．

1章でみたような歴史的事実からいっても，ウチナーにとってヤマトが「本土」あるいは「祖国」であるとは，無条件に肯定はできない．日本への復帰，それはいうなればヤマトへ帰属するということであるが，当時のアメリカの苛酷な軍事的支配から逃れ，戦争放棄と主権在民と自由と基本的人権が保障される憲法をもつ日本国に帰属したいという気持ちをもつようになったのは当然かもしれない[2]．だが実際に「復帰」し帰属したにもかかわらず，依然として米軍はヤマト政府の支援のもとに軍事基地を安定的に使用し，勝手きわまる軍事的行動による被害が続出するのみならず，新たなるヤマトのウチナー支配がすすめられてきている．大半のウチナーンチュはテーゲ主義的であり，ヤマトへの再帰属をきちんと詰めず，ヤマトを冷静に・客観的に相対化してとらえなかったので，ヤマトはウチナーに対しては特別の優遇措置を講じてくれるはずであるという，甘い期待，幻想をもっていたように思われる．これに対して，後述するように，一部の人々のなかにはヤマト復帰に反対し，反国家論や非日本国民論を主張する者があり，さらには共和国論ないし独立論もみられたが，それは大勢を占めるにはいたらなかった．

日本復帰運動の展開

復帰運動のスタートは東京である．それは1946年東京在住の仲吉良光（ジャーナリストであり，1942年には首里市長に就任した経歴がある）らが，日琉同祖論にもとづいて「沖縄住民は日本民族という強い自覚をもち，行政・権利ともに日本本土と平等であり全く違いがない」という趣旨に立って，日米双方に

復帰の請願書を差し出したことに始まる．50年にアチソン米国務長官（当時）が「沖縄を信託統治下におく」と発言したことから，仲吉らは地元沖縄に日本復帰運動の開始を積極的に働きかけた．ウチナーにおいては，50年に日本復帰か信託統治かそれとも独立かが争点となった群島知事選挙が行われた．この結果，日本復帰を唱えた革新が勝ち，51年の群島会議において日本復帰要請を決議した．これを契機として「日本復帰促進期成会」が組織された．期成会は，全有権者に対して復帰への意志表示を求めて署名運動を行ったところ，全有権者27万6,677人のうち19万9,356人（72.1％）が署名した．この署名簿は，講和会議に出席する吉田首席全権とアメリカ代表のダレス特使に発送された．だがこの組織運動は，比嘉秀平主席らが復帰は時期尚早であるとして脱会したことにより，52年に自然消滅してしまった．

この1952年には対日講和条約が発効し，沖縄のみがアメリカの占領のもとにおかれ軍事支配がつづくことが決定した．それだけに復帰運動を再建する動きが強まり，53年に沖縄教職員会と沖縄青年連合会が中心となって「沖縄諸島祖国復帰期成会」が結成され，屋良朝苗教職員会長が会長に選出された．この組織は，政党色を排し沖縄教職員会・沖縄青年連合会・沖縄教育後援連合会・沖縄体育協会・沖縄市町村長協議会などの団体のみならず，個人も構成員とするものであった．これの第1回総決起大会における要請決議の第1項目に「平和条約第3条（アメリカが排他的施政権を保有している）を撤廃し祖国への即時完全復帰を期す」とある．それはこの決議に添えられた「われわれは祖国を持ち乍ら，その意志に反して，民族的孤児となり，他国の行政下に置かれている．これはまさに奇形的な姿であり，民族的な悲劇である．この境遇を脱却し，民族の幸福と繁栄を求めることはけだし独自の民族的文化と歴史をもつわれわれの本来の欲求である」[3]という思いにもとづく．この文言をみると，アメリカの占領支配のもとにおかれていることに対する抗議の一方で，ヤマトを相対化しえない民族的同一性観念にとらわれているといえる．与那国暹はこれを「この時期（50年代）の復帰運動は素朴な民族主義的・人道主義的色彩の強いものであった」と評している[4]．復帰運動のこうした特徴は，アメリカがベトナム戦争に深入りし北ベトナムの爆撃を開始する65年頃までみられた．

かかる復帰運動に対して米軍は，「共産主義的」であるとして弾圧を加えた．

そのこともあって，1954年にこの復帰期成会はまたもや消滅してしまった．しかしながら，依然としてアメリカの軍事支配・基地の存在，そのための土地の強制的な収奪と危険及び人権無視の非道な米兵という構造を生みだすアメリカ軍の占領状態から脱して，日本へ復帰したいという願望はますます強まることになる．60年頃になると，日本はこれまで以上にアメリカの世界戦略体制のなかに組みこまれ，軍事的協力の道を歩むことになる．その1つの現れが60年の安保改定である．これをめぐって全国的に激しい安保闘争が行われたが，結局これは国会で承認されてしまう．こうした事態は，沖縄の米軍占領支配を強化し不動のものにする可能性が濃厚となる．そうだとするならば，ウチナーンチュとしては米軍の支配から脱するという意味での復帰をあきらめるわけにはいかない．

かくして60年に沖縄教職員会・沖縄青年団協議会・官公労が世話役となって「沖縄県祖国復帰協議会」が発足した．加盟を呼びかけた団体は，PTA・遺族連合会・市職労・民主主義擁護連絡協議会・琉球法曹会・福祉協議会・医師会・農林協会・経営者協会・琉球農業協同組合連合会・市町村議長会・自民党・自由党・社会大衆党・人民党・社会党などの団体であり，最終的には53団体に達した．だが自民党は不参加を表明し，これとの関連で経済・医療・法曹・宗教などの各団体やいくつかの自治体も加盟しないことになった．それはともかくとして，以後の復帰運動はこの復帰協を軸にして展開していくことになる．それのみか復帰協は，これ以降の住民運動にもさまざまなかかわりをもつことにもなる．

復帰協は，結成当時12の事業項目を定めた．(1)-(3)までは，日本，アメリカ，その他世界諸国家及び国際機関に沖縄住民の復帰への熱望を訴えることについて，(4)民族意識の昂揚及び国民感情の育成，(5)布令・布告の廃止と日本国憲法及び民主的諸法規の適用，(6)日の丸の掲揚並びに渡航の自由，日本円の使用等によるすべての国内扱い，(7)主席公選，(8)国会への沖縄代表参加，(9)日本政府による沖縄の復興計画の樹立促進，(10)宣伝啓蒙のための資料作成，(11)総決起大会の開催，(12)その他必要事項，というものである．ここにはまだ反戦平和・基地撤去・安保反対・人権闘争という主張が現れてきてはいない．このなかで特に(4)と(6)と(9)には問題があるが，これについて

は後述するなかでふれることにする.

ともかくこの事業項目にもとづいて復帰協は具体的な行動を展開していくことになる. 1961年の運動方針には「沖縄は日本の領土であり,沖縄県民は日本国民である.従って,沖縄には日本国憲法の適用があり,国民としての権利義務がある.ただ,アメリカの施政下にあるために憲法適用や国民としての権利義務が潜在し顕在しないということである.沖縄県民が名実ともに日本国民としての権利義務を行使できるには,この潜在している憲法の適用を顕在化することである.また,憲法の適用は,布令政治全廃,植民地主義全廃,施政権返還等の要求と結びつくものである」[5] と述べられている.ここに復帰への主目的が語られている.そして毎年4月に沖縄県復帰要求県民総決起大会を開くことを決定した.61年の大会には2万人が参加した.

1964年に,4月を復帰月間とすることにし,復帰貫徹のためのハンスト,北緯27度線(当時の占領境界)上の復帰要求海上集会,復帰パレード,を実施することにした.4月20日に復帰協代表が米国民政府公安部前でハンストに入った.だが警官隊によって立法院前に移動させられた後に,ハンスト団が日の丸を掲げているのは布令違反であり,下ろさなければ逮捕すると通告してきた.ここにウチナーにおける日の丸問題をめぐる複雑さがある.施政権返還までは,日の丸は沖縄県民が日本国民である,ということを象徴するものであった.それを認めない米軍は,日の丸の掲揚を厳しく禁止していた.

返還以前はウチナーンチュにとってみれば,日の丸は民主憲法のもとで生きていきたい,という願いのシンボルであった.だが新崎盛暉が「『日の丸』を運動のシンボルとするにせよ,しないにせよ,それは過去の歴史的総括の上になされなければならなかった」[6] といっているが,復帰運動をすすめるにあたって,こうしたことが全く問いつめられなかったわけではない.だからこそ一部の人々が,日の丸に象徴されるヤマト国家権力に与することを拒み,反復帰を唱え,独立論なり共和国論を提起したといえる.しかし大半の人は,徹底的に戦前から戦後のヤマトを総括したのであろうか.ウチナーンチュが現在日の丸を掲揚するのは,自分は日本国民であるという認識に立ってのことなのであろうか,という疑問をもたざるをえない.彼らは,この段階において改めて日の丸を掲揚することの意義を問いつめたのであろうか[7].どこかにテーゲ主義

的な対応があったのではないか．またこの前の戦争で戦場化したこと，戦後米軍の占領支配のもとにあり辛酸をなめてきたことに対して，ヤマトは温かく迎えいれてくれると信じていた．だがそれは，ウチナーの特質であるクサテのあらわれであったことは否めない．

　返還協定の内容が明らかになるにつれて，彼らの甘い夢は無惨にもうち砕かれてしまった．まさしく復帰幻想という言葉があてはまる．さらに施政権返還以降においてヤマト政府はアメリカへの従属・奉仕のために，ウチナーを苛酷な状態のまま放置してきた．すなわちウチナーにとってヤマトは対立物であるという姿を現したのである．ウチナーンチュのなかの少数の人々は，このウチナーとヤマトとの対立構造を明確に意識し，また多くの人々も感じとってはいた．それだけに日の丸は帰属すべき国家のシンボルではなく，むしろウチナーンチュの生命・生存・生活の破壊者として意識されるところとなった．いうなれば，日の丸はウチナー支配のシンボルということになる．すなわち，ヤマトは自分たちを包みこむ民族共同体であるとして帰属を熱望したにもかかわらず，それは国家幻想にすぎなかったのである．

　1964年4月27日の午後8時，沖縄本島最北端の辺戸岬と与論島の双方において，ウチナーとヤマトの復帰運動代表者双方がたき火を焚いてそれを確認しあい，沖縄返還の誓いを新たにした．次いで28日朝，海上に国境として勝手に線引きされた27度線上において，ウチナー側の船とヤマト側の船が集まり1時間にわたって復帰貫徹のための海上集会を開いた．午後1時にウチナーの船が宜名真の浜に帰り，そこに集結していた復帰協加盟団体の車数十台とともに，那覇に向けて約150kmの道を復帰を訴えるパレードを行い，6時30分に那覇の県民総決起大会会場に到着した．ここに3万人をこえる人々が集まった．那覇以外の地でも集会がもたれ，全島で約10万人の人々が参加した．那覇会場では，「1. 布令布告による軍事的植民地支配に反対し，即時祖国復帰をかちとろう．2. 高等弁務官の独裁政治に反対し，自治権をかちとろう．3. 渡航と言論の自由をかちとり，国政参加と主席公選をかちとろう．4. いっさいの核兵器持ち込みに反対し，軍縮と平和共存を支持しよう」というスローガンを採択し，デモ行進を行った．

　1965年1月に，佐藤・ジョンソンによる第1回目の日米首脳会談がもたれた．

そこでは「沖縄および小笠原諸島における米国の軍事施設が，極東の安全のため重要である」ということが確認された．すなわち，沖縄の軍事基地化について日米双方が共通認識をもった，ということである．2月にはウチナーからB52戦略爆撃機が北ベトナム爆撃のために発進するようになる．そしてこうした米軍の北爆をヤマト政権が支持する．かくして，ウチナーが米軍のベトナム爆撃の重要な基地となったのである．さらに，中国を視野に入れたアジアの戦略体制を固めるための1つとして，6月に日韓基本条約が調印された．また，嘉手納弾薬庫とキャンプ・シュワブ弾薬庫に核爆弾が貯蔵されていることは，ウチナーンチュの間では公然の秘密であった．これらの状況は，アメリカがアジア戦略のためにウチナーを軍事基地として強化し恒久化していくためのシフトであり，それをヤマト国家が認め補完する役割を担うことになったことを意味している．そしてこのことをふまえて，8月に佐藤首相がウチナーに来ることになった．

復帰協の変質——反戦平和・基地撤去要求と密約

「沖縄の戦後のあらゆる大衆運動，とくにその中核であった復帰運動には，沖縄戦の体験に根ざした絶対平和主義的志向とでもいうべきものが，一貫して流れていた」[8]と指摘されている．与那国暹によれば，祖国復帰を願っていた運動が「戦争に直結する諸事件の頻発と，アメリカの政策に追随しがちな本土政府に対する不信感とは，次第に大衆運動をたんなる民族主義的復帰運動から反戦平和を希求する運動へ，その基調を大きく転換させる契機となった」と述べている[9]．それだけにこの65年における一連の動きに対して復帰協は，ただ復帰，復帰と叫んでいるこれまでの運動に疑問をもつようになってきたのである．すなわち，ウチナーンチュの絶対平和主義的志向とは相反する性格を強めつつある日本に復帰するのか，という疑問である．といってこのまま米軍の非道な圧政のもとにあるわけにはいかない．そうだとすれば，ヤマトのウチナー政策に変更を迫る以外に道はない．かくして復帰協は，民族主義的な色彩をふくみつつも反戦平和・基地撤去を要求する運動体に変質していくことになった．

その最初の現れが佐藤首相の来沖時における「佐藤総理に対する祖国復帰要

求県民大会」の開催及び抗議とデモであった．佐藤首相は，那覇空港で「沖縄の祖国復帰が実現しないかぎり，戦後は終わらない」といい，沖縄に対して，(1)経済援助の継続的拡大，(2)福祉向上，(3)自治権の拡大，などのアメを用意した．だがまず空港で数百人のデモ隊の「ベトナム戦争の共犯者，佐藤帰れ」という怒号で迎えられた．復帰要求県民大会には5万人が参加し2万人がデモを行い，佐藤首相との会見を求めて宿舎前で2,000人余りが座りこんだ．首相は会見を避けて米軍司令部内のゲスト・ハウスに避難し，会見は行われなかった．

この佐藤訪沖についての復帰協のとらえ方は「佐藤総理の沖縄訪問は，放置できないまでに高まった復帰要求に応えるかに見せかけて，その実，佐藤訪沖を契機に沖縄基地を拠点にして，急速にエスカレートして行ったアメリカ帝国主義の，ベトナム侵略戦争に対する県民感情を，事前に沈静化するのが真のねらいである」[10]というものである．しかしそれは「軍事的な点からもこの際，沖縄の経済，社会などの面で若干の手直しをすることは，長期的にはかえって基本的な面での現状固定化に役立つ」(『朝日新聞』1965年8月17日)ということであった．この後の8月7日の沖縄問題閣僚協議会で決められた「沖縄の法的地位に関する政府の統一見解」は「アメリカの沖縄支配の合法性を強調し，沖縄におけるアメリカの"権利"を擁護することに終始している」[11]といわれる．

この後復帰協は，1966年に「アメリカのベトナム戦争に反対する決議」を採択し，67年にも「ベトナム侵略戦争に反対する決議」をした．またこの67年度の運動方針として，「原水爆基地の撤去，軍事基地反対，反戦平和の闘い」が打ち出された[12]．さらに68年11月に初の主席選挙が行われ，「即時無条件全面復帰」「核基地撤去」「日米安保体制の撤廃」を掲げた屋良朝苗が当選した．この選挙のための「屋良さんを励ます会」において平良辰雄初代沖縄群島知事が「選挙の結果が野党連合の勝利ということになれば，米国の施政権に対しては県民の多数が反対の意思表示を示したことになる．……今回の主席選挙は単なる与野党の対決ばかりでなく，県民と米国政府との対決である」と挨拶している．これこそが，ウチナーンチュが心の内に秘めた本音と思える．ただこの選挙に関して中野好夫・新崎盛暉は，この選挙の基本的な争点が，即時無条件全面復帰か……本土との一体化政策にしたがって段階的復帰するかという点に

あったが，それらの政策的内容については詰めていなかったと批判している[13]．

ここにおいて復帰協は「基地反対の立場をますます強め，1969年3月には基地反対・核基地撤去から基地撤去・安保条約廃棄の方針に移行する．……基地は戦争に巻き込まれる危険を伴うだけでなく，沖縄の社会的・経済的発展をも阻害するものである」[14]と主張するようになった．この復帰協の変質やウチナーンチュの復帰熱望さらには軍用地強制接収に対する住民運動の高まりを危惧した自民党は66年に，軍事基地と施政権を分離し基地はそのままとして施政権のみを返還する，という案を出してきた．それとともに，復帰運動の中核である沖縄教職員会の活動を制約するべく，先述した（3章3）地方教育区公務員法と教育公務員特例法──通称教公二法──を制定して，教職員の政治活動の制限，争議行為の禁止，勤務評定を行おうとした．この背後には，近く実施される予定の主席選挙への対策が秘められていた，という．これに対して，教職員会，復帰教協，革新3党，県労協などによって教公二法阻止共闘会議が結成され，激しい反対運動が展開された．その結果67年2月に教公二法廃案協定が結ばれることになった[15]．

1967年2月に下田武三外務次官（当時）が「核つき返還論」を唱えた．3月には「米軍基地の自由使用をみとめたうえでの全面返還にアメリカも応じてもよいという意向をもっている」ということが明らかにされた．このことは「日米両政府が従来の対沖縄政策に全面的な再検討を加えて，新たな沖縄支配のあり方を具体的に追求しはじめた」[16]ということを意味している．この背後にはアメリカのベトナム戦争における敗退があり，直接的には教公二法阻止闘争があった，といわれる．ここにおいてアメリカにとってもヤマト権力にとっても，アジア戦略政策全般にわたる見直しが必要となった．それが日米安保体制の再編強化という形をとり，沖縄返還はその一環に組みこまれることになったのである．

こうしたなかで沖縄自民党は，経済的実利主義の立場からコザ市（現在の沖縄市で，嘉手納基地に隣接し基地経済の中心地）の商業会議所のメンバーを中心として「即時復帰反対協議会」を組織し，基地反対は生活を破壊する，と革新共闘を激しく攻撃した．このことは，商業者が基地撤去によってこれまでの経済的利益喪失を危惧したことに他ならないが，それが，自民党ひいてはヤマ

ト政府そしてアメリカの思惑にすっぽりとはまってしまうことになる．かくしてウチナーにおいて，基地撤去を求める住民・革新団体と商業者との分裂が明確になった．11月15日に第2回目の佐藤・ジョンソン会談内容が発表された．それは，沖縄・小笠原諸島にある米軍の軍事施設が，日本および極東の自由諸国の安全を保障するため重要な役割をはたしていることを認めあったうえで，「総理大臣と大統領は，日米両国政府が沖縄の施政権を日本に返還するとの方針の下に，……沖縄の地位について共同かつ継続的な検討を行うことに合意し，……沖縄住民とその制度の日本本土との一体化を進め」るというものである．かくして基地（核つき）はそのままで，しかも基地の自由使用を認めることを前提に施政権を返還する，という基本方針が定められたのである．

　反戦平和・基地撤去を願う復帰運動側にとっては，このような返還案はとうてい受け入れることのできないものであった．11月20日に那覇市で「日米両国政府にたいする抗議県民大会」が復帰協主催で開催された．それには約10万人が参加し「佐藤内閣の退陣を要求する決議」が採択された．ここで留意したいのは，「日本本土との一体化」という点である．このことは，施政権返還後においてはウチナーをヤマト公的システムのなかに組みこんでしまい，全面的にヤマト化を押しすすめる，ということに他ならない．このようなことだけに復帰協は，ヤマト国家権力との対決と基地撤去のための具体的な行動をおこす（沖縄闘争），という運動の新たなる転換をはかることになった．68年11月19日に嘉手納基地でB52が爆発事故を起こした翌日，復帰協と原水協が「いのちを守る県民共闘会議（B52撤去・原潜寄港阻止県民共闘会議）」を結成することにした．そしてB52撤去・原潜寄港阻止・一切の核兵器の撤去という要求を貫徹するために，69年2月4日にゼネストを実施することにした．だがそれは，日米両政府の圧力により屋良主席の要請で回避されてしまった．このゼネストの挫折によるウチナーンチュの怒りのエネルギーは，やがて71年の2度にわたる返還粉砕ゼネストへと集約されていく．

　ベトナム戦争，強国化する中国の存在などからアメリカは，沖縄返還を早急にすすめることによって，日本と協力してアジアにおける日米共同責任体制を整備することにした．このために返還時期は72年に予定された．そこでこれにむけて，アメリカ政府内で返還の具体的な内容の検討が行われ，また日本側

においても，日米政府が望むような形での沖縄返還の地ならしがすすめられた．ここでその経過内容について，簡単に述べておきたい（なお以下は，『沖縄タイムス』に96年5月1日から47回にわたって連載された我部政明の「沖縄施政権返還とは何だったのか」を参考にしたものである）．

返還においてもっとも基本的なことは，1970年に自動延長された安保条約のなかに沖縄を組みこむことであった．なお延長と継続については，我部政明が「60年安保に70年以後も何ら変更を加えず存続するということを『継続』と呼び，新たな日米の取り決めによって日米安保の存続をきめることを『延長』として区別する」としていることに，留意しておきたい．それとともに地位協定を適用し，米軍を治外法権とすることであった．返還にあたって検討協議すべき主要な課題は，基地の維持強化——このために71年に公用地法を制定——，基地は核つきか，核ぬきか，米軍の基地自由使用について，本土なみ返還の内容，事前協議問題，日米の財政的負担・思いやり予算，などであった．このなかでとくに，核問題，事前協議問題，日米の財政的負担問題（思いやり予算も含む）に関して密約があったことが後に明らかとなった．

1969年1月に大統領に選出されたニクソンは，早速，沖縄返還，在日米軍基地，安全保障条約，経済政策などを含む日米関係全般について検討するよう指示した．この返還においてアメリカは，日米関係の再構築にあたって米国の構想するアジア秩序を維持するために，日本が責任ある体制をつくり防衛責任を増強することを望んだ．5月に，対日政策と沖縄返還の戦略が決定された．それは，「1．日本をアジアにおける主要なパートナーとして現行の関係を踏襲するとともに，アジアにおける日本の役割を拡大させること．2．安保条約を継続する．3．在日米軍基地の必要不可欠な基地機能を確保しつつ，基地の構成および利用に関して段階的な変更を継続して行う．4．日本の防衛努力に関し適度な増強と質的改善を促す現在の政策を継続する」というものである．さらに注目すべき点は，朝鮮，台湾，ベトナムに関して通常兵器による最大限の自由使用が認められるようにするということと，核兵器の撤去を考慮するが，緊急時の核兵器の貯蔵と通過の権利を米国が獲得する，という条件がつけられたことである．すなわちアメリカにとってみれば，世界の軍事的支配の一環としてのアジア戦略体制に日本が協力し，それにあたって沖縄の基地が確保され

自由に使用でき，朝鮮，台湾，中国，東南アジアのみならず中東にまでも直接出撃できること，及び核兵器が貯蔵できるという条件がそろえば，施政権を返還するということである．すなわち「米軍はこれまでと同じように沖縄基地を自由使用することであり，日本政府は米軍基地への財政支援（後に『思いやり予算』とよばれる）を行い，そして自衛隊が米軍に代わり広大な米軍基地を含む沖縄全体の防衛の任務につくこと」（我部・連載11回目）を目的としていた．

　これでは，施政権が返還されても全く意味がない．それはウチナーンチュが願っていた基地撤去・反戦平和とは天と地ほどの開きがある．しかしながら日米の返還交渉は，この線に沿ってすすめられた．ヤマト政府内においては，早期沖縄返還は民族的願望であるとして，まず基地はそのままにして施政権のみを返還するという分離論に次いで核つき返還論がだされた後，69年3月に基地の「本土なみ」返還論が提起された．「本土なみ」といえば，核抜き，事前協議が適用されると認識されるだけに，あまり大きな抵抗を受けないで返還をすすめることができるのではないか，という思惑が政府与党にあった．だが建て前は「本土なみ」であったが，実質は密約によって異なったものとなった．それは，ウチナーンチュのみならず日本国民全てを欺くものであった．

　ヤマト政府内の検討をふまえて，69年6月に愛知揆一外相（当時）はワシントンを訪問し，ロジャース国務長官と沖縄返還について協議した．その後3回にわたって協議が重ねられた．いうまでもなくこれは，11月に返還協定をとり結ぶための下準備である．この協議における主たる検討事項は，核つきか否か，それとの関連で核の再持ち込み，基地の自由使用，事前協議，日本側の財政負担などの密約事項であり，また返還時期を72年とすることにした．11月に佐藤・ニクソン会談によって，返還の最終的合意に達し共同声明が発表された．そして，71年6月17日に沖縄返還協定が調印され，72年5月15日に返還されることになった．

　協定は，返還が日米共通の利益になることと，極東の同盟諸国への米国の関与を継続できることを前提としている．第1条は，日本がすべての施政権を行使するとした施政権の移転について述べ，第2条は，日米安保条約・同関連協定などの日米間で結ばれているすべての条約・協定を，返還後の沖縄に適用するということ，第3条は，沖縄にある現行の米軍基地は，安保条約・地位協定

に従って使用できることで，この場合地位協定によって継続使用ができることになる．なお，米軍の沖縄統治において建設された基地については，米軍は原状回復，補償の義務は負わないことが明記されている．第4条では，返還前までの間に生じた損害については，米政府および米人への請求権を日本政府および日本国民は放棄する，ということを定め，第5条は，司法取り決めとなっている．そして，防衛責任の移管，財政と基地の移転費用の取り決め，ボイス・オブ・アメリカ（アメリカの宣伝のための放送施設）の継続使用，米民間航空機の沖縄乗り入れ権，米企業・米人の保護などについては，第6-9条にわたって述べられている．この協定のなかで問題であるのは，第2，3，4条であることは言をまたない．また協定と同時にとりかわされた合意覚書によると，引き続き提供される基地が88，返還される基地が34，復帰後返還が12で，返還基地面積は全基地の10％余にすぎない．そのうえ，核つき疑惑，あいまいな事前協議，軍用地の強制収用，治外法権的な米兵・米人，などの問題が積み残しのままとなっている．ここに発表された協定は，アメリカにとっても日本にとっても，あまり大きな抵抗を生まないように配慮されており，重要な問題はすべて密約にまわされたのである．それだけに反戦平和・基地撤去を願ってきた復帰協を中心としたウチナーンチュにとっては，容認できるものではなかった．

　ここにおいて復帰協は71年5月に「日米共同声明路線の返還協定粉砕・完全復帰を要求する県民総決起大会」を開き，また24時間の抗議ゼネストが行われた．ゼネストには，全軍労・自治労・私鉄沖縄・軍港湾労・全逓・県労協加盟31組合・全沖労連15組合・教職員会・婦人・青年・宗教各団体・その他一般民衆など5万1,600人が参加した．さらに11月10日にも「沖縄返還協定批准反対・完全復帰を要求する11・10ゼネスト貫徹県民総決起大会」が開催され，約6万人が参加し「自衛隊反対」「一切の軍事基地撤去，安保廃棄，インドシナ侵略戦争反対」を確認した．そして，自治労・官公労・県労協・沖教組・全沖労・中小企業・農漁民ら約10万人がゼネストに突入した．

　かつて復帰を熱望し運動にとりくんだウチナーンチュが，何故このように返還粉砕を叫ぶようになったのか．これについては，与那国暹が「このように二度にわたるゼネストが空前の盛り上がりをみせたのは，日米両政府の沖縄住民

の要求を無視した共同声明路線にもとづく返還協定に,住民が敏感に反応したからにほかならない.米軍基地の態様については『本土並み』と発表しながら,復帰に際して実際に返還される基地は僅かであり,基地の現状維持と実質自由使用を条件にした返還では,統治主体が変わるだけで『基地のない返還』をめざす沖縄の民衆にとって,とうてい受け入れがたいものであった」[17)]と指摘している.こうした状況だけに,自立・共和国・独立の各論は,ある程度の説得力をもつものとなったが,ウチナーをとりまく外的条件やその特質によって,それがウチナーンチュの共通認識となり,その方向への取り組みが現実化することにはならなかった.

このようなウチナーにおける抗議運動にもかかわらず,返還にともなう作業は,日米両政府によって着々とすすめられていった.それには,ウチナーンチュが何ら参加することがなかっただけに,空しい思いをしたかもしれない.しかしこの抗議運動は,日米両政府に少なからず衝撃を与えたのみならず,運動に直接にかかわらなかったウチナーンチュや積極的な関心をもたなかったヤマトンチュに,沖縄返還・沖縄問題を意識化させた,といってよい.だがいずれにしても,ウチナーはまたもやヤマトによって裏切られたのである.その裏切りは,さらにアメリカとの密約によって増幅されたのである.

密約については,すでに愛知外相とアメリカ側との交渉のなかで秘密事項として検討されていた.密約は,核つきないし再持ち込みと事前協議及び日本側の財政負担に関するものである.これらは疑惑をもたれつつ否定されてきたが,核問題については,佐藤首相の密使として内々アメリカと折衝してきた若泉敬が,94年に出版した『他策ナカリシヲ信ゼント欲ス』(文藝春秋)のなかで密約の存在を明らかにした.これはまた,米政府の記録からも裏付けされた.それは,核兵器は一応撤去し核抜き返還とするが,必要に応じて核の再持ち込み・貯蔵と核兵器の通過を認める,というものである.これは,69年の佐藤・ニクソン会談の時の合意議事録に残されている.それによれば「72年の沖縄返還後,重大な緊急事態の際には,米国は再び沖縄に核兵器を持ち込む.このことについての事前協議に対して,日本政府は遅滞なくその必要を満たす」ということになっている.いうなれば,核抜きというのは有名無実ということになる.

事前協議は，60年改定安保条約と交換公文において，米軍が日本防衛のため以外に基地を使用する際の条件として義務づけられたものである．だがこの事前協議は空洞化し形骸化している．とくに沖縄の基地に関してはその傾向が強い．事前協議事項のなかでとくに密約となっているのは，核兵器再持ち込み・貯蔵と通過及び，朝鮮・台湾・ベトナムなどへの出撃——最近においては東南アジアを含む太平洋地域及び中東まで——と基地の自由使用である．だが実際にこのこと全てにわたって1つ1つ事前協議がなされてはいない．また事前協議がなされた場合でも，日本側が「ノー」ということはほとんどありえないといわれている．

いま1つの密約事項は，2件にわたる日本側の財政負担の問題である．1つは，返還土地の原状回復補償費400万ドルを日本政府が肩代わりする．さらに日本政府が物品・役務で負担する基地施設改善移転費6,500万ドルを秘密枠として設けるというものである．これらを含めて当時表にでなかった裏負担額は，2億ドル近くであった．いま1つは，先に述べた思いやり予算である．ウチナーンチュが望まない危険に満ち被害をおよぼす基地を維持するために，何故にこれほど多額の費用を負担しなければならないのか．しかも財政負担だけでなく，核持ち込みといい，事前協議の空洞化といい，それらは，ウチナーンチュやヤマトンチュに不幸をもたらす要因になりかねないものである．それだけにこれらは密約にされたのであろう．それでは次節において，これまでみてきた政治的な経緯と並行して展開していく施政権返還後のウチナーの社会経済の変動についてみていくことにしよう．

2. 沖縄振興開発計画と社会経済変動

返還後のヤマト国家権力の沖縄政策は，アメリカの世界戦略のための根拠地としての軍事基地を維持強化するために貢献し，それを支える日本の軍事的措置を講じ，さらにこれを安定的に確保するためにウチナーの社会・経済を編成し，ヤマトの政治・行政・経済のなかに組みこむものであった．政治の面においては保守化と政党の系列化に努め，行政は，中央集権的官僚機構のなかで中央官庁－県－市町村という上下関係を確立し，ヤマト行政制度・秩序の徹底化

をはかり，さらに補助金制度によってウチナーをからめとった．これによって，ウチナーにおける〈地域〉の連合としての「国」の形成は，はなはだしく困難となったが，〈地域〉が健在なかぎり，「国」の形成のチャンスが失われたわけではない．

基地経済のなかのウチナー

それでは，返還以降のウチナーの社会経済変動をとらえるにあたって，まず基地経済といわれる事態について述べておくことにする．返還頃までウチナー経済は，基地に対する依存度がある程度高かった．表4-1をみるとわかるように，施政権返還の72年には，軍関係受取りが県民総所得のなかで15.6％を占め，財政依存度より8％少ないが観光収入の2倍弱であった．だが翌年の73年には，軍関係受取りは11％に下がり，これに対して財政依存度は27.1％へと増加し，この後一貫して軍関係受取りの減少と財政依存度の増大傾向がみられるようになり，また観光収入も77年以降軍関係受取りを上回るようになった．来間泰男は，これを沖縄県の対外受取りのなかでとらえている．「県民所得統計による『対外受取り』の構成変化をみる．復帰前の1970年の場合，軍関係受取りが37％を占め，財政への移転は27％であった．これが74年には早くも大きく変化する．すなわち，軍関係受取りは15％に縮小し，財政への移転は59％に膨らんだ．『基地経済』から『財政依存経済』への移行である」[18]．このように対外受取りのなかでみるならば，それは明らかに施政権返還以前は基地経済にかなり依存していたといってよいであろう．

基地の存在による経済効果は，建設業界のみならず，運輸・通信・電力業界にも及ぶ．さらに商業関連業界においては，基地内で商品販売を行う特免業者，承諾輸出物品販売業者にも波及することになる．もちろん街のなかにも米兵相手の商店や特飲街（バーやキャバレーなどの特殊飲食店が集中している街）がひしめくようになった．かくして基地関連の経済は，ウチナーのなかで一定のウエイトをもつことになる．この他に一部住民にとって大きなアメとなったものは，軍用地地主に支払われる軍用地料と軍雇用である．軍用地料は，基地面積が1997年に72年にくらべて15.3％も減少しているにもかかわらず，米軍基地だけで72年の123億1,500万円の約5倍余の630億4,300万円に及んでいる．

表4-1 県民所得・軍関係受取り・観光収入の推移

	1972	1975	1980	1985	1990	1995	1999
実額（億円）							
県民総所得（名目）	5,013	10,028	15,647	22,512	29,700	34,089	36,383
軍関係受取り	780	1,020	1,124	1,474	1,467	1,670	1,831
軍人・軍属消費支出	414	389	525	708	525	477	514
軍雇用者所得	240	362	278	350	453	523	523
軍用地料	126	269	322	415	489	670	794
観光収入	409	1,277	1,803	2,271	3,249	3,648	4,747
構成比（％）							
軍関係受取り	15.6	10.2	7.2	6.5	4.9	4.9	5.0
観光収入	8.2	12.7	11.5	10.1	10.9	10.7	13.0
財政依存度（％）	23.5	33.6	37.8	34.8	29.3	33.3	33.1
財政最終消費支出	14.9	17.7	19.1	17.1	16.8	17.7	18.3
財政固定資本形成	8.6	15.9	18.7	17.7	12.5	15.5	14.8

注：沖縄県総務部知事公室基地対策室『沖縄の米軍及び自衛隊基地』（統計資料集）45頁，2002年4月，及び内閣府沖縄総合事務局『沖縄県経済の概況』14頁，2002年6月，より作成．

　99年には米軍と自衛隊の基地をあわせると794億円となる．米軍・自衛隊双方の軍用地料所得階層で見ると，100万円未満が56％と多いが400万円以上が11％もいる．なかには1億円を超えるものもいるということである．米軍用地を契約している地主は1997年現在で2万9,564人，契約拒否地主が一坪地主をふくめて約3,000人となっている．もともと反戦地主といわれた人々は約3,000人いたが，ヤマト国家権力による脅かし・なだめと高額の軍用地料をちらつかせることにより多くが契約に応じるようになり，2003年現在一坪地主以外の反戦地主といわれる人は僅か80人程度にまで減ってしまった（3章参照）．一度軍用地料を手にすると，とくに高額の軍用地料が懐に入るようになると，基地の継続使用すら願うようになってしまうのである．

　これとともに軍雇用の問題を考えておかなければならない．第2次世界大戦以前ウチナーは，低い農業生産力段階にあり一般民衆は貧しい生活のなかにあった．しかも戦争によって島内は戦場化し荒廃したまま，米軍の占領支配下におかれてきた．そこでは当然のことながら軍事が全てに優先し，住民の生産・生活にはほとんど配慮が払われなかった．この段階において，基地経済がウチナーンチュの生活をある程度支えたのである．とくに就業の場としては，軍雇用が大きな魅力となった．さらに施政権返還以後における沖縄振興開発によっ

て多額の公共投資がなされたにもかかわらず，いまだに多くの労働力を吸収できる労働市場を形成することはできず，依然として軍雇用に対する希望が多い．雇用者数をみると，1972年には1万8,118人であったものが年々減り続け，1998年には8,443人となった．だが所得は72年の240億円から99年には523億円に増えた．これを1人あたり平均年収になおすと約600万円余となる．ウチナーの現状からすればかなりの高所得となる．そのうえ，軍雇用者にはさまざまな余得の機会があるとのことである．

このように基地施設が存在することにより，建設関連業界が工事発注を受け，さまざまな商工業・サービス業が展開した．また地主も基地労務者もある程度の収入を手にし生活を支えていくことができる．さらに市町村は一定の財源を確保することができる．かくして施政権返還以前までは，これら基地関連収入によってウチナーの経済が支えられてきた．

以上に述べたことを，筆者の調査結果から具体的に紹介しておく．それは，すでに言及したキャンプ・シュワブが所在する辺野古の例である．キャンプ・シュワブの1期工事は，1957年に総工費2億4,000万円で施行されることになり，ヤマト資本が落札した．これに下請けとして地元の中小企業も参加するとともに，建設労務者の雇用は地元優先という線ですすめられた．工事がはじまると全島から労働者がおし寄せ，工事関係の需要をあてこんだ商人たちが集まってきた．流入人口が増えるにしたがって間借りや賃貸住宅の需要が多くなり，農林業よりも高収入が得られるということから，辺野古では部屋を間仕切りしたり，屋敷内の庭・畑に貸家を建てるようになった．またこれとともに，軍用地契約後に仮出張所を置いたヤマトの銀行が本建築を行って営業し，商店・食堂・料亭・小料理屋・バー飲み屋などが次々と開業するようになった．2期工事は1958年に開始されたが，それはこれまでウチナー各地で施行されてきた工事のなかでも最大規模のもので，総工費約10億円であった．これもヤマト資本が落札し地元中小企業が下請けとして参入した．基地は1959年に完成するにつれて，建設工事に従事していた労務者たちのなかに，通称軍作業と呼ばれる基地のPX（売店）やクラブ，メスホール（食堂）で働く人がでてきた．これらの米軍関係の仕事は地方公務員や民間企業よりも高収入が得られることもあって，就労を求める人々が多くなった．かくして人々は，大地や海などの自

然に働きかけて貧しくともつつましい生活を営んでいた状態から，基地建設労務や軍作業，商業サービス業や貸家業に従事することを求めるようになり，それに応じて生活や社会関係が変わっていくようになった．このような状況に対して辺野古区（ここで区というのは，行政上の名称）としては，集落の後方にある丘陵地の都市計画事業に着手することにした．

　以上みたように，基地が建設されるに及んでこれまで低生産力の農漁業しかなかった寒村が，建設労働や貸家業あるいは軍作業で金が入り，あっというまに地域社会としての区のなかに都市的な集落がつくられ，商店や飲み屋が立ち並ぶということになってしまったのである．そのことは，これまでの「シマ」すなわち〈地域〉の自然環境と社会・生活環境を大きく変えることを意味する．またこれとともに，基地による危険・被害・環境汚染が生じることになる．住民たちを育み，自由に出入りしてきた自然の一部が破壊され利用が制限されるようになってしまった．地域社会は，基地と旧住民が集住する地区と新住民や歓楽街のある地区に三分されることになった．行政的には1つの区としての運営は行われねばならなかったが，旧住民たちと新住民との間は疎遠であり，これまでの「シマ」の祭祀や年中行事・慣行については新住民は無関心であり，それは旧住民たちのみによって執り行われた．しかし，このような変動が旧住民の結合を強めたのかもしれない．

　旧住民にとってみれば，祖霊が鎮座する自分たちの居住地・農地・山林原野・海＝「シマ」こそが，それぞれの存立の証であり基盤である．それが彼らの私的生活領域としての〈地域〉なのである．だがその一部は失われてしまい，私的生活の領域は小さくなった．そのことは，彼らの心にある重荷を与えていると思われる．それだけに旧住民にとってみれば，基地や新住宅地や歓楽街はどこかよそよそしい異界なのであろう．しかしながら，施政権返還後のヤマト化と公的システムの強権的浸透及び資本主義経済のなかへのとりこみ過程において，ヤマト国家権力が用意した利権に釣られて「シマ」のなかに亀裂が生じるようになってきた．それが後述する普天間基地の移設問題にからんで現れたのである．このように基地の建設は，住民の居住地・生産手段としての大地・海・河川を奪い，生活に大きな変動と問題をひき起こすだけでなく，彼らの人間としての存立基盤である〈地域〉の紐帯に分裂をひき起こすものであること

を認識しておかなければならない．

　返還の段階においてウチナーは，基地経済が一定のウエイトをもちつづけ，経済の近代化が立ち後れ，住民たちの生産・生活基盤が未整備のまま放置されていた．こうしたなかで，ヤマト国家権力が返還後もウチナーにおける米軍基地を継続的に維持していくには，ウチナーンチュのヤマト不信と抵抗を和らげなければならなかった．そのためには，さまざまな恩恵・利権を提供する必要がある．1つには，著しく立ち後れている社会資本——社会経済的基盤——の整備をはかることが求められ，いま1つには，前近代的構造をもち基地に依存している経済を転換し，生産額をアップし県民所得を増大させる必要があった．このために沖縄振興開発計画が策定されたのである．

　施政権返還後における沖縄振興開発計画の進展にともなって，ヤマト政府による膨大な公共財政投資が行われた．これによってさまざまな公共事業が施行され，新しい産業の展開や商業・サービス業の拡大ならびに消費生活の変容がみられ，ウチナーの経済構造が変動していくことになった．経済の基地依存はあまり大きなウエイトを占めなくなった．たとえば，1990年以降の軍関係受取りは県民総所得の5％を占めるのみとなってしまった．これに対して財政依存度は80年に県民総所得の37.8％をピークとして30％台を占め，また観光収入も75年に12.7％と軍関係受取りを上回るようになった．それだけに，ウチナー全体では基地経済に依存するという状態ではなくなったといってよい．

　しかし，この軍関係受取りの実額をみるならば，それはかなりの額であり，年々増えている．大幅に引き上げられた軍用地料や年金収入，公共事業にともなう土地買収による収入など，働かなくとも金が入ってくるという「補償あるいは扶養社会」化現象も生じてきた[19]．また，軍事基地建設工事はほとんどなくなり基地建設労務も縮小されたが，それでもまだ高収入の軍雇用があり，基地の建設・整備による建設関連の収入がある．もし基地が撤去されたならば，これらの収入はなくなってしまう．それだけに，軍関係の建設業者・商業・サービス業者及び軍雇用者や軍用地地主のなかには基地撤去反対を唱える者たちが少なくない．彼らにとってみれば，この基地収入は，生活のかなりの部分を占めており大きいといえるが，基地の存在によって基本的にはウチナーの経済発展が阻害され，また危険な事故・被害・自然と生活環境の破壊が多発してお

り，またウチナーの自立を内部から阻害することになりかねない．それを考えれば，こうした主張はウチナーの真の経済的自立のためには誤りといえよう．

以上のことから，施政権返還後のウチナーの経済を，「基地依存型」から「公共財政投資依存型」と呼ぶようになった．しかしこれをよく考えてみれば，いずれにしても一貫して「外部に依存」しつづけているということになる．このことは，一方では「依存」しなければやっていけないウチナーの経済構造と，他方には「依存」せざるをえない状況をつくりだすことにより権力的支配を達成しようとする公的システム，が存在することにもとづくものである．

沖縄振興開発計画と財政依存経済

施政権返還後ウチナーは，新しいスタート・ラインに立たされることになった．72年に制定された沖縄振興開発特別措置にもとづく沖縄振興開発計画（略して沖振計とする）は，これ以降3次にわたって実施された（それぞれ10カ年計画）．またそれを直接に所管担当する機関として沖縄開発庁が設けられた．この計画のなかで示された振興開発の目的とするところは，1つは「本土との格差の是正」であり，いま1つは「自立的発展の基礎条件の整備」ということであった．それではその目的は達せられたであろうか．それを検討するために，沖振計の決算書を作成してみよう．まず表4-2で沖振計の概要をみることにする．計画の目標として1次から3次まで共通しているのは（多少の表現の違いがあるが），「格差の是正と自立的発展の基礎条件の整備及び平和で明るい沖縄県を実現する」というところである．ただし3次には，「広くわが国の経済社会及び文化の発展に寄与する特色ある地域」となっているところが異なる．また開発の基本方向の内容はほぼ同じであるが，その順位が異なることに注目したい．すなわち，1次振計においては，格差是正がかなり意識されており経済的自立は5番目に挙げられている．だが2次振計になると，格差是正を打ち出してはいるが経済振興がトップにおかれるようになった．そして3次振計では，引き続き格差是正を唱えつつも自立化を目指した産業振興を1番目においている．とくに第3次振計における開発の基本方向のなかで2項と3項に注目したい．2項は，高度に発展したヤマト資本主義がその内部的な矛盾解決のためのアジア進出の拠点として，ウチナーを位置づけようとしているということ

表 4-2　沖縄振興開発計画の概要

第1次計画　策定年次 1972年12月　計画期間 1972-1981年
　計画の目標　沖縄の各方面にわたる本土との格差を早急に是正し，全域にわたって国民的標準を確保するとともに，そのすぐれた地域的特性を生かすことによって，自立的発展の基礎条件を整備し，平和で明るい豊かな沖縄県を実現することを目標とする．
　開発の基本方向　1. 社会資本の整備　2. 社会福祉の充実および保健医療の確保　3. 自然環境の保全および伝統文化の保護育成　4. 豊かな人間性の形成と県民能力の開発　5. 産業の振興開発　6. 国際交流の場の形成

	基礎年次 72年	目標年次 81年		基礎年次 72年	目標年次 81年
就業人口	39 万人	46 万人	県内生産	3,100 億円	1 兆円
第1次産業	25 (％)	13 (％)	第1次産業	8 (％)	5 (％)
第2次産業	18	28	第2次産業	18	30
第3次産業	57	59	第3次産業	74	65
			県民所得	33 万円	99 万円

第2次計画　策定年次 1982年5月　計画期間 1982-1991年
　計画の目標　沖縄の特性を積極的に生かしつつ，引き続き各面にわたる本土との格差の是正を図り，自立的発展の基礎条件を整備し，新しい生活像を目指して，平和で明るい活力ある沖縄県を実現することを目標とする．
　開発の基本方向　1. 特色ある産業の振興開発と基礎整備　2. 豊かな人間性の形成と多様な人材の育成および文化の振興　3. 住みよい生活環境の確保と福祉・医療の充実　4. 均衡のとれた地域社会の形成と活力ある島しょ特性の発揮　5. 地域特性を生かした国際交流の形成

	基礎年次 82年	目標年次 91年		基礎年次 82年	目標年次 91年
就業人口	43 万人	51 万人	県内生産	1兆2,800億円	2兆4,000億円
第1次産業	14 (％)	12 (％)	第1次産業	6 (％)	6 (％)
第2次産業	22	23	第2次産業	22	24
第3次産業	64	65	第3次産業	75	73
			県民所得	116 万円	200 万円

第3次計画　策定年次 1992年　計画期間 1992-2001年
　計画の目標　沖縄の特性を積極的に生かしつつ，引き続き各面にわたる本土との格差を是正し，自立的発展の基礎条件を整備するとともに，広くわが国の経済社会及び文化の発展に寄与する特色ある地域とし整備を図り，世界に開かれた個性豊かで文化の薫り高い地域社会の形成を目指して，平和で活力に満ち潤いのある沖縄県を実現することを目標とする．
　開発の基本方向　1. 自立化を目指した特色ある産業の振興　2. 地域特性をいかした南の交流点の形成　3. 経済社会の進展に対応した社会資本の整備　4. 明日を担う多様な人材の育成と学術・文化の振興　5. 良好で住みよい環境の確保と福祉・医療の充実　6. 都市地域の整備と農山漁村，離島・過疎地域の整備

	基礎年次 92年	目標年次 2001年		基礎年次 92年	目標年次 2001年
就業人口	54 万人	63 万人	県内生産	2兆8,000億円	4兆9,000億円
第1次産業	11 (％)	8 (％)	第1次産業	3 (％)	3 (％)
第2次産業	20	20	第2次産業	21	22
第3次産業	69	72	第3次産業	76	75
			県民所得	200 万円	310 万円

注：この表は，蓮見音彦「沖縄振興開発の展開と問題」山本英治・高橋明善・蓮見音彦編『沖縄の都市と農村』11頁，東京大学出版会，1995年，より作成．

ではないだろうか．3項は，正しくヤマト全体の社会経済構造のなかに，ウチナーをスッポリと取り込んでしまう，という発想に他ならない．

　この計画を実施するにあたっての沖縄関係経費を示した表4-3によれば，その総額は1次振計で2兆5,842億円，2次振計で3兆5,493億円，3次振計で5兆29億円と年々増え，合計で11兆1,364億円という巨額にのぼっている．とくに沖縄開発庁関係と防衛施設庁関係の増額が目立ち，沖縄開発庁関係だけをとりあげても，その総額は6兆8,805億円に及び，総合計の6割以上も占めている．だがこれらに対して農林水産省関係とその他の減額は著しい．

　さらに表4-4の沖縄振興開発事業費の内訳をみると，1972-2002年（02年は当初予算）までの累計額は7兆390億円に及び，そのうち公共事業に92.3％の6兆4,975億円が投入されている．しかもそのうち，道路，港湾・空港の事業費が5割強となっている．そのなかには生活環境条件の整備もあるであろうが，それはむしろ交通輸送体系の整備を通じて，ヤマト資本のウチナーにおける活動を容易にするためのものではないだろうか．このような巨額の投入によって，ウチナー経済は基地依存経済から財政依存経済へと変質していくことになったのである．そのことはまた，ウチナーの自立的発展が絵に描いた餅になってしまうことを意味するものである．

　このことについて，具体的に検討をすすめていくことにする．まず，産業別県内総生産の動向と全国の構成比を表4-5でみておこう．返還の1972年段階で，第3次産業が66.6％に及び，第2次産業はその半分にも満たない28.7％にすぎない．全国と比べても，とくに第2次産業の比率が約15％低く，また第3次産業が12％高くなっている．基幹生産力が脆弱であるというこのような傾向は，施政権返還以降ますます強まってきており，ヤマトとの格差は，第2次産業においては80年代まで，第3次産業においては94年まで拡大しつづけ，99年においてもこの格差は埋まらず，第1次産業と第3次産業の構成比が全国のそれよりも高く，これに対して第2次産業が低い，という状態がみられる．

　これを沖振計の各目標年次における設定数値と比べてみよう．まず第1次産業は，第1次計画の目標年次81年では5％となっているが，前年の80年が5.2％でほぼこれに近い．だが第2次計画の目標年次の91年には6％が予想されたが，前年の90年では3.2％，また第3次計画の目標年次の2001年で3％

表4-3　沖縄関係経費の推移（当初予算ベース）

(単位：億円)

	72-81年	82-91年	92-01年	総　計
沖縄開発庁	14,170	22,878	31,757	
防衛施設庁	5,658	11,214	16,264	
農林水産省	1,326	476	650	
その他省庁	4,688	925	1,358	
合　計	25,842	35,493	50,029	111,364

注：内閣府沖縄総合事務局『沖縄県経済の概況』各年次版，より作成．

表4-4　沖縄振興開発事業費（72-02年度の累計額）の内訳

(単位：億円)

沖縄振興開発事業費	7兆0,390	
公共事業費	6兆4,975	(92.3%)
道　路	2兆5,099	(35.7%)
港湾・空港	8,704	(12.4%)
住宅都市環境	2,868	(4.1%)
下水道水道廃棄物等	1兆2,677	(18.0%)
農業農村整備	8,181	(11.6%)
森林水産基盤	2,972	(4.2%)
治山・治水	4,228	(6.0%)
調整費	245	(0.3%)
非公共事業費	5,415	(7.7%)
教育・文化振興	4,166	(5.9%)
保険衛生等	345	(0.5%)
農業振興	904	(1.3%)

注：内閣府沖縄総合事務局『沖縄県経済の概況』72頁，平成14年度版，より作成．

表4-5　産業別総生産の推移

(単位：億円)

年	第1次産業			第2次産業			第3次産業		
	実数	構成比	全国構成比	実数	構成比	全国構成比	実数	構成比	全国構成比
1972	335	7.2	5.4	1,346	28.7	43.6	3,117	66.6	54.9
75	583	6.3	5.5	2,147	23.3	40.4	6,651	72.2	58.2
80	773	5.2	3.7	3,224	21.6	39.2	11,158	74.9	60.8
85	938	4.3	3.2	4,986	22.8	37.8	16,375	75.0	63.2
90	898	3.2	2.5	6,161	21.6	38.5	22,176	77.9	64.0
95	788	2.4	1.9	6,725	20.6	35.3	26,236	80.3	67.2
99	786	2.3	1.5	6,029	17.6	29.3	28,751	83.7	73.4

注：沖縄開発庁『沖縄の振興開発』59頁，2000年，内閣府沖縄総合事務局『沖縄県経済の概況』16頁，平成14年度版，より作成．

を設定したが，前々年の99年には2.3％にすぎなかった．次いで第2次産業をみると，第1次計画の目標年次で30％の予想が80年で21.6％にすぎなかったことから，第2次計画の目標年次で24％とかなり下回る設定を行ったが90年で21.6％，第3次計画の目標年次で22％の設定が99年で17.6％と，実績は落ち込む一方である．これらに対して第3次産業は，3次までの目標年次においていずれもその設定数値を上回っている．第1次計画の設定数値の65％に対して80年で74.9％，第2次計画の設定数値73％に対して90年で77.9％，第3次計画の設定数値75％に対して83.7％となっている．この第3次産業の成長は，観光産業の発展が関与しているものと思われる．

　要約していうならば，1次振計から3次振計までのそれぞれの最終年において，1次産業，2次産業のいずれもが目標値を下回り，3次産業のみがかなり高くなっている．これを全国と比べてみると，1次産業，3次産業はいずれの年次においても高く，逆に2次産業はかなり低くなっている．しかも2次産業では，総じてこれまで製造業よりも建設業のウエイトが高い状態で経過してきた．このように2次産業の生産が目標値に達せず，また建設業のウエイトが大きいということは，それはとりもなおさずウチナー経済の中核的基盤が形成されず，相変わらず脆弱な経済構造のままの状態にある，ということを示すものである．しかも3次産業のみがいたずらに肥大化する現象がみられる．ということは，経済の自立的発展の基礎条件の整備が不充分であるということに他ならない．こうしてみると沖振計は，ウチナーの基幹産業振興にはほとんど効果がなかった，ということになる．

　かかる経済構造は，琉球処分以降のヤマトの経済政策によって生み出されてきたものであって，ヤマト資本主義国家は，ウチナー経済の資本主義化をはかることなく，もっぱら収奪を旨としてきたといってよい．すなわち，琉球処分以降のヤマトのなかへの組みこみ過程において，ヤマトからの大資本の進出はなかったし，また地元においても大資本の形成はみられなかった．ただ，前近代的な弱小中小企業や零細な自営商工業・農業が展開していたにすぎず，人々は自給自足的な性格を残す低生産力構造のなかで生活を営んでいた．このような状態は，戦後の米軍の占領支配下においても改善されることなく存続した．さらに返還の72年から現在に至る間，産業構造に多少の進展があったとして

も，その基本的性格は依然として残存しつづけている．そのことは，2次産業の生産額の構成比が年々減少してきていること，及び産業別事業所のうちいわゆる近代的な重化学産業が占める割合がわずか22.2％であり，しかも従業員100人以上の事業所が2.4％にすぎないことからも明らかである．沖振計は，かかる構造を結果としてほとんど改善しなかったのである．

　当然のことながら就業構造もこれに対応したものになる．表4-6に示すように，72年段階ですでに第3次産業に就業する者は60％をこえている．これに比べて第2次産業に就業する者は，第1次産業就業者よりわずか3％弱多いにすぎない．これも沖振計と比べてみよう．第1次産業就業者は，第1次計画の目標年次には13％を予定していたが，80年では13.9％とこれにほぼ近い．だが第2次計画の目標年次の12％の設定に対して，90年では10.8％，第3次計画の目標年次2001年の設定が8％であるのに対して，同年では6.2％と，いずれも下回っている．また第2次産業就業者は，第1次計画の目標年次の時には28％を予定したが，80年で22.3％，第2次計画の目標年次では23％となっているが，90年で19.9％，第3次計画の目標年次においては20％という設定であったが，2001年で19.2％にすぎず，いずれの段階においても目標を達成することはできなかった．これに対して第3次産業就業者が年々増加の一途を辿っている．第1次計画の目標年次で59％の設定であったが，実質は80年で63.8％，第2次計画の目標年次で65％が90年では69.0％，第3次計画の目標年次が72％の設定に対して2001年には74.0％も占めるに至っている．このように，施政権返還後，経済の自立が唱えられ振興開発がすすめられたにもかかわらず，依然として第2次産業はあまり発展せずその労働市場は狭隘であり，いたずらに第3次産業就業者のみが増大するという傾向がみられる．そのことはとりもなおさず，依然としてウチナー経済が脆弱なままにおかれていることを示すもの，といってよいであろう．

　ここで注目しておきたいのは失業者である．表4-6で表したのは完全失業者の数字である．失業者は70年頃までは1％程度であったが，72年には3％と増加し74年以降おおむね4％から5％台で推移してきた（ただし76-78年は6％台）．だが95年から約6％となり99年には8％を超え，2001年には8.4％にも及んだ．もちろんこれは産業構造の脆弱さの反映，及び労働力人口が多く

表4-6 産業別就業者数の推移

(実数単位:千人)

年	労働力人口 実数	第1次産業 実数	第1次産業 比率	第2次産業 実数	第2次産業 比率	第3次産業 実数	第3次産業 比率	失業者 実数	失業者 比率
1972	375	66	18.1(%)	76	20.9(%)	222	61.0(%)	11	2.9(%)
75	395	61	16.2	78	20.7	235	62.5	21	5.3
80	453	60	13.9	96	22.3	275	63.8	25	5.5
85	502	57	11.9	97	20.3	322	67.5	25	5.0
90	561	58	10.8	107	19.9	372	69.0	22	3.9
95	571	41	7.6	105	19.5	390	72.5	33	5.8
99	616	40	7.1	109	19.3	416	73.6	51	8.3
2001	630	36	6.2	111	19.2	427	74.0	53	8.4

注:内閣府沖縄総合事務局『沖縄県経済の概況』2-3頁,平成14年度版,より作成.

なったこともあって(72年で37万5,000人,85年で50万2,000人,95年で57万1,000人,2001年には63万人である),それだけ労働市場が狭くなったということである.この動向については,返還後15-50歳の労働力人口がUターンしてきたこと,経済構造の変動によって第1次産業就業者が離脱したこと,また第2次・3次産業の合理化・省力化がすすんだこと,などが挙げられている.しかしながら2001年の失業者のうち,15-29歳までの若年層が49%も占めている[20].だが若い人々の働く場が少ないということであれば,あらためて若年層がウチナーを去るということになりかねない.それは当然ウチナーの活性化に影響を与えることになってしまう.ただこの失業問題をヤマトやその他先進国と同様にとらえてよいかどうかは,問題がある.

すなわち,この高率の失業にもかかわらず,ウチナーンチュは割合に平然としているといわれる.何故であろうか.それは失業者のなかに,とくに安定的な恒常就業にこだわらず,一定期間だけ働きその後生まれ故郷に帰り,しばらくしてまた就業するということを繰り返す人々の存在[21],また来間泰男が指摘する過少就業者(週に1-14時間ないし15-34時間のみ就業する人々)[22],さらにはこれらとも重なるが,故郷から那覇市などの都市に出てきてインフォーマル・セクターで働く人々がいる.彼らにしてみれば,ある程度食べていくことができればよいと考えているのではないだろうか.

産業・就業構造がかかるものだけに,ウチナーンチュの所得は,国民所得に比べて低水準にとどまらざるをえなかった.表4-7でウチナーンチュの所得

をみると，72年には44万円であり，国民所得との格差は59.5％にもおよんでいた．その後県民所得は上昇し，99年には217.3万円となり国民所得との格差はある程度埋まったとはいえ，それでも約72％にすぎない．これをまた沖振計と比較してみよう．第1次計画の目標年次では99万円となっているが，実質では80年で約120万円とかなり上回り，第2次計画の目標年次で200万円としての設定に対して90年でほぼこれに近い198.4万円であった．しかしその後の県民所得の伸びは鈍化し，第3次計画の目標年次での310万円に対して99年では217.3万円にすぎない．これは，90年ころまでは巨額の財政投資によって，これまで貧弱であった社会資本の建設・整備事業が活発にすすめられたことにともなって経済が好況状態となり，県民所得も上昇したが，90年以降の日本経済の慢性的不況の影響をもろに受け，県民所得がほとんど増加しなかったことによる．換言すれば，ヤマト経済のなかにますます強く組みこまれたウチナー経済は，経済発展の基盤が確立されていないだけに，ヤマト資本主義経済の矛盾が直接的にふりかかってくる，ということがいえる．

　こうした格差は所得の面だけに現れているわけではない．そのことは表4-8の公共施設整備状況をみれば明らかである（項目によっては，年度のばらつきがある）．道路は，73年で一般道路改良率をのぞいてすべて全国の50％以下．1住宅当たり床面積が70％，上水道普及率は全国を上回っているものの下水道は90％，ごみ焼却処理率が44％，72年の小中学校校舎整備率は78％弱，高校校舎整備率が71％，医療施設（10万人当たり一般病床数）が72年で30％となっている．これらが返還後どのように整備されたかをみると，1998年以降で一般道路改良率，上水道普及率，高校校舎整備率，10万人当たり一般病床数が全国を上回っており，また他の事項においても格差は縮まってきている．とはいえ，まだ格差のなかにおかれているという現実を，無視することはできない．

　それを明らかにするために，ここでいま少しウチナーの主な現況を表4-9でとらえておこう．これをみると，人口密度，人口増加率，出生率，死亡率は，全国のなかでも高い率を占めている．それは，他の都道府県よりも，多く産んで多く死ぬということから高率となっているのであろう．だが他方，周知のように平均寿命が男は全国4位，女は1位である．それにしても医師数が少ない．

表4-7 1人当たり県民・国民所得及び所得格差の推移

(単位:万円)

年	県民所得	国民所得	所得格差
1972	44.0	74.0	59.5
75	82.6	112.1	73.7
80	119.9	172.8	69.4
85	160.1	215.2	74.4
90	198.4	279.8	70.9
95	213.6	303.7	70.3
99	217.3	302.3	71.9

注:内閣府沖縄総合事務局『沖縄県経済の概況』15頁,平成14年度版,より作成.

表4-8 公共施設等の整備状況

事項	復帰時			最近		
	沖縄	全国	格差	沖縄	全国	格差
人口当たり道路延長(m/千人)	1973年			1998年		
	4,532	9,769	46.4	5,737	9,142	62.7
自動車1台当たり道路延長(m)	22.8	61.4	37.1	9.7	16.4	59.5
一般道路改良率	30.0	24.4	123.0	62.8	53.1	118.3
1住宅当たり床面積	1973年			1998年		
	53.7	77.1	69.6	76.8	93.45	82.2
上水道普及率(%)	1973年			1999年		
	89.2	84.3	105.8	99.9	96.3	103.8
下水道普及率(%)	1973年			1999年		
	16.5	18.5	89.2	54.0	58.0	93.1
ごみ焼却処理率(%)	1973年			1997年		
	25.2	56.9	44.3	66.1	76.9	86.0
小中学校校舎整備率(%)	1972年			1999年		
	73.6	94.9	77.6	86.1	90.3	95.3
高等学校校舎整備率(%)	55.3	78.0	70.9	82.5	72.5	113.8
10万人当たり一般病床数	1972年			1998年		
	179.2	607.3	29.5	1,064.6	996.8	106.8

注:沖縄開発庁『沖縄の振興開発』2000年,より作成.

　経済面をみると,就業率及び第2次産業就業構造はともに全国最下位の47位,これに対して第3次産業就業構造は2位となっている.しかし商品販売額は,全国のなかで39位にすぎず,依然として歪んだ状況のなかにある.それだけに,県民所得も最下位であり,現金給与総額も41位と低い.このことは,当然のことながら家計収入,消費支出も全国最下位になるということに結びつき,また持ち家比率,延べ床面積も順位が低い.これらの他で順位が低いのは,大学・短大等進学率である.このような経済構造であることからして,その財政

表4-9 沖縄県の概要

事 項	沖縄県	全国平均	全国のなかの順位
人口密度(人)	580.4	340.4	9
人口増加率(%)	35.16	10.80	2
生産年齢人口比率(%)	65.38	67.93	22
世帯人員(1世帯当たり)(人)	2.83	2.63	22
出生率(人口千人当たり)(人)	12.8	9.5	1
死亡率(人口千人当たり)(人)	6.1	7.7	3
被生活保護者数(人口千人当たり)(人)	13.8	8.7	42
病床数(人口10万人当たり)(床)	1,505.4	1,301.0	19
医師数(人口10万人当たり)(人)	168.7	187.3	31
就業率(15歳以上人口当たり)(%)	53.20	58.19	47
第1次産業就業構造(%)	6.15	5.04	29
第2次産業就業構造(%)	18.76	29.49	47
第3次産業就業構造(%)	74.22	64.28	2
現金給与総額(常用労働者1人当たり)(円)	327,432	398,069	41
県内総生産(人口1人当たり)(千円)	2,618	3,898	46
県民所得(人口1人当たり)(千円)	2,170	3,079	47
商品販売額(万円)	2,675,137	639,285,131	39
家計収入(1世帯当たり年間)(千円)	5,298	7,590	47
消費支出(1世帯当たり1カ月)(円)	252,658	335,114	47
持ち家比率(%)	54.3	61.1	45
延べ床面積(世帯員1人当たり)(m²)	26.0	33.8	47
下水道普及率(%)	56.0	62.0	16
大型小売店数(人口10万人当たり)(店)	2.8	3.0	27
刑法犯発生件数(人口1万人当たり)(件)	175.6	216.6	27
大学・短大等進学率(%)	31.1	45.1	47
財政力指数	0.23571	0.42853	44
行政投資額(人口1人当たり)(千円)	476.6	373.6	20

注: 内閣府沖縄総合事務局『沖縄県経済の概況』85-88頁, 2002年6月, より作成. なおこのデータの年次は示されてはいなかったが, 平成13年度のものではないかと考えられる.

力指数は44位にとどまり, したがって国家の財政投資に大きく依存せざるをえない結果をまねくことになる.

以上みてきたように, ウチナー経済の自立的発展の展望はみえていないし, 経済や生活をめぐる諸条件において, ヤマトとの格差は埋まっていない. こうしたことだけに, あらためて沖振計とはウチナーの発展にとって何であったかを問わなければならない. これについては, 宮本憲一や蓮見音彦などの優れた研究成果があるので[23], ここでは結論的な整理だけにとどめたい. まず沖振計を性格づけすれば, それはヤマトの政治的・行政的・経済的な公的システムが一体化したものであって, 沖縄政策の中軸をなすものである, といえよう. それではこの計画のねらいは何処にあったのか. もちろん国家としては, 日本

国を構成する1つの地域が，他地域に比して著しく劣る社会経済構造のままにおいておくことはできない．それを解消するために，政治的・行政的・経済的に整備しなければならない．だがウチナーに対してはそれだけであったのだろうか．やはり基本的なねらいは，密約をともなった米軍基地を安定的に維持するために，基地撤去を強く求めるウチナーンチュをなだめ，抵抗を和らげる方策としての特別の配慮をする，ということもあったのではなかろうか．このことは，最近の普天間基地移設問題が生じた時にも明確にみられた．すなわち，基地移設先として候補に挙げられている名護市とその周辺地区を含む北部地域の振興を打ち出し，そこに多額の財政投資を行うというアメを用意し，それによって，基地移設を容認させようというものである．

いま1つ指摘しておきたいことは，松島泰勝が沖振計は「本土企業の進出を容易にするために実施されたのではなかったか」(『沖縄タイムス』2001年5月22日)と指摘している点である．ウチナーは，ヤマトの高度資本主義経済にとっては，本格的に経済活動が展開できるような環境条件をもっていない．そうだとすれば，利用できる時に利用しうるものだけでよい，ということになる．

いずれにしてもここでの問題の焦点は，これだけの巨額の投資がなされた結果，計画の目標としていた格差の是正や自立的発展の基礎条件の整備及びその他が達成しえたか，ということである．その答えは「ノー」といわざるをえない．そのことは，1次振計から3次振計にわたって毎回，格差の是正，自立的基礎条件の整備が唱えられつづけていることからも明らかである．

こうした事態を招いたのは，(1)30年かかって沖縄振興開発事業として7兆円余の財政投入をしても，ウチナーにはまだ自立的発展を阻む要因が多々あるということなのか，(2)それとも具体的な政策が間違っていたのか，(3)あるいは自立のための本格的な政策がなかったのか，のいずれかであろう．(1)についていえば，3次振計において「沖縄の経済構造は，物的生産部門が依然として弱く，財政に大きく依存する体質から脱却できておらず，……さらに沖縄は，本土からの遠隔性，島しょ性，台風常襲地帯等の不利性に加え，先の大戦による戦災の影響や広大な米軍施設・区域の存在など，本土とは異なる特殊事情を抱えている」と述べられている．(2)と(3)に関して宮本憲一は「第一は復帰政策が沖縄の自然，文化や歴史の独自性をみとめ，『沖縄のこころ』の実

現を目的としなかったためである．……第二は復帰政策の財政を画一的な補助金制度によって進めたことである．……第三は地元企業を中心とする経済的支配層が内発的発展の方向をもとめず，公共事業などの補助金に寄生したことである．……第四はこの沖縄経済人の外部依存と一体的なのだが，県内における内発的発展の評価とその拡大の努力が欠けていることである」[24]としている．また蓮見音彦は「この地域の自立的な経済発展をどのようにして実現することができるのかという，経済発展の戦略」において「沖縄の特性をふまえた経済的自立の方向性が明確でないままに，公共投資がかさねられていったとするならば，それが経済的自立を招く結果をもたらさないことはむしろ当然であった」[25]と指摘している．

　ここで格差について，いま少し論じておきたい．ウチナーンチュにとっては，格差の是正は甘い響きをもった言葉であったかもしれない．確かに格差があることは事実である．そしてそれを埋めたいと思うのは当然である．だが，ウチナーとヤマトの間にある格差とは何であるか，を考えてみる必要があるのではないか．「格差」というけれども，それは数字で示されたものにすぎない．たしかに数字は客観的妥当性をもっているかもしれないが，人間社会・社会関係・生活・人間存在・これらをとりまく環境条件は，数字だけでは説明しきれない．それなのに人々は，示された数字に納得してしまう．かつてはこれに納得しなかった人々がいた．それは，岸本建男現名護市長などが1972年に出した逆格差論であった．それは，格差があるといわれているウチナーの自然・生活環境や日常生活，文化や人々の関係の方が，はるかに豊かである，開発は，格差とみなされているこれらを発展させればよい，というものである．

　また先述の松島泰勝が「『格差是正』に基づく開発政策には，生活様式，開発手法，技術，法体系や制度などを日本と同一規格にすることで沖縄経済が発展するとの考え方がみられた．……しかし目標とされた本土は本当に理想とされる社会なのであろうか」という疑問を投げかけたうえで「『格差是正』という単系的発展論にかえて，島々の文化・歴史・地理的条件などを踏まえた，さまざまな発展の形を認めるという多系的発展論，内発的発展論を提示したい．……所得水準，経済成長という『モノの開発』ではなく，安定した生活，人間関係の強化，人間と自然との調和を重視する『心の発展』を新しい経済発展の目

標にすえる」としている．これも逆格差論につながるものである．

　しかしウチナーンチュの大半の人々にとっては，格差是正こそが至上命令となってしまい，またこれに応じる形でヤマト政府から巨額の財政投資がなされた．かくしてここに格差是正という呪術ができあがることになった．だがこの呪術こそが曲者である，といわざるをえない．これについても松島は，前掲の寄稿文のなかで「『格差是正』というかけ声により，沖縄県民は『物をくれる人が自分の主人』のように精神的にも他者依存的になってしまったといえよう．日本政府からの補助金が唯一の生活源であるかのように，『沖縄に対する格段の御配慮』を求めつづけている．二十一世紀の沖縄で生きる世代も『格段の御配慮』を求めなければならないのだろうか．沖縄は自らの足で立つという気概がないならば，若い世代は沖縄に希望がもてないだろう」と痛烈に批判している．さらにまた名護市立中央図書館長の島袋正敏は「政府は，基地の見返りには札束という，相も変わらぬ考え方でいる．沖縄自らが振興策中毒から抜け出さないかぎり，基地問題は，いつまでたっても国の言いなりだ」と語っていた．

　もちろん，格差はないことの方が望ましい．だが格差呪術に惑わされて本当の豊かさを見失ってはならない．現代資本主義社会にあっては，富や豊かさは貨幣手段によって獲得される．それだけに人々は貨幣を少しでも多く入手しようとして狂奔する．そのために，自然や生活環境を破壊し，物欲にとらわれ利己主義的となり，人と人との温かいつながりを失い孤独化し，危険・犯罪が多発するようになっている．人間が人間的本質を喪失し，多額の貨幣やさまざまなモノを所有し，近代的な施設・設備を利用できることが，豊かなのだろうか．ウチナーにとっては，かかる状態にあるヤマトを基準にして，それとの格差を埋めることが何よりも重大な課題なのであろうか．幸いにして，ウチナーにはヤマトが失ってしまったものがまだ多く残っている．むしろそれを大切にして発展させることの方が，はるかに豊かになるのではないだろうか．これに関しては宮本憲一が「沖縄のこころ」にふれながら，内発的発展の視点に立って論じている[26]．

　これまで述べてきたことをまとめるに，適切な文言がある．「『復帰後』行われてきた日本政府の沖縄への莫大な投資が，沖縄にストックしなかったという

のは，やはりそれなりの狙い目があったはずだ．『格差』を維持しつつ，日本と離れられないような依存体質を作り出せば，結局のところ政府の言いなりになるしかない．ちょっと言葉がきついかもしれないけれど，我々は『格差の奴隷』だ．……補助金という言葉をちらつかせ，振興策という言葉をちらつかせ，米軍基地の存在を自己矛盾とともにみとめさせる．その手腕は非常に洗練されてきて……」（WANDA 編集長新城和博『沖縄タイムス』1997 年 11 月 21 日）．
かくしてウチナーは，再び中心部としてのヤマトの周辺末端部として位置づけられ，この沖振計を中軸として政治・行政・経済・社会・文化・生活・意識のあらゆる面にわたるヤマト化が進行していくことになる．それはいうなれば，「沖縄のこころ」の喪失過程ともいえる．

国際都市形成構想と沖縄経済振興 21 世紀プラン，ポスト 3 次振計
　こうしたなかで，ウチナー側もただ呆然とこの開発計画が天下ってくるのを待ち受けていたわけではない．それは，ヤマト国家権力の沖縄政策にある程度制約されつつも，ウチナーの特性に立って自主的に提出された「21 世紀に向けた沖縄のグランドデザイン」としての「国際都市形成構想」であった．かねてより軍事基地の整理・縮小を強く求めていた大田元県知事のもとで県は，1996 年 1 月に「基地返還アクションプログラム」を作成した（この内容については 3 章で既述した）．この「アクションプログラム」を前提にして同年 11 月に策定されたのが「国際都市形成構想」であった．
　それは 1-3 次の沖振計にわたる国際交流の場の形成とくに 3 次の南の交流拠点形成を受けて，「共生」の思想・「平和」志向という「沖縄の心」を大切にして，自らの歴史・文化・自然環境等の特性を生かした多面的交流を推進することによって，自立的発展を図るとともに，アジア・太平洋地域の平和と持続的発展に寄与する地域形成を目指す，というものである．その基本方針として，平和交流，技術協力，経済・文化交流が柱となっている．そのうえで国際都市の構築として，(1) 沖縄の結節機能を活用した交流圏の形成，(2) 自立ネットワーク型県土構造の形成，(3) 拠点地域の設定が挙げられている[27]．また経済政策としては，自由貿易地域の拡大・拡充，情報産業の集積，観光・リゾートを柱とし，さらに基地返還跡地に国際的な大学，研究機関，平和博物館などを

国の責任で建設することを要望している．

　この構想は，ウチナー側から主体的にその特性を重視して出されたものだけに，またその内容からいっても評価できる．この構想が具体的に事業内容や実施計画が組まれて現実のものとなったならば，ウチナーの経済社会はかなり改善されたものになっているにちがいない．だが牧野浩隆が批判するような問題点があることも否めないが[28]，これについては後述する．

　この構想を受けてヤマト政府は，知事を含めた沖縄政策協議会（沖政協）を設置しその実現に向けて検討することにし，また当面の調査費として，沖縄特別振興対策費50億円の予算が組まれた．県は1997年11月に，さまざまな公的規制の緩和，全県自由貿易地区化（FTZ），法人税の軽減などの案を政策協議会に提出した．橋本龍太郎首相（当時）も，「沖縄経済振興21世紀プラン」をまとめると発表した．しかしその声明には，自由貿易地区については「全県」が抜け落ちていた．ともかく県は，98年度の県予算において国際都市関連経費として，中城湾港地区のFTZ指定に向けた基本計画策定などFTZ拡充強化事業に2億8,000万円（全県化は見送った），アジア・太平洋マルチメディアセンターの整備を含むマルチメディアセンターアイランド構想推進事業に1億7,000万円や沖縄国際南北センター設置推進事業費などを計上した．さらにこの後，3次振計後期の県主要事業推進計画を策定した．そしてこれに合わせて，沖縄振興開発特別措置法が98年3月30日に改正され，FTZ制度の創設，法人税の軽減，情報通信産業振興地域，観光振興地域の創設などがもりこまれた．

　だが普天間基地移設に対する知事の反対などから，この沖振法の改正が紆余曲折をたどったのみならず，沖縄県とヤマト政府との間がすっかり冷えきり，知事と首相や政府高官との会談もスムーズに行われなくなった．しかも「沖縄経済振興21世紀プラン」の調整も中断してしまい，策定作業は進捗しなくなった．すなわち，「橋本首相の提起は，経済振興策を全面に打ち出すことで基地の県内移設を図ろうとするのが本音だったようだ．……大田昌秀知事の海上基地建設の受け入れ拒否によって，橋本首相自ら打ち出した提起が『策定時期も含め取り扱いを検討中』と冷めきる．……県が普天間返還を位置付けなければ21世紀プランもない」（『沖縄タイムス』1998年3月12日）ということである．

しかもやがてこの国際都市形成構想は，大田元知事の代理署名拒否，普天間基地のキャンプ・シュワブ沖移設反対，県知事選での大田から稲嶺への交代などから，ヤマト権力のアメとムチ政策によって違った形に変えられていくことになる．98年11月15日に稲嶺恵一が新知事として選出された．彼は基本的には「沖縄の心」を残していると思われるが，どちらかといえばヤマト権力には従順である．稲嶺知事の基本姿勢は，経済振興開発を何よりも重視し，そのためには基地の受け入れを認めようとするものである．彼の登場によって沖縄の行政機構は，すっかりヤマト公的システムのなかに組みこまれることになった．ヤマト国家権力にとってみれば，これで思うように沖縄を操ることができるとホッとしたことであろう．知事に正式に就任する前の11月24日に知事と小渕首相との会談がもたれ，県と政府との関係修復がなされた．12月11日に，1年1カ月ぶりに沖縄政策協議会が開催され，小渕首相の方から1999年度予算に使途をあらかじめ定めない約100億円の沖縄振興特別調整費を盛り込むことが表明された．いよいよアメの大盤振るまいがはじまったわけである．稲嶺知事の方からは，(1)特別自由貿易地域への立地促進のための受け皿施設整備，(2)北部振興のための高速道路料金引き下げ，(3)通信産業支援のための通信コスト低減，(4)航空運賃の再値下げ，(5)国立高等専門学校の具体化，(6)ソフト機能を持つ産業振興拠点整備などを要望した．これに対して関係閣僚はおおむね前向きに検討する姿勢を示した．

かくして1997年に橋本首相が発表した「沖縄経済振興21世紀プラン」は，やっと具体的に取り組まれることになった．その裏にはいうまでもなく，稲嶺知事が普天間基地移設を応諾するということが確認されていたからである．このプランは，ポスト3次振計のために国が策定するものである．これに対して県は，「国際化時代に対応した産業の創出と振興により，沖縄経済の自立化を目指す」として，日本の産業・経済における「沖縄の位置づけの明確化」，交通通信施設の整備，輸送・通信コストの低減など6項目を基本姿勢とし，また基本方向として，国際的な研究技術交流について「人材」「創業」「ネットワークの経済」の視点からの施策を要望した．具体的には，(1)自由貿易地域の新たな展開，(2)国際観光・保養基地の形成，(3)マルチメディア・アイランドの形成，(4)研究・技術開発及び学術文化等の推進，(5)環境共生型地域の形

成, (6) 亜熱帯農林水産業の戦略的展開, (7) 新事業創出・創業支援体制の充実, (8) 雇用の確保と職業能力開発の推進及び, 国立高等専門学校の設置, グローバル産業人材の育成施策支援, 留学生派遣事業等の推進, 那覇空港の拡張整備, 那覇港の整備, 総合交通体系整備の推進, 米軍基地・区域返還跡地整備の推進, 特性を生かした地域経済活性化の推進, 地域づくりへの気運醸成を図るイベントの開催, 離島の交通通信網の拡充強化, などである.

　1999年6月29日の沖政協で, この県の要望をかなり取り入れた形で, 中間報告として82事業が政策化されることになった. 12月に, 2000年度予算の大蔵省の原案として, 21世紀プランの推進のための特別調整費100億円,「北部振興事業制度」創設を図る100億円が提示され, これらを含めて沖縄開発庁一括計上分は3,193億円となった. しかしこれは, 基地の県内移設への見返りとして示されたものであることは, 否定のしようがない. ウチナーの本当の自立には, 大田県政時代に出された基地の整理・縮小が前提にあるべきである. それにもかかわらず, 基地温存を前提として振興計画が打ち出されているのは, 本末転倒ではないだろうか. そのうえ, この振興計画は総花的に列挙してあり, どれがウチナーの特性を生かす産業なのか, それをいかに振興し発展させるか, というウチナーの主体的観点からの力点がみえてこない.

　ところでこれと並行して, 1999年に県と沖縄開発庁によって3次振計の総点検がすすめられた. それは, 社会資本が着実に整備されてはいるが, 基地依存経済や自立的発展の問題が解決していないことを挙げ, この脱却のために民間主導型経済への移行を唱えるものであった. そのうえで県は, ポスト3次振計へ向けて「今後の本県振興の基本的考え方及び新たな沖縄振興計画の必要性」を提起した. このなかで述べられている「沖縄振興施策の展開」は, とくに政府がまとめた21世紀プランを強く意識したものとなっている.

　その基本目標は,「自立に向けた持続的発展, 世界に開かれた交流・協力拠点の形成, 平和で安らぎと活力のある沖縄県の実現」となっており, 推進の基本姿勢として,「参画と責任, 選択と集中, 連携と交流」, また振興施策の展開は,「活力みなぎる産業が展開する社会づくり, アジア・太平洋地域との交流・協力が活発化する社会づくり, 豊かな自然と生活環境が調和した社会づくり, 健やかでだれもが安心して暮らせる社会づくり, 基地の整理縮小と基地跡

地利用による県土構造の再編,時代を担う多様な人づくり,持続的発展の基盤づくり,個性を発揮し離島・過疎地域が活性化する社会づくり」となっている.このなかでこれまでと異なった制度・施策案で目につくものは,「沖縄県観光振興計画の作成,エコツーリズムの推進,金融関連産業の集積促進」などであるが,いま少し重点的にしかも相互に関連をもたせて構想すべきである.

　ヤマト政府としても,ポスト3次振計について検討を迫られていただけに,沖縄開発庁においては2000年1月31日に,「ポスト3次振計法制検討本部」と,「北部振興検討本部」及び「普天間飛行場等の返還跡地利用問題対策本部」をそれぞれ設置した.この後,県と政府との折衝やさまざまな経緯を経て,2002年3月29日に新法「沖縄振興特別措置法」(新沖振法)が成立し,4月1日から施行されることになった.これにあわせて特例措置の要件などを盛り込んだ施行令も定められた.新法には,これまでの振興計画にはない国内初の金融業務特別地区,情報通信産業特別地区制度の新設や,観光,情報通信,農業など戦略的産業を育成する特例規定及び,大規模基地跡地の給付金特例規定,大学院大学の創設,エコツーリズムに関する規定が設けられている.このこと自体は評価しうるものかもしれない.だがいくつかの点で問題がある.

　すなわち,1つは県が「在沖米軍の移転を含むさらなる整理縮小」という要望を出したが,政府は「SACO最終報告に基づき」と修正したこと(SACOについては3章1節を参照).いま1つは,このように特別地区を設けても,果たしてどのくらいそこに業務が集積するのであろうか,という問題である.そして,これでもって経済振興が実現するという展望がもてるのかということ.さらにもっと基本的な問題は,これではますます財政依存度(全国の2倍近い依存度)が高まり,自立的発展がおぼつかなくなってしまう,ということである.

　これとともに北部振興開発計画が策定されたが,それはいうまでもなく,キャンプ・シュワブ沖への普天間基地移設のための懐柔的な措置であることは明らかである.この計画については,北原淳の詳細な報告があるので[29],ここでは紹介を省略することにしたい.さらに2002年4月に,新沖振法が施行され,それにもとづいて7月には新たな沖縄振興計画が策定された.それは,産業振興,雇用の安定と職業能力の開発,科学技術の振興と国際交流・協力の推

進，環境共生型社会と高度情報通信社会の形成，駐留軍用地跡地の利用促進を重点項目としている．これがウチナーの自立的発展につながるかどうかは疑問である．すなわち，依然として公共財政投資によるもので，それはヤマト国家の公的システムによって管理されたものであり，また投資の計画だけがあって，そのなかで住民がどのような役割を担うのかが不明だからである．

　以上みてきたように，3次にわたる沖振計やさまざまな振興計画の策定にもかかわらず，ウチナー経済の自立的発展は現実のものとはならなかった．また新振興計画も先行きに明るい展望を持ちえるとはいえない．その理由は，先に挙げたように宮本憲一その他の人々が指摘しているが，いま1つ，真栄城守定が「沖縄経済振興のため，多額の資金を注ぎ込んだ，と国は恩着せがましく言う．だが沖縄に投入された資金は，ちょうどザルから水が漏れるように，本土に環流する結果になっている．それで，本土の大手はうるおったでしょうがね」と語っていることも前述の松島泰勝の発言とあわせて見逃せない．

　これまでみてきた過程を通してウチナーは，〈地域〉の連合体としての「国」形成の契機を逸し，ウチナー的私的生活世界としての〈地域〉を崩壊させていくことになる．それではウチナーンチュは，こうした状況をどのようにみているのであろうか．それを次節で整理しながら検討することにしたい．

3．ウチナーのヤマト化とウチナーンチュの意識

ヤマト化の進行

　2節でみてきたように，振興計画の展開，それにともなう巨額の金がウチナーに流れ込むことによって，ウチナーの政治がヤマト政権寄りになっていく傾向が強まり，知事をはじめとして市町村長や県・市町村議会議員の政権党的色彩が濃くなってきた．そして，社会・文化・生活などにおけるヤマト化が進行するようになった．フリーライターの仲宗根勇は「千以上のヤマト商社の駐在員，転勤組の諸公務員，新天地を求め乗り込んだヤクザ，暴力団，チンピラ，ヤマトで食い詰めた破産者や一旗組，犯罪者，そうした有象無象を含めた本土系日本人が，沖縄社会で群れています．……ヤマト＝沖縄の"混在社会"となった沖縄社会の生活習慣までが，すっかりヤマト化されてしまっています」

(『沖縄タイムス』1982年5月12日）と述べている．

　1970年代の那覇市では，中心的な商店街である国際通りの商店の多くですら，漆喰瓦に木造のウチナー的なたたずまいであり，店内のディスプレイも素朴なものであった．だが80年代から急速に変わり，現在はほとんど東京の商店と同じ店構えとなり，ウチナー的な特色はみられなくなってしまった．日本料理店や日本そば屋もみかけるようになり，飲食店も近代的な装いをこらし，道行く人々の服装も都会的センスに溢れている．それでも三越デパートの向かい側から入っていく平和通りと水上通りの奥にある公設市場とその周辺は，今日もウチナー的世界を残しつづけている．そこは那覇市の台所と呼ばれ，ウチナー料理に欠かせない食材が並べられている．しかし80年頃にスーパーマーケットのダイナハが開店して以来，人々の流れはまず最初にダイナハへ，次いで公設市場へ向かうということになってしまった．これを契機としてウチナーンチュの衣食生活は変わり，ヤマト化をたどるようになった．これは，ウチナー的世界からヤマト的世界への民族的な移動ということなのかもしれない．このような動きは那覇市内のみならず他の都市や町にも波及し，ウチナーの伝統的な家屋や文化・生活が少なくなり，方言も衰微してしまった．ウチナー的景観は，都市から遠く離れた農村か離島にわずかにみるだけである．

　かくしてヤマト商品に吸い寄せられていくうちに，ヤマト的消費文化のなかに呑み込まれてしまうことになり，欲望のみが肥大化させられ，金銭をひたすら求め商品を崇拝し，すべてを物化してしまう状態に陥ってしまいかねない．最近は，琉球舞踊や琉球料理に力がいれられ，ウチナーの食品や民芸品が盛んに売り出されるようになってきている．それが再びウチナー的世界を構築することにつながるのか，それとも単なる観光商品の道を歩むことになるのか．政治・行政・資本・流通がヤマトの系列下に組みこまれ，テレビ・雑誌などを通じてヤマト商品文化が洪水のように流れ込み，ウチナーンチュの社会や生活を翻弄している．それはウチナーの社会文化的特質の喪失過程ともいうべきものであって，このままでは，ウチナー的世界の再構築に大きな支障がでてくるといわざるをえない．

ウチナーンチュの意識動向

　それでは次に新聞その他の資料を用いて，ウチナーンチュの施政権返還，基地問題，振興開発，生活・文化などに関する意識について述べていくことにする．まず返還についてみると，1972年の朝日新聞社の調査によると，「返還はよかった」とする者が55％で，「よくなかった」が22％，「その他回答なし」が23％であった．返還10年後の82年の琉球新報社の調査では「すべてよかった」とする者が43％，返還の内容に不満をもっている者が55％となっていた．また，返還にともなって期待していたことが実現したかどうかについては，「実現されていない」とする者が49％で「実現した」とする者の46％を上回っていた．ただし，同年のNHKの調査では，「返還はよかった」とする者が63％にものぼっていた．「よかった」という評価として，社会資本の整備，憲法の適用などが挙げられていた．だが返還に否定的な理由としては，米軍基地の存在が大きい．これが5年後の87年になると，「よかった」とする者が84％，さらに92年では88％にも達したが，97年にはわずかではあるが1％減り87％となり，2002年にまた88％となった．その理由は，本土との交流，公共施設がよくなった，人権が守られるようになった，産業が発展した，などである．

　これをみると，年々「よかった」とする者が増え，大勢としては返還に肯定的である．それは，米軍政下から脱することができた，ということからすれば当然といえるかもしれない．しかし，返還時の密約や軍事基地の継続使用及びその後のヤマトの沖縄政策を考えてみると，いささか疑問をもたざるをえない．その疑問に答えるものが，基地問題をめぐる意識に表れている．

　基地に関していえば，1982年の琉球新報社の調査によれば，82年では「全面撤去」が41％，「縮小」が望ましいとする者が37％で，「現状のまま」が10％にすぎなかった．この背後には，非核三原則を守っていない，開発を阻害している，爆音被害，演習被害，環境悪化，などがある．これが87年になると，「全面撤去」が27％と減少し，「段階的に縮小」が54％，「現状のまま」が16％と増加した．そして米軍基地があることに不安を感じる人が67％にのぼっている．さらに基地の経済的効果については，「暮らしや生活に役立っていない」とするものが79％にもおよんでいる．さらに返還20年後の92年に

は,「全面撤去」が 21 %,「段階的に縮小」が 65 %となり,「現状のまま」が11 %に減少した. そして 95 年の朝日新聞社の調査によると, 基地の問題点として「犯罪の発生」が 37 %,「土地の強制使用」が 22 %,「墜落・誤爆などの事故」が 20 %となっている. また沖縄県企画開発部が 95 年に調査した結果によれば (加重平均値),「基地を返還させる」が 23.1 ポイント,「米軍の演習をなくする」が 15.8 ポイント,「米軍人の犯罪や事故をなくする」が 12.1 ポイント,「米軍機の騒音をなくする」が 11.9 ポイント,「返還軍用地を早めに利用できるようにする」が 10.7 ポイントとなっている.

1996 年 9 月 8 日に, 県民投票条例にもとづいて「日米地位協定の見直し及び基地の整理縮小」についての県民投票が行われた. これは「戦後 50 年間も米軍基地の重圧をうけながら, 基地問題について, 県民の意思を表明する機会がないまま, 今日まで過重な負担を強いられたという差別的な状況に置かれてきたこと, そして今また, 将来にわたって, 沖縄の米軍基地が固定化されるのではないかと懸念される状況下にあって, 日米地位協定の見直しと米軍基地の整理縮小を求める意思を表明する」[30] というものであった. このように基地問題について県民の意思を問うということは, ウチナーの歴史上画期的なことであった.

投票資格者は有権者 90 万 9,832 人で, 投票者はその 59.53 %であった. この投票率の低さについてはとかくいわれるが, 自民党県連や軍用地地主会ならびに基地従業員の組織が棄権を呼びかけたこと, 及びウチナー市町村の半分に基地がないことなどを考えると, おおむね妥当な投票率といえよう. 投票の結果,「地位協定の見直しと基地の整理縮小」に賛成する者が 89 %に達した. この住民投票結果には法的拘束力がないにしても, 日米両政府に与えたインパクトは大きい. しかしそれにもかかわらず, 日米両政府は地位協定の見直しを行わず, 基地整理縮小も実質的には進行しなかった.

普天間飛行場の県内移設に関する 1998 年の朝日新聞社と沖縄タイムス社共同調査によると,「県外移設」とする者が 65 %で, それによる基地の整理縮小を求める者が多い. また, 2000 年に県が県民選好度調査を実施した. そのなかで重点施策について問うたところ,「軍事基地の返還・跡地利用」がトップの 15.7 ポイント (加重平均) となっている. さらに 2002 年の朝日新聞社と沖縄

タイムス社の共同調査によれば,「段階的縮小」が69％,「全面撤去」が18％であるのに対し,「いままで通りでよい」は18％にすぎない. さらに「県内移設反対」が69％,「地位協定改訂を望む」者が90％にも及ぶ. このことからだけでも,住民がいかに基地の重圧を感じているかがわかる. また米軍基地が沖縄経済に「大いに役に立っている」とする者は19％,「少しは役に立っている」が50％,「あまり役に立っていない」が21％という反応がみられた.

ところが2001年に内閣府が実施した調査によると,「日本の安全のために米軍基地は必要」と「やむをえない」をあわせると46％が基地容認ということになり,否定は44％にとどまっている. これは,これまでみてきた動向とはかなり異なったものである. だが,「積極的に必要」とする者が9.8％にすぎないのに対して,「必要でない」とする者が20.6％,「日本の安全にとってかえって危険である」が23.8％もみられる.「やむをえない」も消極的受け入れであることから,やはりウチナーの基調は,基地撤廃だといってよいであろう.

これまで述べてきたことから明らかなように,ウチナーンチュの多くは本音は直ちに全面撤去であるが,現実的対応として「基地の段階的縮小」を望んでいることがわかる. だがこれに対して日米両政府が前向きにとり組んできたとはいえない. それだけにウチナーンチュは,ある空しさをおぼえるとともにヤマト国家権力に不信感をもつ,ということにならざるをえない.

それでは振興開発に対する意識をみていくことにする. 1982年の琉球新報社の調査では,1次振計が「役に立った」とする者が75％,「部分的に役に立った」が24％,「役に立たなかった」がわずか1％である. これだけ高い評価を受けたのは,施政権返還以前に比べると急速に巨額の財政投資がなされ,社会資本が整備されたからであろう. だが2次振計への展望を聞いたところ「本土なみは急がず,沖縄独自の経済をじっくりめざす」が76％も占め,「沖縄の独自性は多少犠牲にしても本土なみ経済の実現をめざす」が19％にとどまった. この段階においてはまだウチナーらしさを強く意識していた,といえる. そして望んでいる産業振興は,「農業・水産業などの第1次産業」とする者が46％にも及び,これに次いで「観光・商業などの第3次産業」が35％で,「第2次産業」は17％にすぎなかった. これはやはり,ウチナーの独自性を重視していたことの現れである. この第1次産業の重視は90年の沖縄総合事務局

の調査にもみられる．それによると，「農業」66％，「水産業」40％となっていた．ただ82年と異なるのは「製造業」が34％となっている点である．ただしその業種は，「食料品」が75％，「窯業・土石製品」が38％，「繊維」が36％で，軽工業的なものが多く，近代産業としての「電気機械」が20％にすぎない．すなわち，土着型の産業の発展を求めているということであろうか．この他としては，「宿泊業」34％，「娯楽業」24％，「情報サービス業」22％，「建設業」18％となっていた（複数回答）．これは観光や情報に関心がもたれるようになったことを示している．これは92年の朝日新聞社の調査でもみられ，「観光」がトップの34％を占めた．また「振興開発計画を今後ともすすめるべきだ」とする者が78％に及んでいる．

ところが1997年には，国際都市形成構想の影響もあってか「経済特別区を設けアジアとの交流を盛んにする」が38％ともっとも多く，次いで「自然や伝統文化で観光化」が34％，「情報産業」12％，「亜熱帯農業や水産業」11％となった（朝日新聞社，沖縄タイムス社，ルイス・ハリス社の共同調査）．経済特別区に期待をもつのはわかるが，形成構想が出されたからというのでは安易にも思える．この段階になるともはや農水産業には期待はもてない，ということになったのであろうか．だが2000年の県企画開発部が行った県民選好度調査によれば，必ずしもそうとはいえない．この調査で沖縄県の振興のために力を入れる産業について聞いたところ，「果樹栽培」65.8％，「野菜」65.4％，「情報関連産業」57.3％，「花卉園芸」54.1％，「文化的サービス産業」52.5％，「伝統工芸」51.6％，「漁業・養殖漁業」51.0％，「貿易関連産業」49.0％，「観光関連産業」48.7％，「サービス業」46.2％である（複数回答）．これをみると，依然として農業関係のウエイトが大きい．また文化や伝統工芸も重視しているが，それとともに情報関連や観光ならびに貿易にも注目していることがわかる．すなわち，ウチナー土着の産業の育成を図るとともに，新しい分野の産業への展開を考えているということである．

2002年4月に新沖振法が施行された．これに関する朝日新聞社と沖縄タイムス社の共同調査によれば，新沖振法が沖縄の経済発展に「役に立つ」と答えた者が73％であるが，そのうち「大いに役に立つ」としたものは14％のみで，「ある程度役に立つ」が59％となっている．どちらかといえば，これまでの経

緯から比較的に冷静にみているのかもしれない．また今後力を入れる重点産業は，「観光」が43％ともっとも多く，次いで「情報・金融産業」の16％，「亜熱帯農業」14％，「健康産業」13％の順位となっている．このことは，2001年の内閣府の調査にも同様にみられる．産業振興の力点として「観光・リゾート」が39.3％，「情報通信サービス」が30.3％となっている．だが「伝統的地場産業」が31.5％もあるのは注目させられる．以上のような動向は，97年の国際都市形成構想以降，沖縄振興21世紀プラン，新沖振法の策定と社会経済変動のなかで生まれてきた．そこでは重点をおく産業が，土着的なものから水商売的な観光や現代的な情報・金融へと次第に変化してきているが，それは十分に考慮されたうえのことであろうか．疑問なしとはしない．

最後に生活・文化などの変化を，どのようにとらえているのかを琉球新報社の調査でみておこう．82年では，現在の生活に「満足している」が22％，「ある程度満足」が39％で，「満足していない」11％，「あまり満足していない」28％となっており，満足派が多い．それは返還以前に比べれば飛躍的にこの10年間で所得が上がり生活基盤が整備されてきたことによる，と思われる．この折に県民性についての質問をしたところ，「郷土意識が強い」43％，「人間性が豊か」38％，「互助意識が強い」27％，「独自の伝統や文化を大切にする」20％，などのプラス評価と，「勤労意欲が低い」17％，「公徳心が乏しい」10％，「計画性に欠ける」8％などのマイナス評価がみられる．これはウチナーンチュの特徴の1つの現れであり，それは今日もあまり変わっていないことを示している．

1990年の沖縄総合事務局の調査では，「生活の満足度」は59％で，「不満」が40％であり，82年とあまり変わっていない．よくなったあるいは満足している公共施設としては，「道路関係」75％，「学校教育施設」が46％，「役場の出張所・派出所・消防署・郵便局」46％，「土地改良施設」10％などである．また92年に「沖縄らしさはまだ残っているか」と聞いたところ，「残っている」が50％，「失われた」が45％であった．2002年の沖縄タイムス社と朝日新聞社の調査でも，県民の54％が「残っている」としてはいるが，「失われた」とした者が40％に及んでいる．これはヤマト化の進行のなかで，徐々にウチナーの特性が失われてきただけに，逆に「沖縄らしさ」を強く意識していること

があるのかもしれない．

　生活に関して1989年と94年と2001年に行った内閣府の調査結果をみると，暮らしに「満足している」が61.2→66.0→77.4％，「不満」が37.4→30.2→20.2％である．これは他の調査結果とはかなり異なる．それをどう判断するかはむつかしいところではあるが，いずれにしてもこの結果は，ヤマト政府にとっては望ましいものであるに違いない．だが県の90年と95年を比較した県民選好度調査によると，「生活がよくなった」は35.5％から30.3％に減少し，「悪くなった」が13.1％から16.7％に増えている．これは日本経済の不況と関連してはいるが，3次にわたって7兆円という巨額を注ぎこんだ沖縄振興開発計画があまり効果をあげていないことを示すものである．なお選好度調査で県民の長所・短所を84年と90年と95年で比較したところ，長所としての「人情が厚い」が26.1→27.3→20.8％，「助け合いの精神がつよい」が9.6→9.0→9.0％，「独特の文化がある」が8.8→8.0→8.9％，「のんびりしている」が8.6→9.3→8.9％，「素朴である」が8.0→6.7→5.7％で，短所としては「厳しさが足りない」が26.0→24.4→17.6％，「視野が狭い」が21.9→18.5→14.1％，「つきあいが多すぎる」が13.5→13.2→11.6％などとなっている．ここからは，ウチナーンチュの性格と社会経済の動きのなかでの変化を読みとることができる．

　これまでみてきたウチナーンチュの意識のなかで，とくに基地に対する拒絶反応が大田元知事の署名拒否やヤマト政府に対する抵抗を支え，また基地反対闘争の背後にあったことは否めない．そしてこのことは，普天間基地移設問題にもつながっていく．

1) 東江平之『沖縄人の意識構造』85頁，沖縄タイムス社，1991年．
2) 与那国暹『戦後沖縄の社会変動と近代化』261頁，沖縄タイムス社，2001年．
3) 中野好夫編『戦後資料 沖縄』111頁，日本評論社，1969年．
4) 与那国，前掲書，253頁．沖縄県祖国復帰協議会闘争史編纂委員会『沖縄県祖国復帰闘争史』870頁，沖縄時事出版，1982年．
5) 沖縄県祖国復帰協議会闘争史編纂委員会，前掲書，74頁．
6) 新崎盛暉『日本になった沖縄』64頁，有斐閣，1987年．
7) 新崎盛暉，前掲書，「2『日の丸』『君が代』から何が見えるか」参照．
8) 中野好夫・新崎盛暉『沖縄・70年前後』31頁，岩波新書，1970年．

9) 与那国,前掲書,264頁.
10) 沖縄県祖国復帰協議会闘争史編纂委員会,前掲書,233頁.
11) 中野・新崎,前掲書,28頁.
12) 沖縄県祖国復帰協議会闘争史編纂委員会,前掲書,339頁.
13) 中野・新崎,前掲書,109-110頁,参照.
14) 南方同胞援護会編『沖縄復帰の記録』150-151頁,南方同胞援護会,1972年.
15) これについては,中野・新崎,前掲書,52-68頁,を参照.
16) 中野・新崎,前掲書,76頁.
17) 与那国,前掲書,276頁.
18) 来間泰男『沖縄経済の幻想と現実』33頁,日本経済評論社,1998年.
19) 来間泰男「復帰後の経済と暮らし」歴史教育者協議会編集『シリーズ知っておきたい沖縄』191-192頁,青木書店,1998年.
20) 内閣府沖縄総合事務局『沖縄県経済の概況』6頁,2002年6月.
21) 山本英治「都市・農村関係の変化と特質」山本英治・高橋明善・蓮見音彦編『沖縄の都市と農村』146-151頁,東京大学出版会,1995年.
22) 来間泰男,前掲書,25-27頁.
23) これについては,宮本憲一編『講座地域開発と自治体3 開発と自治の展望・沖縄』筑摩書房,1979年.宮本憲一・佐々木雅幸編『沖縄 21世紀への挑戦』岩波書店,2000年.蓮見音彦「沖縄振興開発の展望と問題」山本・高橋・蓮見編,前掲書,を参照.なお,1-3次の振興開発計画の全文は,喜久川宏『沖縄経済振興論』人文沖縄社,1999年,に掲載してある.
24) 宮本憲一・佐々木雅幸編,前掲書,15-18頁.
25) 蓮見音彦,前掲論文,山本・高橋・蓮見編,前掲書,46-47頁.
26) 宮本憲一・佐々木雅幸編,前掲書,11-29頁.
27) 沖縄県総務部知事公室基地対策室『沖縄の米軍基地』240-244頁,沖縄県基地対策室,1993年.沖縄国際大学公開講座委員会編『沖縄経済の課題と展望』51-59頁,沖縄国際大学公開講座委員会,1998年.沖縄国際大学公開講座委員会編『沖縄の基地問題』255-257頁,沖縄国際大学公開講座委員会,1997年.大田昌秀『沖縄平和の礎』118-124頁,岩波新書,1996年,など参照.
28) 牧野浩隆『再考沖縄経済』206-225頁,沖縄タイムス社,1996年.
29) 北原淳「北部振興開発計画の特徴と問題点」平成13年度文部省科学研究費補助金・研究成果報告書(研究代表者・高橋明善)『基地の返還・移設,跡地利用と沖縄振興問題』2002年.
30) 沖縄県総務部知事公室基地対策室,前掲書,246頁.

5章　普天間基地移設問題とウチナー

　普天間基地移設問題と住民の対応には，2章から4章までに検討してきた論点が集約された形で現れている，といってよい．そこでこの章では，次のような問題意識に立ってとらえていくことにする．1996年に打ち出された普天間基地移設先としてのキャンプ・シュワブ沖（名護市久志地区沖）での海上ヘリポート基地建設が，政治・行政過程でどのように決定され，基地移設が名護市という地域社会にとって，とくに〈地域〉住民にとって何なのかを問うとするものである．すなわち，ヤマト政府・県・市がこの基地建設にあたりどのような対応をとったのか，また建設案が提示された時に住民は反対，賛成，無関心といった様々な反応を示したが，その理由は何なのか，その運動の担い手はいかなる人々なのか，その運動・活動の内容・展開は，地域社会とくに〈地域〉にどのような波紋を広げ影響を与えたのか，そのなかで住民たちの基地感情やヤマトに対する見方ならびに生活が変わったのか，変わらなかったのか，をとらえようとするものである．これを通して，米軍基地と多面的にかかわらざるをえなかった地域社会と住民の生きざまと生活を明らかにし，基地問題を〈地域〉のレベル，住民サイドからとらえたいと考えている．

　この検討をすすめるにあたっての視点としては，米軍基地を世界的な公的システム（国内的，国際的な政治と資本によって構造化されている状態）の1つの装置としてとらえ，これに対して名護市住民は基本的には私的生活世界としての〈地域〉のなかにあり，この双方の間に中間領域としての県・市の政治・行政・資本などが存在し，公的システムと私的生活世界との間で揺れ動いている，と設定する．そして海上ヘリポート基地建設においては，公的システムが地域振興をちらつかせながら基地建設を迫り，これに対して中間領域としての

県は，大田県政段階においては私的生活領域としての〈地域〉サイドに立ったが，名護市は公的システムに従属した．だが稲嶺県政においては〈地域〉よりもヤマト国家権力側に与する道をえらんだ．そうしたなかで住民は，その私的生活世界の論理，もっと端的にいえば日常生活感覚あるいは生活の現実から反対・賛成という運動や活動を行った，というフレームで検討をすすめることにする．

ただこの運動・活動については，考えておかなければならない課題がある．それは，これまでの日本国における住民運動・市民運動の線上に安易に並べてはとらえきれないように思われる（3章参照）．すなわち日本国における運動とは異質な特性をもっていることを考慮する必要がある，ということである．この運動は，名護市住民なかんずく〈地域〉住民の生活世界・歴史的展開・自然とのかかわり・社会関係・宗教・文化・日常生活などにもとづいているのである．それの理解なしには，名護市住民そして〈地域〉住民の運動・活動の真実に迫ることはできない．

1. 普天間基地移設をめぐる政府と地方自治体・〈地域〉住民

基地移設問題と政府・県・県民

普天間基地は，宜野湾市に所在する米軍海兵隊を中核とするきわめて重要なヘリコプター基地である．基地用地は1945年にすでに接収され，その後小規模な拡張と返還が行われてきた．基地面積は$4,806 km^2$におよび，市面積の25％も占め，市の中央部に位置している．これまでも住民はさまざまな基地問題によって被害を蒙ってきたことはいうに及ばず，そのうえ基地が市の中央部に所在していることから，住民生活上，また市の産業振興にとって大きな阻害物となっている．それだけに，これまで県及び宜野湾市当局や住民は，早くから基地の全面的返還を強く求めてきた．

これに対して日米両政府は，このまま放置すれば基地に関して県・市の協力が得られにくくなり，また住民の反基地意識・運動が高まり，基地維持上に問題が出てくることを怖れ，従来よりも基地返還に踏み込んでとりくまざるをえなくなった．そこで1995年11月にSACOを設置して検討をはじめたが，県は

96年1月に作成した「基地返還アクションプログラム」のなかで,普天間基地は2001年までに全面返還を求めるという案を提起した.こうしたことがあって,96年4月12日に橋本龍太郎首相(当時)は米駐日大使とともに,5-7年以内に普天間基地を全面返還することの合意に達した,と発表した.またSACOも4月15日に中間報告を行い,全面返還にあたっての移設先として,県内米軍基地と山口県岩国飛行場及び嘉手納飛行場への追加的な機能統合を挙げた.6月26日になって,アメリカ側から移設候補地として,キャンプ・ハンセンとキャンプ・シュワブ及び嘉手納弾薬庫地区が提案された.そして12月2日にSACOの最終報告において,(1)ヘリポートの嘉手納飛行場への集約,(2)キャンプ・シュワブにおけるヘリポートの建設,(3)海上施設の開発及び建設,の3案について検討することを求めた.このようにいくつかの移設候補地が挙げられたが,そのなかでもキャンプ・シュワブ沖に海上基地を建設するという案が重視されていた.それでは,基地建設をめぐる市民投票が行われるまでの間における日米両政府,県,県内他市町村,県内組織団体の動きを少し長くなるが年次的に整理し,その後で名護市と市民の対応について具体的に述べることにしたい.これは日米両政府が普天間基地移設を,いかにアメとムチでもって強引に押し進めたか,それに対して県・県民がどのように対応したかを,事実として認識するための重要なドキュメントである.それだけに多少長くならざるをえない.なお,こうした形での提示は,2節においても行うことにする.

[1996年]
日米両政府
 4月12日 橋本首相・駐日米大使より普天間基地の全面返還発表.
   15日 SACOの中間報告.
 6月26日 米側から代替基地候補として3カ所を非公式に提示.
 9月17日 代替基地として,嘉手納基地との統合,キャンプ・シュワブとの統合,本島東海岸に海上基地建設,の3案に絞って検討することになる.
 11月16日 防衛庁長官が,シュワブ沖が有力,と言及.
   30日 代替基地はキャンプ・シュワブ水域として検討(政府内部文書).
 12月 2日 SACO最終報告.
県
 1月30日 県「基地返還アクションプログラム」を政府に提出.

11月24日		新聞が「大田知事，海上ヘリ基地のシュワブ沖移設容認」と報道．
	25日	大田知事は報道を否定，県内移設は困難，と語る．
12月 2日		大田知事「地元の意向，県の計画等を総合的に検討し，慎重に対応したい」と述べるにとどまる．

県内他市町村，県内組織団体

4月16日		嘉手納町議会が，普天間基地の基地機能の移転に反対を決議．
	18日	北谷町議会が嘉手納基地への移設に反対決議．
	20日	普天間基地の嘉手納基地への移設に反対する嘉手納町民大会開催（約1,000人参加）．
	30日	中部市町村会が嘉手納弾薬庫への移設反対決議．
5月 9日		読谷村議会が嘉手納弾薬庫への移設反対決議．
	14日	恩納村議会が嘉手納弾薬庫への移設反対決議．
	19日	「普天間基地の嘉手納弾薬庫への移設反対の読谷村民総決起大会」開催（約5,000人参加）．
6月27日		金武町議会が移設反対の意見書可決．
7月 8日		宜野座村議会が普天間基地の代替基地移設に反対の決議を採択．
	9日	北部市町村会が全会一致で，普天間基地移設に断固反対の決議．
	16日	北部市町村会と同議会議長会代表が県に，ヘリ基地の北部地域への移設反対決議を手渡す．
	17日	「普天間基地返還にともなうヘリポート移設に反対する金武町民大会」開催（約700人が参加）．
11月18日		県漁協組合長会の漁業水域制限等対策委員会が，移設が決まった場合でも反対運動にとり組む方針を確認．
	25日	中部市町村会が県に代替ヘリ基地の県内移設に反対の意向を伝える．
	26日	北部地区労が代替基地建設の条件付き受け入れを支持する北部建設協に抗議．
	30日	宜野湾市で「軍隊・海上基地に反対する女たち子どもたち島ぐるみ集会」を開催．これは「基地・軍隊を許さない行動する女たちの会」の呼びかけによる．
12月21日		宜野湾市で「普天間基地など米軍基地の県内移設に反対する県民大会」開催．これは，県議会与党・基地所在市町村・労働組合・反戦地主会・女性団体など123団体が主催したもので，約2万2,000人が参加．
	24日	社団法人北部法人会（恩納村以北12市町村の製造業・建設業など712社で構成）がヘリ基地促進を決定．
	27日	北部地区労などが北部法人会に抗議．

[1997年]
日米両政府

1月 8日		防衛庁長官は「本島東海岸沖への海上基地建設の実施計画を年内に作成する」と強調．
	9日	岡本首相補佐官ら米軍基地のある北部9市町村で，振興プロジェクト

		への補助金について説明.
	14日	岡本首相補佐官は,移設候補地としてキャンプ・シュワブが最適として,名護市に同海域調査のための協力要請.
	16日	防衛庁事務次官,埋め立て案も検討の対象になる,と述べる.
	31日	日米両政府の「普天間実施委員会(FIG)」発足.
2月	1日	防衛庁はキャンプ・シュワブ沖へ海上基地を建設することに県は関与していなかった,と発表.
4月	10日	キャンプ・シュワブ沖の事前調査を名護市が受け入れ表明,県がそれを容認したことを日本政府が高く評価.
5月	9日	防衛施設局がキャンプ・シュワブ沖の事前調査開始.
	25日	キャンプ・シュワブ沖の2回目の調査実施.
	30日	防衛施設局が名護漁協久志支部総会にて,海上基地の事前調査状況と当面の計画を説明し協力を要請.これが最初の地元説明.

県

1月	6日	大田知事は「移設条件なしの基地の整理縮小で日米政府が努力してほしい」と表明.
	8日	岡本首相補佐官に大田知事及び友寄県議会議長は「移設条件つきでは県民の理解は得がたい」との見解を示す.
	21日	県が防衛施設局長から海上基地調査の協力要請されたことについて,吉元副知事は「一義的には国と名護市の問題で,県に権限はない.事前調査に関する国と名護市の協議の場には県は同席しない」と述べる.
4月	10日	大田知事は,キャンプ・シュワブ沖の事前調査を受け入れた名護市長に対して「名護市が総合的に判断した結果は,県としても尊重したい」と事前調査を容認.

県内他市町村,県内組織団体

1月	16日	日本共産党北部地区委員会が辺野古で「海上ヘリポート基地を考える対話集会」を開催,約50人参加.
	17日	日本共産党北部地区委員会は,名護市長にキャンプ・シュワブ沖海域の調査を拒否するよう要請.
	21日	北部の3労組と日本共産党北部地区委員会が抗議行動,県漁連会長が「これ以上の制限水域や漁業禁止区域の拡大には反対」の意向を表明.
	23日	県漁連は漁業制限等対策委員会を開き,海上基地建設反対を確認.
	26日	日本科学者会議沖縄支部が「米軍基地の県内・国内移設に反対」決議.
	25日	東村高江区で「ヘリポートの東村誘致反対区民総決起大会」を開き,採択した決議を27日に村長に渡す.
	31日	東村慶佐次の区長らが,村長に海上基地建設を断固反対するよう申し入れる.
3月	11日	東村村長は村議会で,普天間基地の県内移設反対,村内への誘致はしない,と明言する.
	19日	宜野湾・浦添両市長は,岡本首相補佐官に「基地のたらい回し」に対

　　　　　　し強く反対を表明.
　　26日　日本共産党と北部地区委員会が合同で，海上基地問題シンポジウムを開催（約100人参加）.
4月10日　北部地区労や民主団体で構成する5者協が緊急抗議集会を開く.
　　15日　「米軍用地強制使用のための特別措置法改悪に反対する4・15県民大会」(7,000人参加）において，普天間基地の県内移設と海上基地建設に強く抗議.
　　17日　5者協が名護市岸本助役に事前調査受け入れの表明の撤回を迫る．名護漁協理事会が事前調査受け入れを決定.
　　18日　県漁業組合長会が海上基地建設の事前調査受け入れを容認.
5月15日　日本科学者会議の海上基地学術調査団が，「海上基地建設が実施されれば，自然環境や住民生活に大きな犠牲がともなう」と調査結果を発表.

　この経過をみると明らかなように，基地返還といってもそれはいわゆる「基地ころがし」といわれる県内移転にすぎず，実質的な返還ではない．すなわちある地域で機能していた基地は撤去しても他の地域に新設するということである．しかも普天間基地のキャンプ・シュワブ沖への移設によって，キャンプ・シュワブの基地機能は強化され嘉手納基地と並んで，米軍のアジア地域における最強の基地となる．ということは，前にもましてウチナーは戦争の危険に巻き込まれることになりかねない，ということである．米軍はすでに1960年代から海上基地構想をもち，キャンプ・シュワブ沖に目をつけており（3章参照），弾薬庫には核兵器の備蓄を想定していた（「海上基地マスタープラン」1966年）.ということは，当初からキャンプ・シュワブ沖への移設が予定されていたのではないだろうか.

　ヤマト国家権力は，公的システムを通して強い圧力をかけつつ，海上基地建設案を着々とすすめてきた．これに対して県の対応はかなり曖昧であり，明確な態度を示さずいささか腰が引けたものであった．これについては大田知事は，海上ヘリ基地がどのような計画か内容も定かでないのに態度を決めることはできない，具体的な事実関係を確認するのが先決である，という考え方に立っていた．その背後にはもちろんさまざまな重圧が加わっていたわけであるが，直接的には，1つは，1996年8月の代理署名拒否に関する最高裁における敗訴，2つは，96年11月に策定した国際都市形成構想の推進に重点を置いていた，ということがからんでいたのではないかと推察される（2章参照）．この段階に

おける県内他市町村や諸組織団体の活動は活発であったが，一般県民たちの反応にはあまり目立った動きはみられなかった．それではこうした政府や県・県内他市町村・諸団体・県民の動きのなかで，名護市・市民はどのような対応を示したのであろうか．まず名護市の動きからみていこう．

基地移設問題と名護市・市民の対応

1996年6月27日に，早くも比嘉鉄也名護市長が移設反対を打ち出し，7月に名護市民大会を開催することを表明した．市長は「移設は寝耳に水，住民無視もはなはだしい．ヘリポートを付加すれば，基地に起因する事件・事故および基地被害が増えるのは火を見るより明らか．基地の機能強化・拡大，固定化につながるヘリポートの建設には断固として反対する」と語った．翌28日に名護市議会が「普天間基地の全面返還に伴う代替ヘリポートのキャンプ・シュワブ移設に反対する決議」を可決した．7月10日に「名護市域への代替ヘリポート基地建設反対市民総決起大会」が開かれた．これに約4,000人が参加．実行委員長の比嘉市長が「降りかかる火の粉を市民が力を合わせて払いのけるとともに，市長としても基地機能強化は絶対まかりならんと先頭に立って行動することを誓う」と挨拶し，「移設には市民ぐるみで断固反対」を決議した．さらに11月29日にも第2回目の大会が開かれた．2,600人が参加し，大会実行委員長の比嘉市長が挨拶で反対を表明した．

1997年1月30日，名護市民会館前で「ヘリポート基地建設阻止北部地域総決起大会」が開かれた．これには，市長が事前調査容認へと傾きつつあることに危機感をもった労働組合員や市民約800人が参集した．11日，比嘉市長らが防衛施設局に反対決議を手渡す．だが16日，比嘉市長が臨時市議会で代替ヘリポート基地建設について曖昧な答弁をするようになる．18日に名護市議会が，キャンプ・シュワブ水域への普天間基地の代替基地移設に全会一致で反対決議を採択する．翌19日に市議会代表が防衛施設局に抗議．11月25日，名護市が海上ヘリ基地移設問題で市民大会開催を決める．12月2日，SACO最終報告について，比嘉市長が「頭越しの移設案」であるとし，市民も反発する．大田知事は「地元の意向，県の計画等を総合的に検討し，慎重に対処したい」と述べる．市長や名護市代表団が防衛施設局・県などに基地建設反対の要請．

12日，市長は21日の県民大会に参加しない方針を表明．

1997年に入っての1月21日に，防衛施設局長が比嘉市長にキャンプ・シュワブ水域の事前調査への協力を要請したが，市長は，県が同席しない市と政府との二者協議には応じないとした．また県は「一義的には国と名護市の問題なので，県は同席しない」と表明した．3月10日に比嘉市長が市議会で，キャンプ・シュワブ沖への海上基地建設に原則として反対，と述べる．17日に市長は，県は早急に県内移設か県外かの結論を出してほしい，と語る．4月9日市長は，シュワブ沖の事前調査受け入れを表明．6月5日市長は橋本首相に，地元の頭越しに建設は行わないこと，を確認する．

この経過をみると，比嘉市長は当初こそ強く移設・海上基地建設に反対の姿勢をみせていたが，早くも96年11月に入ると態度が曖昧となり，97年4月に建設への足がかりとなる事前調査を受け入れることにした．この後，彼はひたすら建設容認の方にシフトしていくことになる．このような彼の動きは何によるものなのであろうか．政府から北部振興策をちらつかされ，また圧力をかけられたために，さらには県が相談相手になってくれなかったために，途中から変節したのであろうか．だが筆者には変節とは思えない．そもそも彼はどちらかといえば，ヤマト公的システムに組みこまれることを受け入れ，その支配を地域末端において遂行することを任務と考えていたのではなかろうか．そうでなければ，12月24日の市民投票結果を無視した建設容認表明の説明のつけようがない．いずれにしても彼のこの態度は，市民さらには反戦・平和・安全をねがう人々に対する重大な裏切りであることは間違いがない．

1997年4月10日に名護市議会野党と労組・民主団体ら5者協が，(1)海上基地反対の市民ぐるみの対策協議会を結成する，(2)海上基地建設の事前調査も同基地の移設も反対する，(3)住民投票実施に向けて勉強会を開く，ことなどを確認した．11日に市議会野党と5者協が市長に，事前調査受け入れ表明に対して強く抗議した．海上基地建設問題はここにおいて，いよいよ市民投票にむけて動きだすことになった．また名護市民のなかからも，海上基地建設反対のための組織づくりが始まることになった．これ以降急速に名護市民の活動が活発化していく．4月8日に11団体による「ヘリポート基地建設の是非を問う市民投票推進協議会」の設立準備会が開かれた．また10日に150人が参加し

て「ヘリポートいらない名護市民の会」(名護市民の会)が発足し，20日に「ちゃーしんならん(我慢できない)！ ヘリポートゆんたく(話し合い)フォーラム in NAGO」が，名護中央公民館で海上基地建設問題で話し合いを開催．28日，「ヘリポート基地許さないみんなの会」(みんなの会)が200人参加のもと結成される．ここに市民の建設反対態勢が整った．ところが17日に名護漁協理事会が，事前調査受け入れを全会一致で決定する．その理由は，県・市が調査受け入れを容認したこと，防衛庁との交渉で漁業損失補償と補償対象年数の引き延ばしなどの成果があったということによる．漁協も，事前調査受け入れは基地建設につながっていくことを知らないわけではないし，そしてそれは，自分たちを育んできた海を破壊することになる可能性が大きいにもかかわらず，調査を容認したということは，漁業損失補償がからんでいたからであろうか．

　これまでみてきたことからもわかるように，ヤマト国家権力はキャンプ・シュワブ沖に普天間基地を移設すべく，少しずつ外堀を埋めてきた．それはキャンプ・シュワブの軍事的機能を強化しようとする当初からの米軍の意向に沿うものであった．この段階における県は，この問題から身を遠くに置き曖昧な姿勢を保ったままであった．このことによって大田知事は，県民の多くの非難を浴びることになるのであるが，それは普天間基地移設問題よりも国際都市形成構想実現に重点をおいていたためなのか，あるいは〈地域〉の連合体である「国」としての県ではなくて，やむをえずヤマト国家の公的システムのなかに組みこまれる道を選んだためなのか，いずれにしても不明である．これに比して基地撤去の願いを強くもっていた他市町村や県民たちは，いちはやく県内移設反対の動きを示した．また名護市民たちも，事の重大性を考え，建設反対の立場から大会の開催に参加するとともに組織づくりをすすめ，市民投票で決着をつけようと図った．ここに普天間基地移設をめぐって，これを推進しようとするヤマト国家権力とこれに抵抗する県民・名護市民とヤマト政府から提示されるアメに転ぶ人々，その中間にあって姿勢が不鮮明な県当局，あるいはヤマト国家権力に従属する名護市という図式が，浮かび上がってくる．

　こうした動きのなかで，次第に移設先として焦点を合わせられてきたキャンプ・シュワブ沖をかかえる名護市民及び久志地域とその周辺地域は，圧倒的に

移設・海上基地建設反対へと活動を展開していくことになる．それでは次に，普天間基地移設・海上基地建設と地域住民との対峙にとって，1つの大きなヤマ場となった市民投票と名護市長選挙に至るまでの動きについてみていくことにしたい．

2. 市民投票と名護市長選挙

市民投票をめぐる攻防

まずかなり長くなるが，市民投票問題が浮上して以降名護市長選挙が終わるまでの間の日米両政府と県及び県内他市町村・県内組織団体の動きを，客観的な事実としてとらえるために年表的に示しておこう．

[1997年]
日米両政府
 6月13日 防衛施設局が県に海上基地建設のためのボーリング調査申請．
 7月22日 防衛施設局がキャンプ・シュワブ陸上部のボーリング調査実施．
  25日 防衛施設局長が海上基地建設について「県が関与してしかるべきもの」と発言．
 8月13日 防衛施設局，ボーリング調査開始．
  20日 防衛施設庁長官が記者会見で「普天間基地の代替基地が県内移設で動かなければ，普天間の返還も動かない」と語る．
  23日 橋本首相が那覇市で「普天間飛行場の返還は代替の海上基地建設が前提」と強調．
 9月 2日 政府が「普天間飛行場移設対策本部」を設置，その後9月30日には現地対策本部を設ける．
 17日以降 政府・自民党幹部が相次いで沖縄を訪問し，海上基地建設を要請．
 10月24日 海上基地の機能強化を要求する米国側に対して，政府はヘリ60機程度を考慮すると答える．
 11月 5日 久間章生防衛庁長官が大田知事や比嘉名護市長らに海上基地の基本案を提示．
   (1)環境調査や米軍との調整の結果，キャンプ・シュワブ沖が最適，(2)工法はくい式桟橋方式と箱方式を候補とし，最寄りの集落から1.5km，3km，(3)基地の規模は全長1,500m，幅600m滑走路の長さ1,300m，撤去可能．米軍部隊2,500人程度，配備機種，機数ともに，普天間基地と同じ60機，(4)海上基地周辺の飛行ルートを外洋側に設定し，集落・学校・幼稚園などの上空飛行をさける．漏油，船舶の衝突，台風，波

浪,津波,地震,に対する安全対策をとる,(5)夜間10時以降の飛行を自粛し,海上基地にもっとも近い住宅地域でも航空騒音基準を満たす,(6)サンゴ礁への影響を極力さける,(7)特定防衛施設周辺整備調整交付金など自治体への交付金交付,基地建設への一部地元企業参入が見込まれる,というもので,知事ならびに市長らに協力を要請した.

7日 国会内で橋本首相が大田知事に「海上基地建設問題について,県の努力は不充分である」として建設促進への決断をせまる.防衛施設局が名護漁協に海上基地建設の説明会を開く.

11日 政府が名護市議会に海上基地建設の概要説明.質問を一方的にうち切る.防衛政務次官と防衛施設局長らが宜野湾市長らに海上基地建設の基本案を説明.

12日 政府は海上基地建設の基本案を久志公民館と久志支所の2会場で,住民説明会を開催する.対象は,辺野古・久志・豊原区及び二見以北10区の住民,両会場にそれぞれ600-700人の住民が集まり,具体的な質問をあびせたが,政府側は十分に答えることができなかった.自民党本部は名護市の市民投票についての政府のとりくみを支援していくことにした.

14日 政府の説明会が屋我地(参加者80人),羽地(参加者200人)で開かれる.

15日 16日にかけて村岡兼造官房長官が,「海上基地建設と北部振興策とは直接結びつくものではないが,リンクすれば振興が大きく進展するだろう」と語った.

27日 久間防衛庁長官は,この日までに沖縄駐留の自衛隊員と防衛施設局関係者約5,500人に名護市市民投票賛成票獲得のために協力文書を送った.

29日 鈴木沖縄開発庁長官が「国策,国益に協力してくれたところには国の予算の傾斜配分を考えるのが公平」と語る.

12月 1日 政府・自民党独自の名護市民調査で,海上基地建設賛成3割,反対6割という結果が出る.自民党はマスコミを利用して広報活動を強化.

2日 橋本首相が,「名護市民投票で反対が多数になれば,普天間基地の移設も不可能となり振興策もない」と強調する.

3日 秋山防衛政務次官が,名護市長や活性化市民の会と懇談.

5日 久間防衛庁長官や村岡官房長官が「北部振興は海上基地建設賛成が条件」と相次いで語る.防衛施設庁は名護市民投票に向けて,那覇防衛施設局の職員300人を動員して有権者3万8,000人の戸別訪問を行い,海上基地建設の理解を求めることにした.政府は97年度活性化特別事業について,沖縄の6市町村の11事業総額15億6,100万円のうち名護市に8億6,900万円を配分するとした.

6日 村岡官房長官が北部振興策を示して「北部振興は海上基地の受け入れが前提」と強調.

9日 那覇防衛施設局の職員200人が市民投票に向けて「ゆいまーる運動」

		と称して戸別訪問を開始する．
	11日	橋本首相その他防衛庁関係者が「海上基地建設はキャンプ・シュワブ沖以外に選択肢はない」と発言．
	15日	那覇防衛施設局長と比嘉名護市長が，条件付き賛成派の集会に出席．防衛施設庁長官が宜野湾市長に名護市民投票の協力を依頼するも，市長は拒否した．
	17日	政府は北部振興に10億円上積みの方針を示す．
	20日	鈴木沖縄開発庁長官が海上基地賛成へむけて露骨に利益誘導を行う．
	22日	21日の市民投票の結果，反対52，59％，賛成46，16％と，反対が多数を占めたことに対して，米国防総省は「海上基地以外の代替案を検討することはしない」と表明．
	23日	政府は大田知事に海上基地建設の受け入れを再度迫る方針を決定．
	25日	防衛庁長官が大田知事の海上基地建設問題についての態度表明を迫る．24日に海上基地建設受け入れを表明した比嘉名護市長が辞表を提出．これをうけて市長選挙が行われることになった．橋本首相が自民党に，比嘉名護市長が推す市長候補者を最大限支援するよう求める．

県

7月 3日		大田知事が橋本首相との話として，「何をもって地元の合意とみなしてよいか，非常に難しい」と語る．
8月 1日		防衛施設局にキャンプ・シュワブ沖のボーリング調査を正式に許可する．
	25日	知事は「県内移設に反対」を表明．
10月 8日		防衛政務次官が知事に，海上基地建設について強いリーダーシップを発揮するよう求めたのに対して，知事は「知事が新たな基地をつくるかのような立場に立つことは，公約に反する」と答える．
	13日	名護市議会議員たちが，知事に基地建設への態度を明確にすることを求めたが，市民投票の結果が出るまでは態度を表明しない，というこれまでの姿勢を示すにとどまった．
11月 7日		知事は，普天間基地のキャンプ・シュワブ沖移設容認を否定しつつ，現実的対応も必要である，と発言．
12月21日		知事は，名護市民投票の結果について「これを重くうけとめ，名護市の意向なども勘案し，県の総合的発展をはかる観点から適切かつ慎重に対応していきたい」と語る．
	24日	県議会与党5会派，知事に市民投票結果を尊重し海上基地建設に反対するよう要請する．
	25日	県は，海上基地建設について市町村・政党・各種団体など五十数団体から意見聴取作業を開始．

県内他市町村・県民組織団体

8月22日		「海上ヘリポート建設宜野座村対策協議会」が発足．
	30日	平和をつくる沖縄百人委員会が，海上ヘリポートをはじめ軍事基地の

強化に反対するアピール，を発表．
9月 2日 歌手の喜納昌吉が提唱した海上基地建設に反対する「サバニ・ピースコネクション'97」が与那城町屋慶名漁港を出港．
11日 那覇市内で「海上ヘリ基地を許すな・基地はいらない島ぐるみネットワーク」(島ネット)が，約150人の参加のもと結成される．
19日 那覇市内で約6,500人が参加して「海上基地建設をはじめ基地の県内移設に反対する県民大会」が開催される．
11月 7日 北部地区労と平和センターが「海上ヘリ基地建設阻止・名護市民投票勝利決起大会」を開催．約250人が参加．
16日 「海上ヘリ軍事基地を許すな島尻ネットワーク」が結成される．
18日 那覇市内で「新たな軍事基地・海上ヘリ基地を押しつける復帰25周年記念式典に反対する市民連絡会」が座り込みを始める．
12月 5日 宜野湾市商工会議所が，普天間基地の海上基地への移設促進を打ち出す．
16日 大宜味村議会が，全会一致で海上基地反対を決議する．
19日 読谷村議会が海上基地反対の決議．
22日 佐敷町議会が，米軍基地の県内移設反対を決議．
29日 31団体が加盟して「海上ヘリ基地建設に反対する市民団体連絡協議会」(市民団体連絡協)が組織された．

[1998年]
日米両政府
1月21日 1月12日に大田知事が海上基地建設反対の意向を洩らし，また名護市長選挙で建設反対派の玉城候補の支持を表明し，県としても移設反対の方針を固めたことから，橋本首相が，海上基地建設について変更する考えがない，県が建設を拒否すれば振興策も大幅に見直す，と言明．コーエン米国防長官が，海上基地建設は日本政府と地元関係者で決定すべきである，と述べる．
23日 フォーリー駐日大使が，代替基地がなければ普天間基地の移設はできない，と語る．自民党沖縄振興委員会が，沖振法改正案を了承することを見送ることにする．
25日 政府は沖振法改正案の閣議決定を先送りとする．
2月 1日 橋本首相は，大田知事が玉城候補を応援したことに反発する．
5日 自民党，沖縄振興委員会，沖縄県総合振興特別調査会の合同委員会で，大田知事を強く批判し，沖振法改正案の凍結が論じられ「沖縄を甘やかすな」という声も聞かれた．
6日 大田知事が正式に海上基地建設反対を表明したのに対して，首相はじめ閣僚たちは一斉に知事を攻撃する．
9日 2月8日の名護市長選挙の結果，建設受け入れ派とみられる岸本建男が当選したことに対して，橋本首相は歓迎の意を表す．
10日 与党政策調整会議で沖振法改正案が了承され，国会提出が決まる．

13日　政府が沖振法改正案を国会に提出．
　　　16日　防衛事務次官が海上基地建設構想の見直しを否定．
　　　19日　スローコム米国防次官が，海上基地構想は唯一の選択肢である，と述べる．
　　　27日　沖縄郵政事務次官が岸本名護市長に，名護市マルチメディアセンターの建設の補助金交付決定を伝える．
　3月13日　日米両政府は，海上基地建設に向けて協力を確認．この後，何人もの日米両政府高官が，海上基地建設を強調する．
　4月21日　日本政府高官が「あと1カ月半のうちに普天間基地の県内移設を受け入れないと普天間基地の返還を凍結する」と述べる．

県
　1月 9日　県が，海上基地建設問題で県議会各会派の意見聴取を始める．また基地所在主要市町村のうち，那覇市・沖縄市・浦添市・具志川市・読谷村・北谷町・北中城村の7首長が反対を表明．建設容認は石川市と勝連町．
　　　12日　知事は，名護市民投票の結果を尊重する．また名護市長選挙で玉城候補の支持を表明する．
　　　13日　県の緊急部局長会議で基地移設受け入れ反対の基本方針を確認する．
　　　14日　知事は「建設反対は当初から考えていた．首相の言うとおりにはできない」と語る．
　　　22日　県三役が海上基地建設反対で最終協議を行う．
　2月 2日　知事は，政府が大田知事が建設反対の意向を固めたために振興策を見送る動きを示したことに対して不快感を表す．
　　　 5日　宮平副知事が自民党に面会を拒否される．
　　　 6日　知事が政府の海上基地建設構想に正式に反対を表明．
　　　19日　県が海上基地問題で団体調査した結果を発表．賛成25，反対37，一任8，その他14．
　28日以降　4月にかけて，知事，副知事などが政府首脳と会談し，県内移設反対を表明する．

県内他市町村，県民組織団体
　1月 6日　沖縄医療生活協同組合，平和センターが，県に海上基地建設拒否を要請．
　　　17日　『琉球新報』が，県民調査の結果70.2％が反対と報じる．
　　　23日　県経済団体会議が，海上基地建設を受け入れて振興策を頓挫させてはならない，という意向を確認．
　　　26日　西原町議会が，海上基地建設反対決議．
　2月 5日　自民党県連が，知事に海上基地建設を受け入れるよう要請．
　　　10日　宜野湾商工会が知事に普天間基地移設を促進する声明を出す．
　3月24日　那覇市内で「海上基地の押しつけに反対し，普天間基地の無条件全面返還・海兵隊の削減を求める3・24県民大会」に約5,000人が結集．

まことに1997年後半から98年前半の間は，ウチナーなかでも名護市民にとっては激動のなかにあった，といえよう．ヤマト国家はその権力的公的システムによって，強引に海上基地建設の承諾を迫った．とくにそこで目立ったのは，1つは，海上基地建設を認めないかぎりは普天間基地の返還はありえないとしたこと，2つは，海上基地建設と振興策をセットにしたこと，3つは，名護市民投票において那覇防衛施設局職員を動員し各戸を訪問させたこと，4つは，基地建設賛成派を動かして市民投票に大量の不在者投票を行ったこと，などが挙げられる．これらはいずれも社会的公正を欠くものといわざるをえない．そして名護市長選挙，沖縄県知事選挙を通して，またさまざまな利益誘導を行うことによって，新しい海上基地を建設する道を切り開くことになったのである．

　それにしても大田知事の態度が，98年1月になるまで曖昧であった点は問題である．しかもこの間，名護市とは距離をおき第三者的であった．彼の正式反対表明は2月6日であった．多くの人が指摘するように，それは遅すぎたといってもよい．その理由は先にも述べたことにあると思われるが，基地の返還といってもそれは，県内移設であるということ，しかも新しく基地を建設するということ，ヤマト国家権力に屈服するということ，これらの結果としてウチナーの平和と安全がさらに危機にさらされるということ，などを考えた時，ヤマト権力の強圧と闘う覚悟を決め，また国際都市形成構想とは切り離して，いち早く海上基地建設に反対の狼煙を上げるべきであった．この遅れが，次なる知事選挙に影響を与えたのかもしれない．

　この期間において，県内他市町村や県民組織・団体のいくつもが反対の決議を行い集会をもった．それはそれなりに意義はあったことと思うが，結果的には大きな成果をおさめるには至らなかった．それは，各市町村の取り組みがバラバラであったということ，組織・団体の結集力が弱かったということにもとづく．とはいえ市町村，組織・団体ばかりを責めるわけにはいかない．というのは，ヤマト公的システムによる行政的管理システムが強化されてきているという点，ウチナーンチュの多くが次第にヤマト化され，そのアメにより強く期待をもち，反戦平和・基地撤去という意識を，失ってはいないけれども，積極的に行動しないように方向づけされてきたという点，を見落としてはならない

からである．

　次にこうした動きのなかで県民は，どのような意識をもっていたのかをみておこう．1997年4月10日の沖縄タイムス社と朝日新聞社の調査結果報道によると，「海上基地建設に反対」が64％，「賛成」が15％．5月5日の琉球新報社の調査結果報道では，「普天間基地の無条件返還」が28.6％，「シュワブ沖移設」が10.8％，「県外移設」19.8％，「国外移設」30.3％，「わからない」10.8％であった．9月30日の沖縄タイムス社の調査では，シュワブ沖への移設に「賛成」22％，「反対」55％，「名護市民投票に賛成」70％，「反対」12％となっており，98年1月17日に琉球新報が，海上基地建設に県民の70.2％が反対していると報じる．このように基地建設反対の意識はかなり高いのではあるが，それが行動に結びつかないところに今日のウチナーの現実がある．これらを結集してヤマト権力による重圧をはねかえす大きな抵抗勢力をいかにつくるかが，重要な課題といわねばならない．

　それではこの間，名護市民がどのように動いたかをみていくことにしよう．名護市においては，6月6日に「ヘリポート基地建設の是非を問う名護市民投票推進協議会」(市民投票推進協)が結成され，本格的な取りくみが開始された．これに約1,300人が参加し，代表は宮城康博が選ばれた．18日に与党系の市議会議員17名が，市民投票実施に反対の意向を示す．27日，推進協が市に「市民投票条例制定請求」を行う．7月10日から市民投票条例制定請求のための署名活動に入る．12日に推進協が県に，市民投票の結果がでるまでボーリング調査を許可しないように，と求める．さらに15日，約1,000人が参加して「市民投票を成功させる総決起大会」を開く．8月13日に推進協が市選挙管理委員会に，市民条例制定を求める1万9,735人分の署名を提出した（このうち有効署名数は1万7,539）．

　しかし他方では，建設を容認することによって活性化をはかろうとする人たちもいる．8月28日に与党系市議18人が「名護市活性化促進議員協議会」を結成．9月2日，市内の経済団体が「名護市活性化促進市民の会」(活性化市民の会)を結成する．この後9月19日に約6,150人が参加して「活性化促進市民大会」が開催された．彼らとて，基地の危険性は十分に認知しているはずである．「沖縄の心」である反戦・平和そして安全で豊かな生活を追い求めている

はずである．それをかえりみず，経済活性化のためということで基地建設を受け入れるというのは真の発展の疎外要因をかかえこむ構図となっている．そもそもここで声高々に唱えられている活性化そのものが怪しいのではないか．それは本当にこの地域の活性化に結びつくのであろうか．一時的な事業収入だけに終わってしまうのではないか．かくして，米軍に機能的な軍事基地を安定的に提供するためのヤマト国家権力の施策によって，名護市民は2つに分断されることになったのである．そのことは，市民投票及び市長選挙において明白なものとなった．すなわち，ヤマト国家政策によって，〈地域〉は分解され住民間に対立関係が生じるようになったのである．

　9月16日に推進協が市長に市民投票条例制定を請求．同日「市民投票条例制定を求める市民集会」開催．約250人参加．25日，市長が推進協から出された市民投票条例案の「反対」，「賛成」の二者択一に，さらに「条件付き反対」，「条件付き賛成」をくわえた四者択一案を議会に提出した．このねらいは，いうまでもなく市民投票と振興策をリンクさせ，反対票をすこしでも減らそうというものである．これに対して推進協は強く反発したが，市議会において与党多数で可決された．10月8日，市民投票条例公布．15日，名護市商工会が，海上基地建設に賛成し，署名活動を行うことにした．17日に，推進協を発展的に解消し「海上ヘリ基地反対・平和と名護市政民主化を求める協議会」（ヘリ基地反対協，代表宮城康博）が発足した．かくして，海上基地建設に反対する市民の組織と，賛成の市長をはじめ与党議員・商業者・建設業者などを中心とした工業経営者及び活性化に期待する一部市民との全面対決が，幕を切って落とされた．

　とくに，ヘリ基地反対協と活性化市民の会の市民投票をめぐる攻防は，これらへの応援支持団体をふくめ激烈をきわめた．名護市の街中に，ヘリ基地建設反対に○印を，賛成に○印という看板が所狭しとばかりに立ち並び，とくに賛成の看板には，振興のために，経済効果が期待できるとか，高等専門学校誘致が可能になるとか，というよい話ずくめが並べられてあった．名護市燃ゆ，といってもよいほど熱気につつまれていた．11月4日に活性化市民の会は，会員が1万5,987人に達したと発表．7日に北部地区労と平和センターが，「海上ヘリ基地建設阻止・名護市民投票勝利決起大会」を開き，約250人が集まる．

10日に反対協が，反対票の獲得を目指して署名活動を開始する．13日，名護市観光協会が，海上基地の条件付き賛成を決める．同日反対協が「海上基地いらない羽地総決起集会」を開き100人余が参集した．14日に反対協は，市長が会長をつとめている観光協会に，市の補助金をだしていることに抗議する．18日には，「新たな軍事基地・海上ヘリ基地を押しつける復帰25周年記念式典に反対する市民連絡会」が座り込みを行う．20日，反対協主催で「海上ヘリ基地建設反対・市民投票勝利総決起集会」が開かれ，約3,000人が参加する．28日，約130人が参加して「海上基地建設に反対する女性の会」が発足する．

　12月4日，反対協が政府に対して，市民投票への介入中止を要求する（これはすでにみたように，政府が，建設賛成票獲得のために防衛施設局職員を動員したことに対する抗議である）．8日，市長と防衛施設局長が，海上基地建設賛成派の会合に出席する．この段階で市長は，明らかに賛成へと転じた姿勢を示したのである．9日，沖縄タイムス社と朝日新聞社が名護市民の世論調査結果を報道．「大田知事は態度をはっきりさせるべきだ」73％，「必要がない」11％，「名護市長の対応は評価しない」45％，「評価する」32％，「基地と振興策は別にすべきである」54％，「振興のためにやむをえない」31％，「政府の海上基地説明は信用できない」65％，「信用できる」14％，「政府は投票結果を尊重すべき」65％，「投票結果を参考に」19％，「海上基地建設賛成」8％，「条件付き賛成」25％，「反対」48％，「条件付き反対」6％，であった．このように大田の態度については市民も批判的であるが，市長に対しては肯定する層がある程度いる．それは，市長がまだ明確に賛成を表明していないこととも関連するが，いま1つは，振興のためにやむをえないと考えている層が31％もいることと無縁ではない．10日に報じられた琉球新報社と毎日新聞社の調査結果も同じような動向がみられた．

　12月11日，「名護市における米軍のヘリポート基地建設の是非を問う市民投票」が告示される．181人が不在者投票を行う．同日，「海上基地建設に反対し，名護市民投票を成功させる女性の会」が，防衛施設局職員の戸別訪問に抗議声明を出す．12日，中小業者が，海上基地建設反対の決起集会を開く．13日，「命どぅ宝・ウーマンパワーズ」が，約120人で市民投票勝利のための行動計画を話し合った．不在者投票は，15日で2,697人となる．17日に，企

業に不在者投票の割り当て文書が配布されていたことが，市議会でとりあげられた．19日に名護市が，不在者投票への組織動員中止を要請する．この後，反対側には小人数ながら女性たちの行動が目にとまるようになり，オバァたちをふくめ女性たちの参加が増え積極的に活動するようになる．20日に，オバァたちも参加して800人で「女たちの道ジュネー」行動が，名護市役所から名護市博物館まで行われた．彼女たちは，日頃日常生活に埋没し社会の表舞台に立つことのない一般住民である．それにもかかわらず，このような行動をおこすというのは，たとえそこに海上基地建設問題を客観的に相対化できる「市民」運動的リーダーがいて彼によって触発されたのだとしても，直接的に彼女らを行動へとかりたてたのは，彼女たちがこれまで懸命になって守り育ててきた生活の破壊を阻止したいという切実な気持ちがあったからではないだろうか．ある意味では，それが反対運動のもっとも力強いエネルギーであった．彼女らにとってみれば，ヤマト国家は別世界であるにもかかわらず，それが強引に自分たちの生活世界に侵入し，祖先と一体化したこの〈地域〉を破壊するかもしれないということは，とうてい受け入れることのできないものであった．したがって彼女たちの大半が，たとえ運動のなかで国家や政治体制を相対化する「市民」的特性を身につけたとしても，本質的には，彼女らは日常生活という私的生活世界という場で国家権力の公的システムと闘っていたといえよう．このことは，彼女らに筆者らが面接調査した時に強く実感したことである．それが本書に貫く論理をつくりあげる1つの契機となった．いま1つの契機は，3節で述べる辺野古における運動の調査であった．

　ともかく市民投票が迫ってくるなかで，政府・市長・賛成派グループと反対派との対抗・活動はさらに激しさの度合いを増した．当時名護市で調査中であった筆者にもその熱気は，ヒシヒシと伝わってきた．投票は12月21日に行われた．その結果は，投票総数が3万1,477，不在者投票が7,632，賛成は2,564，条件付き賛成が1万1,705，反対は1万6,254，条件付き反対が385，賛成の合計が1万4,269（46.16％），反対の合計が1万6,639（53.83％）であった．

　このように，反対が多数を占めたわけではあるが，市長の「条件付き」という企みがなければ，もっと反対票が多くなったに違いない．それにしても，事前の各新聞社の世論調査に比べれば反対が少ない．それは政府や賛成派がしき

りに振興策の効用をふりまき，また，賛成票を投じるために組織動員された不在者投票が投票総数の20％近くにものぼったこととも関連している．

　この結果はある程度予測されたことではあるが，それでも具体的数字を目の前にした時には政府・市長・賛成派にとってそれなりのショックではあった．市民投票の勝利をふまえて反対協は，市長に海上基地建設反対の決断をせまるために面会を求めたが，市長は逃げ回り，やっと23日に面談することができた．しかし市長は「熟慮する時間が欲しい」と即答をさけた．また市民投票によって建設反対が多数という結果が出たにもかかわらず，同日，条件付き賛成派3団体が，また24日に活性化市民の会が，それぞれ市長に建設受け入れを表明することを求めた．24日に市長は橋本首相に，海上基地建設受け入れを表明し，25日に辞表を提出した．22日に市長は，投票結果を受けて「建設容認は厳しい」と語ったばかりである．ヤマト国家権力からの重圧や賛成派からの強い要請があろうと，市民の意向を無視した姿勢をとったのである．本人は「北部振興のため」といっているが，基地を受け入れないかぎり振興がありえないというのは，市民生活が危険な状態におかれても振興を優先するということになる．とどのつまりは，ウチナーンチュは何時までも平和と生活をおびやかす基地と同居していろ，ということになる．果して，この振興策で北部地域の発展と豊かな生活への展望が描けるのか，かなり疑問に思える．というのは，この振興策は基地移転と引きかえに計画されたもので，必ずしも北部地域の実態を正確にふまえ，将来の地域発展を見通して策定されたものではないからである．

海上基地建設問題の新段階としての市長選挙

　この市長の受け入れ表明に対して，もちろん反対協及び市議会野党からの抗議がなされた．他方，活性化市民の会は「市長の大英断，歴史に名を残す」と，大きな喜びをもって迎えた．ともかく市長の辞職によって，市長選挙が1998年2月8日に行われることになり，海上基地建設問題は新しい局面に突入することになった．12月27日，反対協が「海上ヘリ基地建設絶対阻止・市長の受け入れ表明糾弾・政府の基地押しつけ糾弾総決起集会」を開いた．これに約1,000人が参集した．また同日，反対協と野党と労組が会合し，市長選挙の取

り組みについて協議し，市民運動を重視した選挙母体をつくることにした．条件付き賛成派は，岸本建男名護市助役を市長選挙の候補者とすることを決めた．

岸本は，名護市屋部地区の出身で市役所の助役を務めていた．彼は，先にもふれたように1973年の名護市総合計画で逆格差論を打ち出したことで知られており，またかつては一坪反戦地主会の会員でもあり，どちらかといえば革新的ともみられていた．岸本は，98年1月5日に出馬を表明し「海上基地建設問題は凍結し，知事の判断を待つ」として選挙の争点としないことを示しつつも「比嘉市長の判断を継承する」と述べた．すなわちそれは，直接的には建設容認とはいってないながら，結果的には容認ということである．先の市民投票のことを考えると，基地建設問題をあからさまに争点とした場合には選挙で敗れる可能性がある，ということなのであろうか．

これに対して同日の5日に，建設反対の政党・労組・市民団体が玉城義和県議（社民党）を候補とすることにした．玉城は名護市内に居住してはいるが名護市出身ではない．玉城は7日に出馬を表明し「県内移設条件付きでは私たちの意思に反する．市民投票の結果を生かせる市政をつくる」と述べた．ここにいよいよ市長選の火ぶたが切って落とされた．

1月9日に，名護市民投票を成功させる女性の会が，「海上基地に反対し，名護市長選挙を勝利させる女性の会」を結成した．10日に岸本が，(1)市民が夢と希望を共有する活力ある名護市，(2)北部地域住民のニーズにこたえる都市機能を備えた名護市，(3)自然と調和のとれた県民のふるさと名護市，を建設するという基本政策を発表した．玉城も11日に，次のような基本政策を打ち出した．(1)市民投票で示された民意に従い，海上基地建設を阻止し，平和を希求する名護市，(2)民意を反映する市政を原点に市民に開かれた市政運営を図る民主的な名護市，(3)自主的・自立的な街づくりが行われる市民主人公の明るい名護市，である．同日，「ヘリ基地反対・市民が主人公の明るい名護市をつくる会」(明るい会)が発足し，玉城の支持母体となる．玉城に対しては，社民党，社大党，共産党，民主党が推薦，公明党沖縄，新進党沖縄第3支部，新党平和，新社会党が支持ということになった．岸本の方は，市議会与党18人を中心として，企業・商工・農業・漁業や市民グループの同期会・スポーツ愛好会・友の会などが支援組織を編成した．すなわち，一方が政党，他方が市

民団体という形である．

　1月20日に市民504人が，比嘉前市長と市当局に損害賠償をもとめる訴訟を起こす．それは，市民投票の結果に反して建設受け入れを表明した比嘉市長の行為は，市民投票条例の結果を尊重する義務に違反する「職権の乱用」であり，平和的生存権の侵害である，とするもので，賠償請求額は市民1人あたり1万円とした．同日，岸本候補の後援会女性部が，市長選に向けての励ます集いを開く．これに比嘉前市長，沖縄開発政務次官が出席する．22日に「明るい会」が，「タマキ義男必勝1・22総決起集会」を開催した．22団体，約4,000人が参加する．26日には，「誇りと活力のあるまちづくりの会」が「岸本タテオを支援する市民総決起大会」を開き，約3,500人が集まった．26日には，「明るい会」が「玉城と輝く女性の集い」を開き，約350人が参加した．

　選挙告示日の2月1日に玉城応援のために，大田知事，副知事2人，山内出納長，土井社民党委員長が顔を並べた．これに対して岸本側は「選挙への露骨な介入」と反発し，また自民党県連も「これまでの政府との信頼関係にひびをいれている．政府サイドは知事の対応にきわめて不満を示している」と述べた．このように玉城側には，さまざまな政党の推薦・支持や県関係者の応援がなされたが，岸本側は，あえてかかる外部勢力を前面にださなかった．これが選挙結果に影響を与えたといわれている．2月8日の選挙結果，岸本が1万6,253票，玉城が1万5,103票その差1,150票で岸本が当選した．

　このような結果が生まれた要因について，高橋明善は「岸本派は農村型選挙に徹した．……賛成派にかつがれ，前市長の応援を受けながら，『名護市でのこの問題は終わった』として基地と切り離して地域振興に政策重点をおいた．……市民投票で批判された土建業者や自民党県連，外部の政治勢力は表に出さず，……『草の根市民運動』の選挙戦を強調した．230回以上のミニ懇談会を開催したといわれる．さらに地縁，血縁，有力者の影響をフルに動員する伝統型選挙運動を展開した．……玉城氏を含めて，玉城派の後援会幹部はもともと皆よそものだということを岸本派は宣伝した」と述べている[1]．とくに「名護市民には選挙の第一声に県の知事・幹部や政党委員長が登場したことに違和感を感ずるものもあったかもしれない．外部からの応援はマイナスの面ももっていた．旧名護町のナゴマサー（名護気質）は他人を受け入れないという閉鎖性

をもつという」[2].

　この選挙戦については,『沖縄タイムス』が,次のように整理している.「玉城氏が平和,民主,自主・自立,基地反対,北部振興における政府の責任,住民主人公の市政運営や地方自治,自然と共生した多機能総合都市,住民の発想を生かした市民本位の均衡ある街づくりなどを主張している.岸本氏は活力,住民ニーズ,自然と調和したふるさと,名護での基地問題の終焉と知事判断の重視,政府の北部振興策への評価とその推進,『ブドウの房状』につながる市民グループの形成による市民意志の吸収,職・住・遊・学の機能をもった活力ある北部拠点都市としての発展,沖縄本島の『2極構造』の実現のための名護市の発展を目指すとする」(『沖縄タイムス』1998年1月31日)ととらえている.これに関して,名護市で調査を行っていた米国デューク大学の大学院生の井上雅通は「名護の『地域』の復権,『地域の持つ気持ちの襞』に入る『地域』の言説がそれと乖離してきた理念と相克し,『地域』が勝利した」[3]と指摘している.

　選挙結果の要因分析は,おおよそ高橋の指摘通りといえよう.ここで注目しておきたいのは,井上が「地域」という概念を用いている点である.彼の「地域」概念の内容把握については正確には不明であるが,岸本が公的システムにかかわる海上基地建設問題という政治性をはずして,具体的に「名護市地域」の発展,「地域住民」の生活条件の向上という「地域密着的」であった,ということにもとづいているように思われる.それだけに玉城が,ヤマト権力の公的システムにかかわる海上基地建設問題を表面に出したために,住民にとって強い関心のある地域諸条件の整備に積極的にとりくむ姿勢がみえにくかったことが,敗因につながったといえよう.また政府が,基地建設を受け入れた場合にはさまざまな振興策を推進すること,逆にいえば拒否したならば地域の振興策を講じないことを表明してきたことも関連している.市長選挙における岸本と玉城の票差は1,150票であった.これをどう読むのか.玉城を支持した層は,基地建設問題とそれを強引に押しすすめるヤマト国家の権力的支配を相対化し,それに抵抗するという図式で運動を展開してきたのであろうか.すなわち市民社会における「市民」型の運動であったのであろうか.それとも,基地建設は,自分たちの私的生活世界の侵略であるとして,己を守るために闘ったの

であろうか．たしかに建設反対運動を通じて「市民」的性格は芽生えたかもしれない．だが市長選挙をみるかぎり，多くは芽生えだけで留まってしまったのではないだろうか．やはり基地建設反対運動は，自分たちの私的生活世界への侵害として受け止め，そのもっとも重要な場である〈地域〉を守るために運動を行った，とみる方が妥当のように思える．そこでは，客観的にはヤマト国家権力の公的システム支配と私的生活世界の対峙という図式が描かれるが，住民側は，かかる対峙をとくに意識していたとは思えない．

　それだけに，衣の下の鎧のように公的システム機構が裏に隠れ，地域振興を前面に出してくる策略の前には，あえなくこれを受け入れることになってしまう．この地域社会の利害をめぐる問題の構図は，何も名護にのみ限ったことではなく，ウチナー全般に共通してみられるところである．これまでウチナーは，さまざま面で発展がおしとどめられ，ヤマトとの経済的格差は歴然たるものであり，いわゆる「近代化」が著しく立ち遅れていた．それだけに背後に鎧がチラチラ見えようとも，目の前に地域社会の利益としての政策的特典が出されればそれについ手を出したくなるのは無理もないかもしれない．またこの鎧に抵抗すれば厳しい制裁が振るわれることは必定である．それだけにヤマト政府からの政策的特典の提案を，あまり支障なく受け入れてくれると思われる人物を行政の長として選ぶことになる．こうしたことは例えば，98年の県知事選での稲嶺恵一の当選であり，また那覇市や浦添市・宜野湾市その他の市町村の首長選挙において，どちらかといえばヤマト国家権力に強い抵抗姿勢をもたない人物が選出されたこと，さらには2000年の岸本名護市長に対するリコール不成立と，2002年の市長選挙での岸本の圧勝などが，それを物語っている．

　ところで筆者が本書で主要な視点としている〈地域〉概念は，簡単にいえば，それはあくまでも先祖と大地と自分が一体化した私的生活領域としての〈地域〉であり，そこに人々が自らの存立基盤をみるものである．それだけにこの〈地域〉が豊かさを獲得し，〈地域〉の生活条件がととのえられることは，ウチナーンチュにとって何よりも好ましいことになる．この点，岸本派はきわめて巧みであったといえよう．だが公的システムによるアメが目先だけのことで，やがてはそれによって自らの私的生活世界としての〈地域〉が破壊され，その本質的なものが喪われる可能性が見える人々にとっては，たとえムチを振るわれ

ようともこのアメを甞めるわけにはいかない．それが海上基地建設予定地点に近接する久志13区であった．この久志13区が海上基地建設問題にどのように対応してきたかを，次節でみていくことにしたい．

3．〈地域〉住民とヤマト国家——〈地域〉から国家を照射する

基地建設に抵抗する名護市辺野古〈地域〉の特性

ここでは，海上基地建設という問題を通してヤマト国家の権力的公的システムと直接的に向かい合うことになった辺野古〈地域〉について検討し，それを通して，本書での基本的視点として設定した〈地域〉概念を具体的に明らかにしていきたい．

ヘリ基地建設が予定されているのは，名護市東海岸にあるキャンプ・シュワブ沖である．とくにキャンプ・シュワブがおかれている久志地域の辺野古及びそれに隣接する久志・豊原の3集落が直接的にかかわる．またこれよりも北の二見10集落も影響をうけることになる．ある日突然に，この地域に普天間基地が移設されヘリ基地を建設するという案がアメリカとヤマトから降下してくる．住民のなかには，これによって一儲けしようと思った者もいないわけではないが，多くの人は，軍事基地が建設されることによってこれまでの先祖と大地・海と自分が一体化していた〈地域〉が破壊され，生命と生活が危機に瀕することに強い抵抗感をもった．それが，辺野古の「命を守る会」や「二見以北10区の会」及びその他の各組織の活動として現れてきたのである．ここにおいて，私的生活世界としての〈地域〉と公的システムとしての国家が直接的に対峙し，〈地域〉から国家を照射することになったのである．それだけに，このような活動の基底にある〈地域〉を具体的に明らかにしておかなければならない．すなわち，〈地域〉がどのような構造と論理でもって巨大な国家権力と闘うことになったのか，ということである．

それにあたって，筆者が1997年に調査した辺野古集落について述べることにしたい．辺野古は，海岸近くの旧集落（通称）とキャンプ・シュワブの建設が始まるとともに，集落の西北の台地上に造成された新集落（通称）の2つからなっている．旧集落＝「シマ」は，17世紀頃に西方の標高49mの台地上（俗

称ウエザトといい，親里という字をあてている）に居住していた血縁集団が，移動してきて成立したといわれている．この台地には今でも「アサギバロ」といわれる聖地があり，それは「神アサギの跡」（ウチナー村落の重要な祭事である稲穂大祭を中心に神を招請して行われる公的祭祀場）ではないかと推察されている．すなわち，神を祀る御嶽があったということである．移動は，人口の増加と農耕の発達によって広い土地を求めたことによる．

　人口の増大にともなって，ムートヤー（本家）からいくつもの分家集団が生まれ，また他からの寄留人であるいくつかの血縁集団も居住するようになった．集落の移動後も，ムートヤーを中心とした分家集団からなる血縁集団は，集落が発生した台地上にある御嶽の祭祀を行っていたが，後にそれを台地下に移し「前ヌ御嶽」と称して祀るようになった．また集落移動時に，集落背後の森の斜面に「後ヌ御嶽」を新設した．さらに集落の北方に海神を祀る「子ヌ御嶽」が設けられている．それは，十二支の「子」の方向に位置していることから名付けられたものである．

　こうしてみると，旧集落住民にとっては「前ヌ御嶽」が集落の守護神であり，先祖代々からのもっとも重要な御嶽であって，集落の運営はこの御嶽の祭祀を中心として行われてきた．また後に移住してきた寄留人たちも，当然のことながらこの祭祀のなかに組みこまれていった．しかも集落においては，後述のような生産や生活をめぐって強い共同関係がみられ，その構造は第2次大戦頃まで存続していた．このように辺野古の集落は，第2次大戦前までは基本的枠組みとしての御嶽祭祀を中心として構造化された「シマ」（村落共同体）であったといえよう．

　集落は，琉球王国時代においては金武間切に属していたが，1673年に久志間切に編成替えされた．宗教的には，辺野古を久志ノロの管轄下におき政治と宗教の両面から琉球王府によって支配されていた．集落では，稲作経営が主として営まれ，その生産や農林道の建設，生活環境の整備のための共同作業としてのムラブー（村普請）の分担や行事を行うために，集落を東と西に分けた．稲作によって収穫した米は琉球王府に租税として納められた（土地はすべて王府の所有）．だが入会権をもつ山地を共同で開墾し，そこで砂糖キビ，甘藷，粟，大豆を栽培し，甘藷を主食にしていた．開墾はもちろん共同作業で行い，

また製糖も共同のサーターヤー（製糖場）で行っていた．さらに，砂糖や山から切り出した木材・薪の販売のための輸送に共有の山原船(ヤンバルセン)を使用していた．

このことからわかるように，集落は共同関係が強く貫いている村落共同体社会であったといえる．とくに，その物的基盤としてもっとも大きい意味をもったのは杣山(ソマヤマ)である．琉球王府が所有していた杣山は明治に国有地となり，その一部が民有地として払い下げられた．辺野古集落住民は国有地における入会権をもち，また民有地を共同で開墾し利用してきた．ここから得る農産物や林産物は，彼らの生活を支えるもっとも重要なものであった．それだけに山地の利用については，きびしい共同体規制がとられた．それは，戦後にキャンプ・シュワブの演習場・訓練場として取り上げられるまで続いた．

このような状況は，ウチナーにおける他の集落にもみられる．ここにウチナーの集落の本質的な特質をみることができる．すなわち，集落は祖先祭祀の場であり，その大地はウチナーンチュの生存を支える生産の場と生活世界であり，共同体的性格をもち，人々がそのなかに溶解している〈地域〉なのである．それと人々を切り離すということは，彼らの存立そのものを否定するということになるのである．

それでは，このような集落の特質に変動を引き起こす契機となったと思われる人口と就業構造の推移をみておこう．表5-1は，ヘリ基地建設問題が出てくる1996年までの辺野古の人口動態である．1880年には，世帯数，人口ともに僅かにすぎない小集落であったが1921年にはかなり増えた．とくに1959年頃からキャンプ・シュワブの建設にともなって，他地域から建設労務者や飲食業者や商業者が流入し，急速に人口が増え1960年には世帯数が318，人口が1,389人にも増加した．さらにシュワブがベトナム戦争の中継基地となるにおよんで基地の町という様相が強くなり風俗営業者も入り込み，1965年には人口は2,139人にもふくれあがった．またシュワブ基地建設にともなって，都市的環境条件が多少とも整備されたことから単に住居を求めて移住した人々もいた．その後，ベトナム戦争の情勢悪化と施政権返還ということがあって，72年には世帯数は増えたものの人口は減少の一途をたどり，ヘリ基地建設問題が生じてきた96年には，世帯数485，人口が1,445人となった．

このうちいわゆる地つきの人々，つまり旧来からの住民はどれだけいるので

表5-1 世帯と人口の動態

年	世帯数	人口数
1880（明治13）	57	258
1921（大正10）	153	666
1947（昭和22）	142	612
1960（　　35）	318	1,389
1965（　　40）	309	2,139
1972（　　47）	573	1,806
1975（　　50）	512	1,836
1980（　　55）	459	1,586
1985（　　60）	458	1,524
1996（平成8）	485	1,445

注：1985年までは名護市史編纂委員会『名護市史』名護市，1988年3月，より．1996年は聞き取り調査による．

あろうか．それを，人口数では不明であるが戸数でみていくことにしたい．地つきの人々が居住している旧集落は1-5班に分かれ，来住者の新集落が7-12班という構成になっている．6班には地つきと来住者の双方が住んでいる．1998年の戸数は，1-5班に109戸，7-12班は旧集落からの移転60戸を含め215戸となっている．これに6班の地つきと来住者をそれぞれ加えると，双方同数かあるいは来住者の方が若干多い．旧集落の人々は，辺野古という〈地域〉の中で，先祖代々共同して，御嶽を守り祖先祭祀を行い生産と生活を営んできた．それだけにその〈地域〉は，何ものにもかえがたいものであったにちがいない．ところがそこに，この〈地域〉とは無関係な人たちが多数入りこみ集落の住民となった．そのことは当然に，これまでの集落運営や人々の社会関係に影響をおよぼすことになる．その影響は，ウチナー全般にわたる社会経済と辺野古における就業構造の変化によって，さらに強められていく．

　表5-2は，施政権返還直前からヘリ基地建設問題が取りざたされるまでの間における辺野古の就業構造の推移である．これをみるとわかるように，農業就業者は，増えたり減ったりしながら，95年には，70年の5割増しとなっている．これは高齢者及び失業者が農業に就業したからではないだろうか．注目されるのは建設業で，年々増えつづけ95年には70年の約3倍にも及んだ．逆に卸・小売りは年々減少し95年には70年の3割程度となってしまった．またサービス業は75年にはかなり減ったものの，それ以降多少増加傾向がみられる．なお95年段階の就業構成は，第1次産業に12％，第2次産業に25％，第

表 5-2　就業構成の推移

	1970	1975	1980	1985	1995
就業者総数	715	610	600	548	558
第1次産業就業者	41	37	58	49	65
農畜産業	36	27	45	36	52
林　業	―	―	―	3	―
漁　業	5	10	13	10	13
第2次産業就業者	53	84	102	103	143
鉱　業	―	1	―	―	1
建設業	41	68	86	83	123
製造業	12	15	16	20	19
第3次産業就業者	621	489	440	396	350
卸・小売り	305	285	244	176	110
金融・保険	5	7	19	22	13
不動産	―	2	1	1	4
運輸・通信	33	40	26	29	23
電気・水道	3	5	5	4	1
サービス	262	138	136	152	185
公務など	13	12	9	12	14
失　業		31	83	53	62	不明

注：辺野古集落資料より作成．

3次産業に63％が就業しており，この傾向は70年以来一貫している．かかる状況は，7-12班の新集落のみならずかつて農漁業を主としてきた1-5班の旧集落にもみられるものである．例えば1997年の1-5班の職業構成をみると，農業には世帯主18人，家族員3人，漁業には僅か世帯主2人のみが従事しているのに対して，公務・教員が世帯主13人，家族員6人，勤務が世帯主8人，家族員25人，土木労務・日雇いが世帯主6人，家族員13人，商業自営が世帯主5人，家族員1人となっている．この他に基地雇用が世帯主10人，家族員6人いることに注目しておきたい．このことからすれば旧集落といえども，それはもはや農業集落とはいえない，ということになる．

　これを生みだした直接の原因は，すでに述べたようにキャンプ・シュワブの建設にある．その折に，旧集落から離れた西北の台地上に，商店や飲食店・風俗営業店，銀行や建設業が集積し，多くの労働者が入りこんだ．これに加えてウチナー全般にわたる農漁業の衰退と建設業や商業・サービス業の展開が影響を与えた．かくして辺野古では，かなり都市化が進展したといってよい．とはいえ，辺野古の集落はその伝統的特性を失うまでには至っていない．それは，集落の行事と祭祀の一覧（表5-3）をみれば明らかである．もっとも行事は，

人口構成の複雑化や集落環境条件の変化による統一性の喪失傾向に対して住民の一体化をはかるために，集落全体の参加がみられるが，祭祀はどちらかといえば旧集落によって担われている．また祭祀がこれだけとり行われているということは，依然として集落にとって重要な意味をもっているということである．だが先にもみたように，旧集落の人々も，〈地域〉に密着した農漁業よりも，勤務や基地労務及び土木労務・日雇いに出かけ〈地域〉を離れることが多くなったこともあって，〈地域〉におけるさまざまな祭祀に対する意識は失われないものの，現実の祭祀行事に参加することは少なくなっているようである．

　祭祀について若干説明しておきたい．まず神人(カミンチュウ)は，ウチナーのほとんどの集落にもみられるものである．それは〈地域〉に存する神々に仕えるとともに，神々と住民との間の仲立ちをする者である．辺野古には，女5人，男3人の神人がいる．集落には，3つの御嶽以外に水関係の拝所が7カ所，祭祀場としてのアサギとナレスンチャ，集落の火ヌ神を祀る根神屋，祭祀の中心的旧家である殿内，久志ノロや根神[4]の宿泊所であるオロカ屋，名称不明の祠などがある．まず4月の集落清明祭は集落の祖先の祭祀，5月10日のウマチは神人が御嶽をまわり五穀豊穣を祈願，18日の夜ウガミは神人の婦人と女性のみの祭りで料理を食べてすごす．6月の5月ウマチ（旧暦の5月15日に当たる日）は御嶽において稲の豊作を祈願，8月の6月ウマチ（旧暦の6月15日に当たる日）は稲の収穫感謝祭，またユーニゲーは神女だけで御嶽を巡拝する，11月のシマクサラシは悪い病気を集落から追い出す祈願，12月のウスデガフーは御嶽に1年の終わりの祈願，1月の火返しは火の邪悪な魂を払う願い，2月のカーメーは水に対する感謝，3月のウタティ御願は集落の安全祈願である．

　こうしてみると，祭祀の場と祀ることが多いことに驚かされる．集落のいたるところに聖なる祭祀の場があり，神々や霊が鎮座している．地つきの人々は日常的にそれと結びついているのである．人々は生まれた時からかかる環境のなかで育つ結果，当然のことながらこの神々と祭祀は，自己存在の根源となる．これと生産物を恵んでくれる大地と海，そして，血縁と生産・生活をめぐる日常的な共同関係によって，しっかりと結び合わされているのが「シマ」＝〈地域〉なのである．彼らにとっては，これこそが全てに優先する世界＝私的生活世界であり，それ以外は外界であり異界にすぎない．それだけに，これを侵略

表5-3 集落の行事と祭祀 (1998年度)

月	行事	祭祀			主管
4月	区民大会	集落の清明祭 一般の清明祭			久志ノロ
5月	アブシバレ(畦払い)	10日ウマチ	(旧暦	4月10日)	神人
		18夜ウガミ	(	4月18日)	女性神人
6月		5月ウマチ	(	5月15日)	久志ノロ
7月	合同清掃作業				
8月	ソフトボール大会	6月ウマチ	(	6月15日)	青年神人
	綱引き	ユーニゲー	(	6月25日)	神人
	平和祈願				
9月	村踊り	秋の彼岸			久志ノロ
		御嶽御願			女性神人
11月	学事奨励会	シマクサラシ	(	10月 1日)	女性神人
12月	合同清掃事業	ウスデガフー			
	キリシタン				
1月	新年宴会	火返し	(	12月12日)	青年
	生年合同祝い				
2月		カーメー	(	1月 2日)	久志ノロ
		年頭ウガミ	(	1月 5日)	女性神人
		18夜ウガミ	(	1月18日)	女性神人
3月		ウタティ御願			神人
		春の彼岸			久志ノロ

注:このなかでキリシタンというのはキリシタン禁制からきた行事で,現在は子どもの誕生と健康を祈願する祝宴の日となっている.

し変更をせまり破壊をもいとわない力には,強い抵抗感をもつことになる.とはいえ,近年におけるヤマト化過程及びヤマト権力からの地域振興策という話に惑わされて,〈地域〉に対するアイデンティティが希薄となり抵抗感を失い,この機会にそれによる利益を得ようとして,ヤマト権力に従属する人々も出てきていることは否めない.いうなれば,強力な公的システムの侵入による私的生活世界の喪失過程ともいえる.それでは次に,以上のことをふまえて辺野古を中心として周辺〈地域〉のヘリ基地建設に対する対応をみていくことにしたい.

〈地域〉としての辺野古住民の闘い

1997年の1月9日に,久志地域辺野古の比嘉盛順(97年当時60歳,以上年齢はすべて当時のもの)が,「ヘリポート移設絶対許すな」と書いた横断幕を辺野古入り口などに設置する.初めて反対を表明する〈地域〉住民が登場してきたのである.辺野古で農業を営んでいる彼は,「国や県から見たら地元は名

護市かもしれないが，自分たちからすると，地元とは辺野古と久志地域のことだ．何の被害も受けない名護市の人が，久志地域を犠牲にして金もうけのためにヘリポートを誘致しようなんてとんでもない．国が暴走しようとしたら，自分たちが国の考え方を変えていかないとだめだ」と述べている．彼には思想的背景はない．ここに筆者が設定している〈地域〉が提示されているとともに，〈地域〉住民と国家との対峙も意識化されている．

　この比嘉盛順の行動に感激した76歳の嘉陽宗義は「でかした盛順」といい，「ヘリポートに反対する会」を結成するべく手作りのビラを辺野古住民に配布した．彼は「海の見える平和の塔に68人の戦死者を祀っている．静かに眠ってくださいと祀っているのにヘリポートがきたらびっくりして眠れない」という．彼らにとっては，〈地域〉は死者と一体になって存在しているのである．また車椅子の金城正登喜（66歳）は，防衛庁施設局がキャンプ・シュワブ沖の事前調査を申し入れたのに対して，夫妻ともども抗議集会に参加した．この比嘉盛順の行動が久志住民たちの反対行動に火をつけ，また2人の高齢者が直ちに活動したという点は，高く評価されてよい．これが契機となったのか，1月20日に久志地域13区の区長が市長に基地建設反対の意見書を提出した．ところが1月23日に東村の村長が，沖縄自動車道の北進を条件に「普天間基地の代替基地建設受け入れを前向きに検討する」と発言したことから，25日に東村高江区で「ヘリポートの東村誘致反対区民総決起大会」を開催し，反対決議を採択した．これには区民の3割にあたる約50人が参加した．また，久志地域の住民たちは，区長らが区民総会を開いて説明し，区民の意見を聞いて市長に意見書を提出したのではないことを問題視して，区民総会開催を求めた（行政上は集落が「区」となっており，住民は「区民」ということになる）．

　1月27日に辺野古集落の住民26人が集まり，「ヘリポート建設阻止協議会（命を守る会）」を結成した．代表に西川征夫（53歳，自営業），副代表に島袋等（42歳，会社員），事務局長に比嘉盛順が選ばれた．同日に辺野古緊急行政委員会が開かれ，1月30日に「ヘリポート区民自由討論会」を行うことにした．30日，約160人の住民が集まった．まず宮城利正区長が「市長も反対といっている．辺野古，豊原，久志の3区の区長は市長と連携してやっていくことを確認している」と述べたのに対して，命を守る会の西川代表が「区長は市

に対し，代替ヘリポート建設・工事調査実施反対の要請書を出したかもしれないが，われわれには知らさなかった．阻止ということであれば，われわれの先頭に立つべきである」とつめよった．辺野古区の古波蔵廣行政委員長は市の消防長（公務員）であるが，「区民が建設絶対反対といえば，区の立場に立つ．誘致に動くということはしない．辺野古で育ったので区民の立場に立って区の利益になることをやる」と語っている．ここにも区という〈地域〉に対する思いいれをみることができる．

　2月4日に辺野古区の臨時行政委員会で「ヘリポート対策委員会」の設置を決定した．そのうえで3月13日に，歴代区長や漁業関係者50人で構成する「辺野古区ヘリポート対策協議会」を設けた．この間の3月11日に東村の村長が「ヘリ基地建設容認は軽率であった」として，基地の県内移設反対・村内に誘致しない，と表明した．4月6日に許田清香（29歳）が描いた大看板——「観音様と命育む美ら海，ヘリポートはいらない」と書いてある——が，辺野古入り口に立てられた．彼女はやがて「ヘリポートいらない名護市民の会」（5月10日結成）の代表世話人となった．4月9日になって，比嘉市長が辺野古区ヘリポート対策協議会に出席し「住民や漁民の了解があれば，事前調査に入らせていただきたい．決して誘致ではない」と述べた．この時に彼は基地建設受け入れに傾きつつあったとみてよいであろう．だが二見以北の10区は，「市長の説明を受けると容認することになる」としてこれを拒否した．

　97年4月12日には豊原区行政委員会が，事前調査反対を表明．14日に辺野古の「命を守る会」は第3回総会を開き，事前調査に反対する運動方針を決めるとともに，役員改選と今後の運動方針を検討した．この総会には64人が出席したが，とくに目立ったのはオバァとオジィであった．このオバァとオジィたちの反対の意思は固く，後々まで「会」の運動を支え続けた．会の代表は前と同じく西川，副代表には島袋秀男と当山幸政，事務局長は前と同じく比嘉，及び評議員9名と相談役として最初に運動を始めた嘉陽宗義と金城正登喜及び金城祐治（64歳）を選んだ．なおここで，この運動の中心的役割を担った西川征夫と金城祐治についてふれておきたい．

　西川は，シュワブ基地が設けられた後に集落の西北台地上の新集落で，自営の金物店を営んでいる新住民である．彼は以前には基地で働いた経験をもち，

また自営業者ということもあって（商工会の理事），1996年頃は地域振興という条件つきでヘリ基地建設には賛成であった．だが97年1月に辺野古における共産党の対話集会に出席したことがきっかけになり（共産党の集会に出席するには，たいへんな勇気が必要であったとのこと），これに触発されて反対運動に身を投じることになった．だが次に述べるように，彼は共産党とは何らの関係をもたなかった．運動に入ってからはそれに専念するようになり，ほとんど商売に携わることはできなくなってしまった．また金城は，辺野古出身の父親が大阪にいた時に生まれた．彼は1970年に辺野古に帰ってきた．その後沖縄バスに勤め93年に退職し，マンゴーなどのハウス栽培や畑作を営んでいた．彼は，大阪で37歳まですごしていただけに近代都市的センスをもち，また沖縄バス時代には組合活動の経験をもっていることからして，この「命を守る会」の運動にとっては貴重な存在であった．

　この2人はきわめて対照的である．というのは，西川は，〈地域〉密着型であって，私たちが訪れた際にも「自分たちの運動は，学者も政治家も労組も学生運動家もすべて関係がない．あくまでも自分たち『地域』の問題であり，外部の人に立ち入ってもらいたくはない」と拒否的であった．そこには見事なまでに私的生活世界の論理が貫かれている．この運動は正しく，私的生活世界と権力的公的システムとの直接対決であるということである．これに対して金城は本質的には西川と同じであるが，そこは老練であって，外部からの訪問者に対しては，わけへだてなく丁寧に対応し説明し話し合いに応じていた．金城としてみれば，運動の孤立化を避け，それを支持する勢力と政治力の必要性を認識していたのかもしれない．いずれにしても，西川は運動を引っ張る牽引車として専念し，金城はもっぱら外部への窓口としての役割を担っていたといえよう．すなわち，車の両輪としてうまく機能していた，ということになる．

　ただここで，西川は新住民であり，金城は辺野古で生まれ育ったわけでもないのに，何故辺野古という〈地域〉にこだわりつづけるのか，という疑問が出てくるに違いない．たしかに西川にとっては，辺野古は祖先がいます処ではない．そうした意味では彼は辺野古と一体感をもっていない．だがここは，彼の生産活動の根拠地であり家族の生活の場であり，日常的な共同関係が存在している処である．それを何よりも重視しているという意味において，彼にとって

の〈地域〉であって,それを侵害し破壊するものは許せないということではないであろうか.他方金城にあっては,37歳にして初めて祖霊のいます地に定住することになった.だがそれまで祖先に関する意識が皆無であったとはいえない.大阪にいたとしても,祖先祭祀はウチナー的にとり行われたであろうし,ウチナー世界のさまざまな様相は陰に陽に聞かされたに違いない.すなわち辺野古に定住する以前に,すでに祖先との一体感はすりこまれていた,とみるべきであろう.そして辺野古に帰ってきて祖霊との一体を実感したと思われる.さらにこの地で大地と海にかこまれて,それに働きかけて生産物を手にし,人々との共同関係のなかで生活を営んできたわけである.まさしく彼にとっては,辺野古こそが自己が一体化している〈地域〉なのである.ただ西川と異なるのは,大阪にいたということと,組合活動に従事していたということから,ある程度広い視野をもっていることである.

「命を守る会」は,4月21日からヘリポート建設阻止及び区行政の民主化を求める署名運動を開始することにした.26日「命を守る会」と「5者協」が共催で,海上基地建設予定地の豊かな海を実感してもらうために「美ら海を守るつり大会」を行った.27日になって辺野古区民総会が開かれ,「命を守る会」が海上基地の事前調査・建設阻止を求める区民838人(区民の7割)の署名を提出し,さらに区民の総意を確認するための区民総会開催を要求した.28日に「ヘリポート基地を許さないみんなの会」(みんなの会)が,200人の参加で結成された.5月7日,「命を守る会」と「5者協」が監視活動のための小屋を辺野古漁港前に設置した.かくして辺野古を中心としたヘリ基地建設反対の拠点ができあがった.

ここには金城祐治がほとんど常駐し,入れ替わり立ち替わりに来る「命を守る会」の人々とともに,2万人に及ぶ支援者・来訪者への説明と調整,抗議活動の準備その他の雑用を果たしている.西川はもっぱら実質的な活動そのものを担っており,小屋に来たり出かけたりしていた.2人はもはや自分の生産活動は放棄していた.またオバァやオジィたちは,激励や差し入れを行うとともに実際の活動にも参加した.彼らの信念は揺るぎのないものであった.それは,彼らは沖縄戦での悲惨な体験をしており,そこから戦争につながるものに対する絶対否定が生まれ,また〈地域〉に対する強烈なアイデンティティをもって

いるからである．それとともに目覚ましかったのは女性の活動である．彼女たちは，自分の子ども・家族を戦争状態のなかに置きたくない，という気持ちを強くもっており，また何といっても〈地域〉における祖先祭祀に深くかかわり，また日常生活の具体的担い手は彼女たちである．それだけに彼女らは〈地域〉に密着していることから，活動に積極的にとりくんだのである．彼女らは，ヤマト国家権力から下りてくるヘリ基地建設案に抗議し抵抗するとともに，これに関する他組織・団体の活動に参加し，また協同で運動を展開した．そしてそれは，やがて市民投票運動に集約されていくことになった．

　こうした反対運動とは袂を分かって，建設賛成の活動が現れた．1997年4月24日に，辺野古の振興と引きかえにヘリ基地建設を受け入れる「辺野古区活性化促進協議会」（辺野古活性化協）が，土木建設業者を中心とした16人によって結成された．会長は島袋勝雄（建設業者の北部法人会事務局長）．その活動方針は，(1)地域の振興と活性化のために行動する，(2)地域の振興開発で活性化がともなわないものには徹底して反対する，というものである．島袋たちの主張は，「辺野古崎から久志崎まで埋め立てて，そこに普天間代替ヘリポートも牧港補給基地も那覇軍港も移設してもってくる．そして地域住民に住宅地を与え，工業地域も商業地域もつくっていく．将来，基地がなくなった時にはヘリポートを軍事から民事へ転換することができる．しかも全額，国の負担でできるわけだから，こんなチャンスはまたとない．だがメガフロート（海上基地）は撤去してしまえば形として何ものこらない」ということである[5]．

　彼らは埋め立て案を主張している．たしかに埋め立ては建設業者にとっては，メガフロートよりメリットがあるかもしれない．だが冷静に考えると，現実性は全くなく絵に描いた餅にすぎない．たとえば，牧港補給基地も那覇軍港も移設されることはない．住宅地は別として，工業地や商業地を造成しても業者が集積する保証はない．それなのに何故彼らは，埋め立て案を主張するようになったのか．それはヘリ基地建設において，もしメガフロートならば彼ら地元建設業者はそれに参画する技術はなく，何らの利益も手に入らない．だが埋め立てを行いそこに基地を建設し，また住宅地，工業地，商業地を造成し建物を建てることになれば，彼らもかなりの仕事に加わることができ，利益を獲得することができる，という図式が描けるからである．だが，この案では久志3地区

（久志・辺野古・豊原）が全面的に軍事基地化してしまう，ということになってしまう．ウチナーでは基地撤去が悲願なのに，改めて巨大な軍事基地を設けようという発想は目前の自己の利益しか考えていないといわざるをえない．さらにいえば，メガフロートといい，埋め立てといい，それは自分たちを育んでくれた大自然の破壊であり，彼らの存立基盤である〈地域〉を失うということであり，自らウチナーンチュの本質を放棄するということになる．

　この後，活性化協は積極的に活動を開始し，市民投票にむけて「ヘリポート移設は，村興し，街づくりのチャンス．子や孫に職場を確保し豊かな生活を推進しよう」などと書いた立て看板を市内に設置した．そしてヤマト政府が埋め立て案をとらないと知るやいなや，8月27日に地域振興を条件に海上基地建設の受け入れを決定し，埋め立てによる利益を放棄した．そして次善策として，海上基地建設を受け入れるにあたって次のような条件を出して，すこしでも利益を手に入れようとした．その条件とは，(1)宅地造成で転出を防ぐ，(2)企業誘致で若者に職場を，(3)辺野古一周道路を造り，上・下区の再開発，(4)ごみ捨て場，下水道処理の建設，(5)農漁業の振興，(6)平島に行楽施設を，(7)一部埋め立てで出島を造り，観光客の誘致，である．見た目は，いかにも地域振興に結びついているかのようである．事実，辺野古住民をはじめ名護市住民のなかには，これで甘い夢をみた者もいた．そしてそれが，辺野古のなかに亀裂を生みだすことにもなった．

　先にも述べたように辺野古旧集落は，「シマ」＝〈地域〉として祭祀共同体的，血縁共同体的，村落共同体的性格を残し続け，住民の間に強い一体性がみられた．だが他方では，集落を離れて働く人々が多くなり，またヤマト化過程のなかで個別的利益を追い求める傾向が強まるようになっていた．それだけに，一部の住民に――とくに壮年や若年の男性――かつてほどの〈地域〉にたいするアイデンティティが喪失する傾向がみられるようになった．そこへもってきて，ヤマト政府からの振興計画や活性化協からの地域振興案が提示されれば，それになびくことになってしまう．かくして集落における家族のなか，血縁のなか，友人・知人のなかが，基地建設反対派と賛成派に分断され，共同意識や信頼が失われお互いに挨拶もしなくなる，という状態となってしまった．このことについて考えてみれば，基地建設という国家政策は，もちろん平和をおびやかし

住民生活に危険と不安をもたらすだけでなく,〈地域〉をバラバラに解体していくことでもある,といえよう.

　この辺野古の動き以外にも,周辺〈地域〉での建設反対運動が展開された.まず97年1月20日に,基地建設予定地の久志13集落の区長が,比嘉市長に建設反対の意見書を提出した.4月12日には,豊原区の行政委員会が名護市による海上基地建設の事前調査説明会において,調査反対を表明した.また15日に久志地域の二見以北の10集落の区長が,事前調査の説明に来た比嘉市長に説明をことわることを告げ,全員退席した.5月29日に開かれた汀間区の総会で,ヘリポート反対が決議された.そして6月8日に,子どもと大人が一緒につくった反対の大看板が立てられた.彼らは,ここのすばらしい自然環境と豊かな恵みを与えてくれる海が汚されることには耐えられない,という.ウミンチュ(漁師)の1人は「補償金をねらっているウミンチュはいらない.もし僕が補償金をとってふぬけななまけ者になってしまったら,子どもまでそうなってしまう」といっている.彼は金のもっている魔力を見事に見抜いている.

　10月12日に「ヘリ基地いらない,二見以北10区の会」(10区の会)が,約500人の参加のもとで組織された.会長は嘉陽区の宮城廣.これには,建設会社社員や自民党支持者までが積極的に加わった.11月2・3日に「10区の会」が,海上基地建設予定地を独自に潜水調査を行い,自然資源の豊かさを確認し公表した.11月12日に「二見以北10区」を対象に開かれた海上ヘリポート説明会において,激しい抗議がなされた.さらに20日には,約350人が参加して「人間の鎖・市役所包囲行動」と,名護市内で「二見以北10区の地域総意」を掲げてデモ行進を行った.この「二見以北10区の会」の人々とて,〈地域〉に自己の存立基盤をおいているのは,辺野古と同様である.

　こうした反対運動に対して10月6日に「久志二見以北を活性化する会」が結成された.それは,二見以北の地域振興を住民自らが考えて,名護市の均衡ある発展をめざす,というものである.この会の結成はもちろん,辺野古の活性化の会や名護市さらには県レベルの賛成派からの働きかけがあった,と推察される.だがこれは,あまり活発な行動はしていない.せいぜい11月4日に比嘉市長に,国道331号線の早期整備と北進道路の実現,基地周辺特別交付金

の配布，を要請したのが目立つ程度である．これらのさまざまな活動は，やがて市民投票，市長選挙そして県知事選挙戦へと向けられていく．

これまでみてきた久志地域における反対運動にもかかわらず，名護においては先にも述べたように市民投票結果を無視した比嘉市長の裏切り，市長選挙における岸本の当選，県知事選挙における稲嶺知事の選出によって，海上ヘリ基地建設は現実のものとして姿を現すことになった．もちろん岸本にしても稲嶺にしても，建設にあたっては，北部地域振興計画やさまざまな財政的援助をヤマト政府に求め，また基地使用期限を15年と限定してはいるが，北部地域振興計画はあくまでもヤマト国家権力の思惑にもとづいてなされるものであって，それがウチナーの自立的発展につながるという保証はなく，また使用期限15年というのは，ありえない話であることは自明のことといわざるをえない．

かくして手を変え，品を変え，形を変えて迫りくる巨大な強権的公的システムによって，〈地域〉に立つ基地建設反対運動はあえなく潰されてしまった．それのみならず，〈地域〉内はズタズタに引き裂かれる事態となった．もちろん，反対が完全に消滅したわけではない．また建設にともなって，ウチナー側からいくつもの条件が出されている．だがそれは，公的システム側にとってみれば建設をすすめるにあたって大きな障害ではない．システム側の思惑に合うものだけ取り上げ，不都合なものは切り捨てるだけである．

〈地域〉を喪失したウチナーンチュは，何処へ行くのだろうか．それを探るために，終論で沖縄自立への展望と課題について論じることにしたい．

なおこの章で用いた資料は，ヘリ反対協『名護市民燃ゆ──新たな基地はいらない』(海上ヘリ基地建設反対・平和と名護市政民主化を求める協議会，1999年)，及び，石川真生『沖縄海上ヘリ基地』(高文研，1998年)，及び，1996-97年の筆者の調査にもとづくものであることを，ことわっておきたい．

1) 高橋明善『沖縄の基地移設と地域振興』104-105頁，日本経済評論社，2001年．
2) 高橋明善，前掲書，105頁．
3) 井上雅通「海上ヘリ基地問題と日本人類学」『現代思想』1998年6月号．
4) 根神とは，沖縄本島区域で各むらの草分けの家(根屋・根所)から出た神人のことをいう．根屋・根所の当主をニーチュ(根人)といい，その姉妹をニーガン(根神)という．根神は，シマの共同祭祀を司っていた．

5) 石川真生『沖縄海上ヘリ基地』79頁，高文研，1998年．

終章　ウチナー自立への展望

　これまで1章から5章までに論じてきたように，ウチナーは琉球処分以降ヤマト国家によって強権的に公的システムのなかに組みこまれ，「にが世」・「しまちゃび」のなかにおかれてきた．とくに第2次大戦後はほとんど全島が米軍基地化し，その機能強化と安定的維持がはかられたことにより，ウチナーンチュの平和がおびやかされ，生活手段としての土地が収奪され，生命・生存・生活が危険にさらされ，〈地域〉の解体がすすむようになった．もちろんこれに対してウチナーンチュは黙してばかりいたわけではない．戦後間もなくからはじまる軍用地強制収用に対する闘争や，米兵犯罪に端を発する基地闘争，さらには知事の代理署名拒否などの裁判，普天間基地移設にともなう海上ヘリ基地建設反対闘争などにみるように，住民の激しい運動が展開された．しかしそれは，巧妙で圧倒的な権力的支配のもとで潰されていくことになった．
　さらには，巨額の財政投資にもかかわらずウチナーの経済的自立の展望は開けず，ウチナー世界のあらゆる面においてヤマト化が進行し，私的生活世界としての〈地域〉におけるウチナーンチュの生活構造や意識にも変化が生じてきた．そこでは，ウチナーの社会文化的特質の喪失が顕著となり，これまでの温かい人間的共同関係が希薄化する傾向をみせはじめ，人々のなかには，「心」よりも「モノ」を追い求め，個別的利益に強い執着をもつ者も現れるようになった．こうした過程のなかで，ウチナーンチュはこれまでの自己の存立基盤を失い，〈地域〉に対するアイデンティティではなく，日本国家に対するアイデンティティが操作的につくりあげられていく．かくしてウチナーはヤマト国家の公的システムにからめとられ，もはやウチナーではなく日本の何処にでもある1つの地域になりつつある．このことが果たして，今後ウチナーが平和で安

定し豊かな地域として発展していくことにつながるのか．ウチナーンチュが安心して幸せにくらしていくことに結びつくのか，大きな疑問をもたざるをえない．このような状況におかれているかぎりウチナーの平和と豊かな地域形成はほとんど不可能である．それを可能にするのは，使い古された言葉とはいえウチナー自立の確立以外にないといえる．

　自立には，相対的自立と絶対的自立（独立）がある．局面的にいえば，政治的・行政的自立と経済的自立及び社会文化的自立がある．これに関していま1つ重要な視点として用意されなければならないのは，自立をすすめるなかでの公的システムの再編成と，それに対する私的生活世界としての〈地域〉の有り様の問題である．このことは，自立を実質化するにあたって最も基本的な論点である．したがって本章では，まずウチナーにおいて，これまで論じられ主張され提起されてきた自立にかかわる諸論について検討するとともに，その自立を確立するために解決しなければならない政治的・行政的自立と経済的自立及び，社会文化的自立の内容と実現手段・条件について述べ，最後に自立への実現のためにまたヤマト国家を照射していくにあたって，その基盤としての〈地域〉の再構築及び〈地域〉の連合体としての「国」づくりについて論じたい．

　まず自立の概念そのものについて検討する．自立という発想のなかには，上述のように独立を意味する絶対的自立と相対的自立がある．この絶対的あるいは相対的自立は，主体性がどの程度確立されているかにかかわる．その構成体の構造・機能・運営などにおいて主体性が100％確立しているならば，それは絶対的自立といえる．だが外的な権力によって支配され自己の意志や行動が制約され，それに従わざるをえない場合には，主体性の完全な喪失という状態からある程度の主体性の確保までの多様な事態がみられる．すなわちそこにおける主体性の確保の程度によって，相対的自立の質・内容が異なるということになる．

　ウチナーの現状をみるならば，主体性の完全な喪失とはいえないにしろ，自立にとって重要な政治・行政と経済のある局面に関しては，表面的にはある程度主体性が発揮されているかのようにみえるが，実質的には前章までのヤマト政府の干渉にみるように無いに等しい．ウチナーにおいてこれまで自立性が希薄であったが故に，平和をおびやかし生命・生存・生活を危機におとしいれる

基地が存続し，その機能が強化されるのみならず，あまつさえ新しい基地（海上ヘリ基地）が建設されようとしている．それだけではなく，社会的環境条件の不整備や生活の不安定ならびに社会的・文化的特質の解体や自然環境の破壊がみられる．

要はウチナーにおいて，完全な主体性を確保し絶対的自立（独立）の方向を求めるのか，それともヤマトの政治・行政・経済の有り様の主要部分ないし，ヤマト公的システムの枠組の全面にわたって，さらにはそれを部分的に踏みこえて主体性を確保するのか，あるいは，ヤマトの公的システムの支配の枠内でのみ主体性を認めてもらう，という相対的自立かのいずれかである．これを運動と思想の両面からとらえていくことにする．

1. 絶対的自立（独立論）と反日本国家論の思想

非現実的な独立論

それではまず，絶対的自立（独立論）からみていくことにしたい．その源流としては，琉球処分後に清国の援助でもって琉球王国の復興を意図した「巴旗の党」（尚家の家紋である三つ巴を旗印にしたもの）の運動[1]や，太田朝敷の「『奴隷の境界』に沈淪する沖縄人民をそこから救出し，『食客の地位（植民地の民という意味）より進め自治自営の道』を与えることこそ言論人の使命である」とした思想[2]があるが，ここでは第2次大戦後の展開をみていくことにしたい．

最初に独立を打ち出したのは，1947年に結成された沖縄民主同盟（党員数約2,000名）である．これは，仲宗根源和を中心として集まった官治主義に対する自由民権運動であったが，仲宗根はすでに「1946年頃からはっきりと『琉球独立論』という表現をとった」と述べており，47年の「沖縄民主同盟政策表」の政治の部に「独立共和国の樹立」が唱われている．そして48年に開催された第2回党大会で決定された綱領のなかで「本同盟は全琉球民族の速やかな統合を図り，その自主性の確立を期す」とし，「琉球は厳として琉球人のものなり」と宣言した．だが，現実問題としての具体的な政策取り組みがみられず，アメリカ軍が解放軍であるという幻想からさめる視点を提起することもで

きなかった[3]．やがて定員20名の群島議員選挙に立てた5人の候補者全員が落選し，また同盟内に主義主張をめぐって分裂も生じ，結党3年後の1950年に同盟は瓦解した．

この1947年に，大宜見朝徳を中心に沖縄社会党が結成された．その政策の(1)には，「我党ハ琉球民族ノ幸福ハ米国帰属ニアリト確信シ産業教育文化ノ米国化ヲ期ス」とあり，また党の綱領の(1)に，「我党ハ米国支援ノ下民主主義新琉球ノ建設ヲ期ス」となっている．すなわち，日本への帰属を拒否し[4]，米国の信託統治に委ねようとするものであった．それは，米国が沖縄を戦略的世界支配の下におくことの意図を見抜くことができず，単純に米国が民主的であるという思いにとらわれたものにすぎなかった．また当時結成された沖縄人民党は，人民自治政府の樹立という自治共和国を主張したが，51年には沖縄の日本帰属を正式に決定した．

1950年代に入って日本復帰論が盛んになるなかで，58年に日本復帰反対，米琉合作の下で自治独立，を掲げる琉球国民党が生まれた．日本復帰反対は，琉球は日本ではない，復帰したら再びソテツ地獄が再来する，という信念にもとづく．米琉合作の根拠は，米国によって日本帝国主義から解放されたおかげで差別がなくなり，琉球文化が不自然でなくなり，民営企業の増加，公益事業の充実，貿易の拡大，教育の拡充がみられるようになった，と評価している．それだけに，米国と協調しつつ民有民治民享の自主的琉球を建設するとし，その主要政策のなかで，早期独立と国連加盟，琉球政府の外交権獲得，琉球国旗の制定などを謳っている．だが，この党の米国や日本についての現実認識もはなはだ甘く，また60年前後頃から米軍基地のための土地収奪や危険・事故・犯罪などによって急速に日本復帰熱が高まるなかでは，米国との協調を前提とする独立論などは，とうてい受け入れられるものではなく，ほどなく消滅してしまった[5]．

また1970年に崎間敏勝や野底土南などが中心になって琉球独立党が結成された．それは，独立なくしては人も民族もなりたたない，という考えにもとづくもので，その綱領には，琉球共和国をうち建てよう，米日帝共同支配を廃絶し，完全独立主権国家をつくろう，一切の権力を琉球人民の手へ，永世中立保障を世界各国より勝ちとろう，国連に加盟し，平和と安全を勝ちとろう，経済

自立なくして独立なし、という勇ましいものであった．確かにウチナーが独立するということはこのようなかたちであろう．だがこの独立を実現するための具体的な活動はほとんど行われなかった．米軍の強権的な支配にたいする抵抗，民衆の抵抗闘争との共闘，労働運動や知識人の独立論・反復帰論との関係などに，この党はあまり痕跡をとどめていない．すなわち，米国・日本の沖縄支配を問題化し日本復帰に反対し，独立を強く打ち出したのはよいが，それは観念の空回りにすぎなかったようである．したがって73年の参議院議員選挙に崎間が立候補したが，支持はほとんど得られなかった．その後間もなく独立党は活動を停止することになった[6]．

この独立党を支えたのは崎間の思想であった．崎間は「沖縄の経済自立は政治的自主性を前提とするのだが，その自覚なしに復帰運動がすすめられた」という考えに立ち[7]，「自立経済は沖縄人の最も好ましい選択であるべきはずだったが，復帰運動によって沖縄人はこの選択権を放棄した」と批判した．そのうえで，「事態を冷静に分析し，評価判断し，自己の生存と発展に最適な行動を決定し実行する大脳機能を取り返さなければならない」という[8]．彼は，琉球処分以降今日まで日本と沖縄には国内的附庸関係が存続している，とみている．それはいうまでもなく支配従属関係である．そこでこの「大脳機能」が復活——主体性の確立——すれば附庸関係を廃棄することができることになる，ということであり，それはとりもなおさず独立ということにつながっていく．

この崎間に先立って1969年に，山里永吉の「われわれの祖国は厳然として沖縄であり，……施政権の返還はどこまでも沖縄人への返還であって，日本政府に返還すべきものではない」という反復帰論[9]が出された．彼によれば，琉球は1879年（明治12年）の廃藩置県までは，完全でないにしても独自の文化をもつ独立国であった，としている．彼の独立論の根拠は，独自の文化を保持しているかどうかにかかっている．換言すれば，独自の文化を保持することによって独立が可能になる，ということである．この考え方は重要な問題提起をしているが，文化を独立と無媒介に結びつけることは，論理の飛躍といわざるをえない．

この後正面をきって独立論を主張したのは，1958年から74年までコザ市長を務めた大山朝常であった．彼は，復帰運動に力をつくしたが沖縄返還が実態

としてヤマトへの隷属であると知り，その後強烈に沖縄独立を主張するようになる．それは，彼の著書『沖縄独立宣言』のなかに述べられている．その考え方は，その著書のなかの5章の「いまこそ沖縄の『独立』を」――沖縄返還は「第三の琉球処分」だった，「ウチナーユー」を求めて，沖縄の独自性とは，なぜ「独立」が必要なのか，アジアとの共生による独立への道――に示されている[10]．だが独立へ向かっての具体的政策については何も述べてはない．これは，独立論を論理的に展開したというよりは，彼の心情・情念にもとづくものであるが，それだけに多くのウチナーンチュの心をひきつけるものであった．筆者は，多くのウチナーンチュの心の底には独立への思いがあるのではないか，と推察している．その場合，難しい抽象的な言葉でもって独立を語るよりも，大山朝常のように心情的に情念でもって訴えた方が共感を呼ぶのかもしれない．

　これまで独立論の流れを運動と思想の面から述べてきたが，そのいずれもが現実の政治運動としては不発に終わった．それは，独立を主張した政治活動も思想も現実認識が甘く，また何らの具体化策，着実な実現策を提示することができなかったからである．極言すればこれらは，観念的であり，単に夢を語っただけにすぎなかったともいえる．それはまた，現実にはほとんど不可能に近かったといわざるをえない．というのは，独立ということになれば，まずアメリカの世界戦略体制とヤマト国家の権力的政治・行政システムからの脱出を図らなければならない．さらに独立「国家」にしろ「国」にしろ樹立するとすれば，まずその基盤としての経済的自立の構築とその発展への手段・条件を手にしなければならない．またこれを実現するにあたっては，政治的・行政的自立がなければならない．だがウチナーの現実をみる時，それはきわめて困難であるように思われる．

　他方1960年前後頃から，米軍の非人道的で苛酷な支配から逃れたいという願いが強まってくる．そのためには，かつて日本国家に帰属させられたということから，ヤマトに復帰する以外に道はない，という思いに至る．それはヤマトに復帰すれば憲法のもとで平和と人権が保障され，高度成長経済の恩恵を受けて生活が豊かになる．また，これまで米軍の支配の下で苦しめられてきた沖縄を温かく迎え入れ特別の措置を講じてくれるであろう，という認識で

あった．だがそれは，復帰後の過程でことごとく裏切られていく．こうした思いは，ウチナーンチュの認識不足・甘さを露呈したもので，そこに「クサテ主義」「物くれる人が自分の主人」が，依然として存在していることを読みとることができる[11]．

思想的な反日本国家論

ともかくヤマトへの復帰の願いは日に日に激しくなり，ウチナー全土をおうようになる．だが他方では，多くの反復帰論も現れてくる．そのなかでの旗手は，川満信一と新川明である．川満と新川は反復帰論を展開しつつ，その先にウチナーの独立をみているように思われる．

まず川満の所論からみていこう．彼は，島尾敏雄のヤポネシア・琉球弧論[12]に触発され，「日本にも様々の違った種族がおり，地方，地方の文化の異質性もある」[13]，すなわちヤマトと琉球弧の文化的異質性を前提として，ヤマト国家による沖縄への差別と扼殺という認識にもとづき「"反国家""反復帰""非国民""復帰拒絶"」を主張し，沖縄の自立と共生の思想を打ち出した[14]．とくにここで注目されるのは，非国民の思想である．非国民というのは「異族だからでもなく，異質の歴史や文化を生きているからでもない．また現在のように日本国家の名目上の支配からはずされているからでもない．……国家が支配の論理において成り立つものである以上，支配の総体を否定し，拒絶していくための死者的立場からの論理は『非国民』としての自己規定から出発するしかない」[15]．「『非国民の思想』とは国家の管理体制から意識的に自己を引き剥がしていく思想の乾坤一擲なのである」[16]という．彼は，わたし(たち)は「支配者の論理のなかで生きながらの死者として位置づけられている以上，死者の論理をもって生者の内側に転移していくかたちをとるほかはない」[17]と述べている．この死者の論理が非国民の思想ということになるのであろうか．また彼は，これまでの独立論なかんずく琉球独立党に対しても，厳しく批判する．「琉球独立党が日本に対してもっとも鋭い告発と批判を展開しながら，米軍支配に対してはまったく批判も告発も欠いてしまうのは，戦後この方アメリカに身をまかせてきた沖縄自民党の嫡男だからである」[18]．これに関しては，新川明も同様なことを指摘している[19]．

こうした視点をふまえたうえで，川満は「琉球共和社会」を構想し共和社会憲法私案を提示した[20]．その主な部分を紹介しておこう．まず前文に，「好戦国日本よ，好戦的日本国民と権力者共よ，このむところの道を行くがよい．もはやわれわれは人類廃滅への無理心中の道行きをこれ以上共に歩むことはできない」とかなり過激である．1条には「人類発生史以来の権力集中機能による一切の悪業の根拠を止揚し，国家を廃絶する」とあり，2条「軍隊，警察，固定的な国家的管理機関，官僚体制，司法機関など権力を集中する組織体制は撤廃し，これをつくらない」，6条「共和社会をゆたかにすること」，8条「象徴的なセンター領域として，琉球弧に包括される諸島と海域を定める」，9条「センター領域内に奄美州，沖縄州，宮古州，八重山州を設け自治体で構成する」，15条「核物質および核エネルギーの移入，使用，実験および核廃棄物の貯蔵，廃棄などについてはこんご最低限五十年間は一切禁止」，16条「軍事に関連する外交は一切禁止」，19条「センター領域内では，土地，水源，森林，港湾，漁場，エネルギー，その他の基本的生産手段は共有とする」，39条「知識・思想の自由」，42条「自治体，自治州，共和社会は直接民主主義」，43条「各自治体は地域に応じた生産その他の計画を立案し，実施する場合，隣接自治体に報告し調整する，その計画が自治体の主体的能力の範囲を超える場合は所属州ないし共和社会の連絡調整機関において調整をはかる」などである．この川満の「琉球共和社会」は，筆者が考えている「国」にほぼ近い．異なる処は，基盤に〈地域〉を置いているか否かである．

　彼は，情念を底に秘めつつ的確な現実認識に立って，反復帰論を展開したうえで共和社会構想を打ち出したわけである．それは優れた論理的な思想といってよい．とくに「死者の論理」という発想には敬意を表する．また共和社会憲法の内容は，人類にとって最も望ましい社会として描かれている．だがこれは，人類社会一般とくにウチナーにとっては夢にすぎない．また彼の論理そのものは評価できるが，問題解決の道筋は何もみえない．この点は，次にふれる新川明も同じである．

　新川明の思想は，〈反国家の兇区〉としての沖縄，という発想に端的に表されている[21]．彼はまず「沖縄人はその『ヤマトゥンチュ』たちと同一民族であり，同一の主権国家に属する同一の国民でありながらも，なお，あくまで『ウ

チナーンチュ』でありつづけるのである．このような沖縄人の意識の特質ともいうべき日本と日本人に対する『異質感』あるいは『差意識』は，近代に至るまで日本と別個の国家形態を形成し，かつ独自の文化的領域をしめてきた歴史的，地理的の諸条件によって培われてきた」[22]というところからスタートし，反復帰論を展開する．復帰運動は，「『異民族支配からの脱却』『同一民族としての本来の姿に立ちかえる』という発想によって唱導されたナショナリズムの運動であった」[23]とし，「〈祖国復帰〉運動は，闘いの名において国家に対する価値観を絶対化し，〈国家としての日本〉に対する忠誠心＝日本国民意識の強固な形成を推進することを目的化する中で，民衆個々が米軍事占領支配下にあることで日常感覚的に所有する反米ナショナリズムを汲み上げるいっぽう，いわゆる〈平和憲法〉を媒介させることで日本に対して抱く一種のユートピア幻想を積極的に鼓吹することによって組織を支える大衆的基盤の拡大と深化を図ってきた」[24]と激しく批判する．それとともに，復帰は「沖縄人みずからがすすんで『国家』の方へ身をのめり込ませていく，内発的な思想の営為」[25]であるという．

　新川は，こうした認識のもとに反復帰論を主張する．まず復帰運動を「『返還』のもつ本質的な意味（日米軍事同盟の戦略拠点としての再編強化，とくに『返還』を足がかりにしてアジアにたいする帝国主義的侵略を具体的に始動した日本帝国主義）にたいするたたかいの照準を放擲」[26]したものとして糾弾する．ここで留意しておきたいのは，彼は日米双方をアジアに対する帝国主義的侵略者としてみなしている，ということである．そのうえで「沖縄人が日本（人）に対して根強く持ちつづける『差意識』を，日本と等質化をねがう日本志向の『復帰』思想を根底のところから打ち砕き得る沖縄土着の，強靱な思想的可能性を秘めた豊饒な土壌と考え」[27]，「いまわたしたち沖縄人に課されていることは，すべての日本同化志向，〈国家としての日本〉に寄せる『復帰』の思想＝忠誠意識を，沖縄が歴史的，地理的に所有してきた［日本とは決定的に異なる：筆者注］異質性＝『異族』性によって扼殺する作業を，思想運動としてはじめなければならぬ」[28]としている．そして「日本同一化をねがう『復帰』思想を打ち砕くことによって，反国家の拠点としての沖縄の存在を確保し，その沖縄の存在をして〈国家としての日本〉を撃つ」[29]のであり，「〈国家〉そ

れ自体の存在を決して容認しないという強固な国家否定の思想，すなわち『非日本国民』の思想」[30] を掲げた．それは沖縄を「反国家の兇区」とするということなのである．

　新川は，伊波普猷のみならず謝花昇，第2次大戦後の独立論や復帰論・復帰運動，政治活動，その他を片っ端から斬って棄てる．それには，肯ける面と首を傾げたくなる面とがあるが，彼の論は，反復帰，反国家，非日本国民止まりである．その先は語られていない．これに関するかぎり，きわめて鋭利で高い思想性に満ちた論理が展開されている．問題は，もし仮にこれに触発されて反国家，非日本国民という状態が成立した場合，そこにおけるウチナーには，いかなる政治・行政システム，経済，社会が構築されるのであろうか，ということである．これには一言もふれてはいない．そのような未知のことには，自分は責任をもって述べることはできない，今できることは，反国家，非日本国民の現実化に向けての論理的思考を徹底することだけである，ということなのであろうか．

　彼は「経済的な自立が保証されないと真の自立はあり得ないという議論に沖縄の自立論というのは流れていく．でもそれは問題が逆だ……精神的な意味で自ら国家にのめり込んでいったり，そこにすがったり，そこに幻想を持つ限りは，自立と言うことはあり得ない」[31] という．すなわち，精神の自立が先だ，ということをいう．「歴史の中で持ち合う異質性を深めつつ，国家に対する加害者としてみずからを位置づける個々の内的な思想の営みを再掘しつづけること……それは，極めて非建設的な思想である．……このような『内なる国家との対決』は，差別をつくり出す収奪の関係の止揚にはすぐつながらないため，これを『外なる国家への対決』へとつなげていくことが課題」[32] という批判があるが，人びとが「『政治経済＝生活の次元』における幻想（豊かな国，またはゆたかな郷土という形の）で自己救済を図りつつ支えつづける以上，いまこそ『思想＝文化的次元』へとおりて，『内なる国家』との不断の対決を深めなければならないであろう」[33] と主張する．

　こうした新川の観念的な思考論理に対して，反国家志向としての反復帰論が，知識人の自己完結的な思想の営為としておわり，国家権力にたいするなんらの政治的有効性も持ち得ないままにとどまっている．この思想的営為が，初期復

帰運動の情緒的体質の裏返しにすぎない，という新崎盛暉の批判がある．これに対して新川は，「これまで物理的なかたちで，なんらの政治的有効性を発揮し得なかったといえ（その点に私の敗北意識はある），その思想的営為はその時点で，自己完結的に閉塞するものではない，と私は考えないわけにはいかないからです．つまり，これからあとに"沖縄闘争"の可能性がまだのこされているとすれば，まさしく反国家志向の思想的営為にささえられた運動（闘争）しか私には考えられないからでもあります」[34]と答えている．

　筆者は，新崎の指摘に全面的に賛成する．たしかに新川のいうとおり，沖縄闘争はその基底に思想が用意されていなければならない．だが新川の論理のなかからは，政治的な現実に結びつく契機がみえてこない．ということは，やはり知識人の自己完結的な思考回路のなかに留まっている，ということになる．いま1つ問題なのは，彼は反国家志向の思想的営為にささえられた運動というが，その運動の担い手は，一般大衆であることを忘れてはならない．その場合，大衆は彼のいわんとするところを容易に理解できるであろうか．彼の思想はかなり論理性が強く，その文言はわかりやすいとはいえない．すなわち，彼の思想が直ちに大衆の血肉には転化しえない．そこを彼はどのように考えているのだろうか．それが示されない限り，思想的営為に支えられた運動といっても，絵に描いた餅にすぎない．もし彼のいうようにするには，新川の思想を大衆にわかりやすくするための翻訳家であり，またそれにもとづく運動のためのオルガナイザーであり，運動戦略を考え大衆を率い実践する現場リーダーが必要である．彼がこうしたことに何もふれないということは，やはり自己完結的な思想家であるということになる．この点において川満信一も同じである．しかしだからといって彼らを非難することにはならない．すなわち彼らは，現代ウチナーにおいては最も優れた思想家であり，その思想の正しい理解者で具体的政策にとりくめる人物を得たときには，ウチナーに大きな転機をもたらす可能性が生じるからである．そうした意味では，彼らを思想家としての役割をもっている者として位置づけておきたい．この川満や新川の論に対する批判として「本土復帰後急速にすすんだ本土化への反動として自立論が展開され，しかも議論がそこに止まっているとしたら，これらの議論は一部インテリ層の自己満足に終わり，永遠に大衆のエネルギーを吸収して進展しメインストリームの思

想を形成するには至らないであろう」という嘉数啓の考え[35)]もつけ加えておきたい．

　これまで述べてきたように，独立論にしても，反国家，非日本国民の思想にしても，そこには何らそれを実現していくための具体策があったわけではない．それだけにこれらは，ウチナー全体に共有されることはなく，その実現はおぼつかなかった．これに対して独立や反国家などを強く前面に押し出すというよりは，政治的・行政的自立や経済的自立及び社会文化的自立を主張し，それにとりくむ活動がみられた．これらの自立論は，その先に独立を見定めていたとしても，それを表面に掲げることはしなかった．そのほとんどが，日本国家の大きな枠組みからはずれないようにしながらか，あるいは時には必要に応じて枠組みを踏み越えようとするか，のいずれかの状態で可能なかぎり自立を達成しようとするものであった．それだけにこれらは，具体性をもっており政策的にとりくまれた．この他に，ヤマト国家の法的，政治的，行政的な公的システムのルールに沿って，ウチナーを編成していこうとする者たちもいる．それらの典型は，稲嶺県知事や保守系の市町村長・議会議員たちである．その極端なものが，高良倉吉・大城常夫・真栄城守定などの「沖縄イニシアティブ論」グループ[36)]である．彼らは，ヤマト従属論的な同化主義者といえよう．

2．相対的自立論とそのとりくみ

政治・行政・経済・社会文化の自立構想

　政治的・行政的自立と経済的自立及び社会文化的自立とは，それぞれ個々バラバラにとりくまれるものではない．この三者が，相互に強い関連をもっていることは自明のことである．そうした視野をもって自立に迫ったのが，元県知事の大田昌秀である．大田にとっては，ウチナーの社会文化的特質が前提的な認識となっている．それはもちろん「物くれる人が自分の主人」といった事大主義のようなものは否定するが，ウチナーンチュの「土地」に対する思い，歴史過程のなかで形づくられてきた平和志向，共生の在り方，が重視され，それに戦争体験や戦場化したウチナーの悲惨さが加わって，強く平和を希求し，その実現に最大の努力を払おうとしたものである．大田は，「沖縄基地問題の解

決なしには21世紀の明るい展望は開けない」37)と考えている．そこで軍事基地こそがウチナーにとって矛盾の集中的存在であることから，先に述べた米軍基地撤去のために基地返還アクションプログラムを策定することになった．そしてこの基地返還はウチナー経済の自立とも結びつけられ，国際都市形成構想として提示されたのである．

　基地撤去は，いうまでもなくヤマト国家政治のみならず日米間の国際政治関係——とくに安保体制——，さらにはアメリカの世界戦略体制にまで及ぶものである．大田は，ヤマトの基地政策，それに関する法・制度，行政措置に対して抗議し，ウチナーの自主的判断を認めるよう求めた．そのうえ，彼は米軍基地の土地使用に関する代理署名を拒否した．それは法廷にもちだされたが，最高裁で敗れ，結果として代理署名を受諾することになった．しかしこれは，軍事基地の土地使用の許認可権を国家から奪い取り地方自治体が持つ，というまさに画期的な行政における自立へのチャレンジであり，分権化をおしすすめるにあたっての契機であった．こうした正面切ってヤマト国家権力と対峙し，政治的・行政的自立の確立を目指す行為は，ヤマト公的システムの範疇を越えようとするものである．だがその前に立ちふさがる壁は巨大で鋼のようなものであって，容易に突破できるものではなかった．

　こうした大田の自立へのとりくみには，いくつもの批判が出された．その1つは，新川明や新崎盛暉らその他から出された代理署名受諾についてであり，いま1つは，牧野浩隆などの国際都市形成構想批判である．新川は，代理署名を受諾したことによって「沖縄での反基地運動はもとより，大田さんを先頭にして沖縄の現状に対して強い危機意識を持っており，日本政府との緊張関係の中で更に前に進もうという一般民衆の気持ちといったものがいっぺんに崩れたといえる」38)という．また新崎は知事の弁明として「県が公告縦覧代行の拒否を続けた場合は，これまで粘り強く重ねてきた国との協議，調整や日米両国政府による話し合いが進展しなくなることが危惧される状態にあった」39)というのは説得力がなく，「県民投票における圧倒的支持にもかかわらず，知事の前に，安保堅持の政府の厚い壁が立ちはだかっていたのだとすれば，知事は，辞任し，再度，県民の信を問うべきであった」40)という．結局知事は，国との妥協の機会を失うことをおそれたのであり，そこが知事の限界なのかもしれない，

とみている．

　こうした新川や新崎の批判は，わからないわけではない．だがウチナーにおける政治・行政の最高責任者として，巨大な権力でもって圧力を加えてくるヤマト国家に立ち向かう苦悩と困難さは，その場に立たされたものでないとわからないのではないか．そうした知事を県民投票や革新政党や八者協（革新3党，労働4団体，沖縄軍用地違憲訴訟支援県民共闘会議）その他諸団体が支えたとしても，それは国家権力をはねかえすほどの力になりえたのだろうか．

　ただ先にも指摘したことであるが，大田は，代理署名を受諾しなかったならば，国際都市形成構想も潰れ経済的自立への展望も描けなくなることをおそれたのではなかろうか．そうした意味では，受諾は県と国家との取引ともいえるかもしれない．その証拠にこの後，政府から80項目以上の経済振興策が提出されたのである．しかし，それが正しい選択であったとはいえないかもしれない．すなわち，この署名拒否こそが政治的・行政的自立へのよいチャンスであっただけに，それを一歩でも進めようとするならば，たとえ経済的発展が多少遅れようとも署名は拒否すべきであったのではなかろうか．

　新崎は，理論と運動とを一体化してすすめる，ウチナーには数少ない存在である．彼は，ウチナーの苦悩・矛盾は全て基地問題に集約されている，と考えている（筆者も同じ考えである）．それだけに，沖縄問題や基地撤去に関する発言が多いだけでなく，一坪反戦地主運動やその他の基地反対運動に加わり，積極的に活動を行っている．そして彼は，自立について次のように述べている．「沖縄が自らの歴史的体験（なかでも沖縄戦は重要である）をふまえて，構想すべき将来像は，『平和で心豊かな沖縄県』である．それは『基地の上の豊かな沖縄県』にくらべれば，軍用地料も基地周辺整備資金もなく，軍事基地の維持という政策的観点からの財政資金の投下も手控えられるのであろうから，所得水準で示されるような豊かさは低下するかもしれない．その意味でいえば，『平和で，貧しく，心豊かな沖縄県』かもしれない．……"沖縄県"は，何よりも地域的独自性を大切にするから，それが，日本国憲法にいう地方自治の本旨の範囲に収まれば"沖縄県"にとどまりうるが，そうでなければ，より高度な自治を要求する特別県，自治区，さらには共和国へと発展する可能性をもつ」[41]．

　この発想で気になるのは，しきりと「沖縄県」という言葉を用いている点で

ある.「県」というかぎりにおいては, 現状の日本国家における公的システムとしての地方行政制度を認めているということになる.「平和で, 貧しく, 心豊かな沖縄県」であればよいのであろうか. それとも, 特別県, 自治区を望んでいるのか, さらには独立した共和国を展望しているのか, ここらあたりがかなり不明瞭である. とくに沖縄県, 特別県, 自治区と共和国とは, 一線を画さなければならない. すなわち, 公的システムのなかでの最大限の自立なのか, それともそれを踏み越えた自立なのか, ということである.

牧野浩隆と嘉数啓の経済自立論

それでは次に経済自立論について検討をすすめることにしたい. 大田は, 基地返還アクションプログラムと代理署名拒否を通して, 政治的・行政的自立への道をさぐろうとした. そしてこれとの関連において, 経済的自立へとつながる国際都市形成構想を提起した. これをめぐって多くの議論が交わされた.

国際都市形成構想に対する批判の代表的な論者が経済専門家の牧野浩隆である[42]. 彼は, 基地の経済的寄与をある程度評価し, その存在を必ずしも否定しない. また, 特別立法, 規制緩和などの制度要求も, 沖縄経済の現状からすればどれほどの効果を挙げるかは疑問であるとし, 沖振計で謳われてきた「格差是正」を積極的にはからなければならないという. さらに, この形成構想は政治力学依存に偏しており, 「きわめて政治的色彩の強い性格の拙速, かつ性急すぎる」[43]ものであると述べている.

彼は形成構想の最大の陥穽として「日本およびアジア諸国のめざましい経済発展と経済交流に着目することはともかくとして, その発展の原動力となった経済的諸条件を的確に把握し, 両者間のネットワークに沖縄が割って参画するために, 絶対必要となる経済的要件は何なのかという検討を欠いていることである」[44]としたうえで, 5つの陥穽をあげている.(1)沖縄が, 南の国際交流拠点としての結節機能を果たすために, 資本, 情報, 技術, 人材などのインプットこそ絶対条件なのに, それが欠けている.(2)従来通りの"箱もの"づくりを打ち上げ, 新たな行財政依存体質を自らつくりだしている.(3)「土地利用先にありき」の枠組みにとらわれており,「返還軍用地を活用した国際都市の形成によって産業振興を図る図式に固執するならば, 軍用地返還まで産業振

興策は展開困難であることを示唆するものである」．(4)南の国際交流拠点という発想は，日本サイドの必要性にもとづいたもので，そこには沖縄の主体性はない．(5)沖縄が，日本とアジア諸国を結ぶ交流拠点として適しているという論拠がきわめて薄弱である[45]．こうした批判を提起したうえで，牧野は，(1)地域内発型の産業振興，(2)研究開発機能・人材育成を中心とした産業振興，(3)地域における新規産業の振興，を提示する．

牧野の論は，経済専門家だけあってそれなりに妥当性をもっている．しかしながら，いくつもの疑問をもたざるをえない．1つは，基地の存在を前提的に認めているという点である．筆者は，これまでの論述からもわかるように基地にはウチナーのあらゆる矛盾が集約されていると考えている．そしてそれは，政治的・行政的自立と経済的自立と社会文化的自立とがかかわっている．牧野が，基地返還と産業振興とは別問題というのは，高良倉吉とともにヤマト従属論的な立場に立っているために政治的・行政的自立を視野に入れていないからであろう．国際都市形成構想が政治的に偏っているというが，政治的問題を抜きにして，彼のいう沖縄経済の発展は可能なのであろうか．ヤマト国家の公的システムとしての諸制度の改変要求に難色を示しているのは，公的システムのルール内でのみ経済発展を考えているということである．そうだとすれば，ヤマト国家の意思決定がなければ何もできないということになる．その場合には，これまでと同じように基地の存在維持を前提としたヤマトの沖縄政策が貫徹していくことになり，本格的な経済的自立に結びつくような発展は望みえない．そのことは，これまでの3次にわたる沖振計による7兆円以上の公共投資にもかかわらず，ウチナーの経済的自立が実現しなかったし，また2000年段階におけるヤマトの沖縄政策をみても，経済的自立につながる可能性はあまり示されていないことからも明らかである(本書4章参照)．

彼の提示したこれからの沖縄経済の方向にはとくに異論はないが，だがこれをどのように実現しようとしているのかがみえてこない．彼は，国際都市形成構想は依然として公共財政依存型である，と批判するが，それでは彼のこの提案では，自力でとりくもうということなのであろうか．そうではあるまい．彼の立場とこの経済論の流れからするならば，ヤマト公的システムのなかでそれに従ってすすめる，すなわち，公共財政依存型そのものということになってし

まう．こうしてみると，牧野には経済自立論がないといえそうである．

これに対して嘉数啓の経済自立論は，ウチナーの社会文化的特性と現実の政治・行政と基地問題をふまえたもので，きわめて有用であり評価に値する[46]．まず彼は経済的自立を「経済的な従属＝支配・被支配関係を脱して，自らの力と知恵によって生計をたてること」と定義する[47]．また「経済自立はそれ自体が目的ではなく，対外的には政治的自立（自決＝ self determination），対内的には各意思決定主体の自立（あるいは自治）を担保するものとして位置づけられるべきものである．このばあい，経済的自立が先か，政治的自立が先かという古くて新しい論争があるが，世界市場に深く組み込まれた現実を直視するとき，経済的自立を獲得することが先決である」[48]という．

この規定に立ってまず「沖縄経済の基地依存＝非自立化は，需給両面における政策意図によって構造化されたものである」[49]としてとらえる．そのうえで，自立的発展への内部条件として，人口増と失業問題，貧弱なインフラストラクチュア，市場の狭小性，単位コストの高さ，軍事基地の存在，共同体的閉鎖性を挙げている．ここで共同体的閉鎖性についてふれておきたい．彼はこの共同体的体質が「沖縄独自の文化を育み，社会的落伍者を出さない機能を果たしていた」，しかし復帰後「共同体的体質が生き残るための近代化を阻む桎梏として表面化した」[50]という．ここにおいて，嘉数は大塚久雄の「局地的市場圏」[51]の「内部自給型産業構造の体系」に注目する．

そこで嘉数は沖縄経済の可能性をさぐるために，有利と思われる内部条件を検討している．それは，豊富な若年層労働力，コバルトブルーの海と白砂のビーチ，亜熱帯性気候・風土，東南アジアへの近接性，豊かな伝統文化である．この伝統文化はかつてはヤマトによる差別の対象となったものであるが，これは新川明のいう「異質性」であり，逆にいうとそれこそが社会変革のエネルギーとなるのではないか，ということである．こうした分析をふまえて，自立的発展のビジョンを検討している．それは，ローカル産業重視型，工業誘致型，観光産業重視型，自由貿易地域型であり，このなかに，輸出加工型・輸入加工型・観光ショッピング型・トレードセンター型・ローカル産業複合型が設けられている．とくにローカル産業複合型についてのモデルを設定し，その実現について，(1)技術開発を最優先した開発の「有効継起」を考える，(2)「自由貿

易地域」の創設を考える，(3)「幼稚産業保護育成」を考える，(4)生産における「地域間分業」を考える，としている．

　この提案は，ウチナーの現状を客観的に正確にとらえ理論的に構成している．部分的には牧野の論と重なりあうところもあるが，決定的に異なる点は，非自立化が沖縄経済の基地依存にあるとしていること，ウチナーの社会文化的特性に注目していること，政治的自立性を視野にいれていること，などである．この嘉数の提案は，1983年に出されたものだけに現段階においては不適当な面もあるが，だがこれのもつ意義はまだ失われてはいない．もしこのローカル産業複合型モデルがかなり実現されることになれば，ウチナーの経済的自立に近づくことになるのではないだろうか．

総合的な自立論の提起

　こうした自立論をもっと総合的に論じたのは，宮本憲一及び彼のグループである．宮本グループは，1969年以降「沖縄の経済自立と地方自治に関する調査研究」を進め，基地の撤廃と基地依存経済からの脱却，自然環境と固有文化を保全した総合的開発，住民参加による内発的発展等を内容とする沖縄経済開発の原則を3度にわたって提言してきた．最近の共同研究(1996・1997年)では「維持可能な発展を実現する地域社会，すなわち『サステナブル・ソサエティ』として沖縄が発展していく道を構想することに目的を置いている」[52]ということである．

　このサステナブル・ソサエティという発想は，きわめて示唆的である．宮本は，まず「平和，福祉(人権の確立)，自治の三原則」にもとづく「沖縄の心」を，沖縄開発の理念とした．そして，「平和，環境と資源の保全，絶対的貧困の防止と経済的公平，基本的人権の確立，民主主義と思想の自由という柱」からなりたつサステナブル・ソサエティを目指すことを提唱した[53]．そこでは，内発的発展と小さな開発の積み重ね，基地の跡地利用が論じられ，また未来の課題として，環境と福祉の沖縄形成が主張され，「沖縄県民が基地を撤去し自立と自治の選択した路線は誤ってはいない．それが経済で裏打ちされていくような『内発発展』の道がすすむならば，新しい沖縄が生まれていくであろう」としている[54]．

また加茂利男は「沖縄の未来を自ら切り開くためのシステムは，やはり『自治』の拡充以外にない．……草の根から沸き上がりはじめたこの『自治』への志向を，自治体レベルの制度に結実させる構想がいよいよ必要になっているのではないか」[55]として，自治労沖縄プロジェクトの「琉球諸島特別自治制」を参考として，自治についての試案を提示している．なおこの「琉球諸島特別自治制」構想は，「地方分権の先行形態として日本国憲法の枠内でとりうる準連邦制度システムを具体的に提案したものである．すなわちこの構想は，琉球諸島を対象に憲法の枠内で特別法をつくり地方自治の枠を超えた自治権を認め，『憲章』（チャーター）的な性格をもつ基本条例の制定をみとめようとするものであり」[56]ととらえている．

　加茂の試案は，憲法にもとづく包括的特別自治制である．それは，憲法95条による特別立法で，それには，特別法の理念と原則，包括的権限移譲および国との関係，税財源の自立性と傾斜的財源調整，国際交流・琉球文化振興特別措置などがもりこまれ，さらに，沖縄県（州）基本条例の制定として，自治立法権の承認，住民自治にもとづく地方政府の創造となっている[57]．とくに彼の論で重視すべきは「制度構想はあったが，その実現へのプロセス・デザインがなかった．いまはこのプロセス・デザインが制度デザイン以上に重要なのである」[58]と指摘している点である．これまでウチナーにおいては，独立，自立に関する論や思想あるいは政治活動がみられたが，その多くはいずれもプロセス・デザインを欠くものであっただけに，それはほとんど現実には結びつかなかった．それは，きわめて非生産的なこととしかいえない．加茂の示したプロセス・デザインは，1つは，自立的・内発的な地域づくりを行い成果をあげるために，自治基本条例をつくること，2つは，特別自治制によって国の法令による規制や行政的関与を軽減すること，3つは，特別自治制のための沖縄基本法を成立させること，となっている[59]．

　こうした加茂の見解と関連したものに，玉野井芳郎が1983年頃に提案した「沖縄自治憲章」がある．それは「玉野井の地域主義を反映し，法律学的な『自治と権利』の章典にとどまらず，地域の文化や生態系，共同体など地域の個性を宣言しようとしたことにあった」[60]．また宮本は，明快に沖縄のあるべき姿を提示している．とくに注目すべき視点は，沖縄の自立と自治は，経済に

よって裏打ちされていくような「内発的発展」の道がすすめば可能である，としていることにある．これは，嘉数のように「経済的自立の方が先決である」といい切るよりは，自立と自治を経済と構造化してとらえているといえよう．また内発的発展と小さな開発という発想も重視したい．加茂の，沖縄の未来を切り開くには自治の拡充しかないと明言し，そのために憲法の枠内で特別法をつくり，地方自治法の枠を超えた自治権を認め，「憲章」的な性格をもつ基本条例及び沖縄基本法を制定しよう，という加茂の提案はとくに異論はない．この論で留意しておきたいのは，それはあくまでも憲法の枠内であるが，地方自治法の枠を超えた自治権を確立することを主張している点である．すなわち現在の公的システムのギリギリ限界内ではあるが，部分的にはそれを超えようとするものであるといえる．これを獲得するには大きな困難が横たわっている．だが現実的にはこれしか道はないのかもしれない．ただこれらの諸論には，一般民衆の姿がみえない．もちろん住民参加とか，草の根とかということでふれられてはいるが，もっと積極的に自立における民衆の役割を論じるべきである．

　さきにも触れたように1998年に自治労が，自由貿易地域による産業振興，基地跡地の有効利用などの必要性を指摘し，その推進主体として広汎な立法権と自主財源をもつ「琉球諸島自治政府」構想を県に提出した．それは，現行の条例の範囲を超える幅広い立法権を設定するもので，国頭，中頭，島尻，宮古，八重山の各群島・郡に政府と議会を置く．その権限は，関税率，群島・郡税，行政運営についての立法権，従来の自治事務，沖縄総合事務局の事務，財源は，地方税，地方交付税，沖縄開発庁一括計上分，その他として，住民投票の活用，薩南諸島の自治政府への参加は住民投票で決定するというものである．これはいわば，一国二制度体制であり，地方分権の徹底した形といえよう．これが実現するならば，ヤマト公的システムのなかではあるが政治・行政の自立が可能となる．だが現実のヤマト国家の沖縄政策のなかではとうてい実現は望みえない．しかし，だからといって最初からあきらめることはない．要はこれを獲得するための方法・手段と努力・パッションが求められる．いま1つ問題なのは，財源が全面的に国家依存であるという点である．もちろん合法的・制度的に入手できる財源は，当然の権利として獲得すべきではあるが，それ以上の特別な財政投資は断るべきである．そして，こうした財源とともに重視したいのは自

主財源の構築である．それにあたっては，嘉数や宮本が提唱する地域に立脚する経済的自立が視野におさめられねばならない．

これまでさまざまな独立論や活動，反国家・非日本国民論の思想，相対的な政治的・行政的自立論，経済的自立論そしてこれらに内包されている社会文化的自立について検討し，多くの示唆を得た．そこで次にこの示唆にもとづいて，筆者の自立へ向けての論を述べることにしたい．

3．地域づくりと〈地域〉――自立への展望

自立を展望するためのフレーム

これまでの検討にもとづいて，ここにウチナーとヤマトの関係のなかでウチナーの将来＝自立を展望するためのフレームを提示したい．

ヤマト国家権力は，琉球処分以降一貫してその権力的公的システムによってウチナーを支配し差別してきた．とくに第2次世界大戦後においては，米軍基地の維持・強化をはかり，そのためにアメとムチ政策をもって臨んできた．そのなかでウチナーンチュは，生命・生存・生活の危機にさらされ，ウチナーの経済的発展と自治・自立がはばまれてきた．またウチナーの社会構造全般やウチナーンチュの意識のヤマト化が進行し，ウチナーの社会的・文化的特質が失われるようになった．これに対して一方では，ヤマトに自らスリ寄っていく同化主義・従属主義が強まり，他方では，基地反対闘争や独立論，反国家・非日本国民論の思想ならびに相対的自立論やその活動がみられた．だがこれらは，ヤマト国家権力の巨大な鋼のような壁にことごとくハネ返され押し潰されてきた．それは，ヤマトの公的システムによるウチナーの私的生活世界の解体過程でもあった．

こうした事態に逢着した場合，あきらめをもってヤマトに同化し従属するという道を選ぶことになるのであろうか．だがそれでは，ウチナーの平和と豊かな生活，主体性と自治は保障されない．もし平和と自治を求めるとするならば，あくまでも基地闘争を継続し，自立へのとりくみを追求する以外にない．なおここでいう自立とは，政治的・行政的自立と経済的自立及び社会文化的自立をセットにして，その相互連関としてとらえていることをことわっておきたい．

ただしこの場合には，絶対的自立＝独立は遠い将来におかれることがあるかもしれないが，それは現実的な課題とはなりえない．そうだとすれば，相対的自立の確立を求めるということになる．それは，公的システムの大枠＝憲法を最大限に活用し，その他の法・制度を必要に応じて利用し——その場合には権利として要求する——，また自治・自立にとって不都合な法や制度の改変を迫り，それを通じて自治権を獲得していくということである．

　具体的には，一方では，あらゆる政治的・行政的・法的手段を用い，また私的生活の論理からする基地闘争をたゆまず行うこと．基地闘争はもちろん完全撤去を目指すが，段階的には整理・縮小を要求することになるかと思われる．それは，ウチナーの政治・行政の自立と経済的自立につながる．他方では，嘉数のいうローカル産業複合型，宮本のいうサステナブル・エリアの内発的発展と関連する「地域づくり」と，それによる〈地域〉の再編をはかること．これは，社会文化的特質に立脚した経済的自立を実現していくことにつながる．この2つのとりくみによって，自立への展望が開けてくるのではないか，と考えている．ただこの場合には嘉数がいっているように，ウチナーの社会文化的特性が社会変革のエネルギーとなる．そうした意味では，社会文化的自立はきわめて重要である．ただし，ウチナーンチュにみられる「クサテ主義」と「物くれる人は自分の主人」という事大主義の精神構造を変革しなければならない．その変革は，川満や新川の観念論的なものだけではなく，実践的な活動のなかで行うことが大事である．

　自立については，とくに「地域づくり」と〈地域〉の再編という視点から論じることにしたい．何故「地域づくり」と〈地域〉再編なのか．それは，政治的・行政的自立，経済的自立を真正面からヤマト国家に求めても，ほとんど不可能だからである．たとえば，3次にわたる沖振計や新振計において経済的自立を掲げてあるけれども，ヤマト国家権力にとってみれば，沖縄が本当に経済的に自立すれば，基地維持政策を強制することはできなくなる．といって経済的自立は打ち出さなければならない．だとすれば，自立できない範囲で経済の振興策を提示することにとどめるということになる．

　そうだとしたら，ヤマト国家の公的システムの制約をできるかぎり避け，また財政依存をやめ，自主的に経済的自立にとりくむことにする以外に道はない．

もちろん，公的システムにおける政治的・行政的な施策・財政措置及び法的・制度的な措置のなかで自立的発展に結びつくものは，当然の権利として強く要求し確保しなければならない．といって，それ以上の特典を求めてはならない．ウチナーの自然的資源を知恵と人力によって可能なかぎり利用・開発し，またその社会文化的特性を積極的に生かすことが重要である．この場合には，いうまでもなく自然環境や社会文化的特性を破壊することはあってはならない．すなわち宮本のいう，各地域が維持可能な社会をつくる，ということである．もしこのことが進展し各地域において経済的自立の展望をもつことができるようになれば，もはやヤマトから特別の措置を望む必要はなくなり，したがって政治的・行政的にすべて従属するという事態はなくなり，自治が可能となるのではないか．

　ただここでくれぐれも留意しなければならないのは，来間泰男が「沖縄経済は数字上は成長をつづけたが，それは財政投資が主導したものであり，それだけでは『産業の実力』が育つものではないということが，沖縄の風土的・歴史的体質との関連で反省されるべき段階に来ている．……沖縄経済は，拡大志向に終止符を打ち，自らの足場を固め，質の充実に向かうべきであろう．……もっと生活に密着した小さな事業を組み立てる」（『沖縄タイムス』2001年5月17日）といっていることであるが，まさにその通りである．すなわち，経済的自立にあたっては，ヤマトやその他先進諸国にみるような大規模な経済開発を手本とすべきではない，ということである．

「地域づくり」の事例から学ぶ

　この具体的，現実的な現れがウチナーの各地でとりくまれている「地域づくり」である．もちろん，その全てがそれに妥当しているとはいえないが，いくつもの例が経済の自立的発展の可能性を示している．それは，筆者の唱える〈地域〉単位でもよいし，あるいは〈地域〉の小規模な連合体でもよいし，さらには〈地域〉を越えた組織・団体でもよい．場合によっては，市町村単位ということもある．これらの活動が多くの地域で広汎に活発にとりくまれれば，経済的自立の明かりがみえてくるのではないだろうか．これについて2つの事例を紹介しておこう．

1つは，北谷町(チャタンチョウ)の商業・サービス業が集積しているハンビータウンの事例である．ここは，1977年と81年にわたって返還された米軍のキャンプ瑞慶覽(ズケラン)のハンビー飛行場跡地を利用したものである．北谷町は，基地返還にともなって86年度に始まった建設省のコースタル・コミュニティ・ゾーンの事業認定を取り付けて土地区画整理事業をすすめた．その区画整理は，土地ブローカーを排除して地主会主導で行われた．それは，ブローカーによって土地の価格が高くなると，跡地の計画的配置やまちづくりが困難となり，企業立地もすすまなくなる，ということで，地主がブローカーに土地を売らないという協定を結んだのである．かくしてここに，大型のショッピングセンター「ハンビータウン」やブティックを含めた小売業52店，飲食業35店，その他60店の商業圏が形成された．それのみならず，海岸部には，野外ステージ，帆船の遊具，バスケットコートなどを備えた安良波公園が整備され，また人工ビーチがつくられることになっている．

　このハンビータウンは，これまでのウチナーにはなかったモダンな西欧的雰囲気のあるところで，若者や観光客のみならず多くの人々を引きつけてにぎわっている．そうした意味において，ヤマト政府からの財政的措置がなくても〈地域〉の経済的自立は成功したといってよい．しかしここでは，〈地域〉の社会文化的特性とはかかわりがなく，それとは別世界が展開されている．もちろんいくつかはこのようであってもよいと思うが，もし多くがこの事例と同じになってしまうと，ウチナー的世界が消え去ってしまうことになりかねない．この北谷町の事例での問題点は，経済的自立がある程度実現したならば，それを基盤として政治的・行政的自立も現実化する可能性もあるが，それを北谷町当局や住民がどのように考えているか，ということである．

　いま1つは読谷村の事例である．読谷村そして元村長の山内徳信は，基地問題と「地域づくり」に関してあまりにも有名である．米軍占領直後は，読谷村の土地のうち95％が基地として強制収用され，施政権返還後には73％となり，現在でも47％が基地として使用されている．このために〈地域〉はバラバラに解体されてしまい，それまでの社会関係が不安定なものになりかねない．また村民の心の根源である御嶽や拝所のいくつかは基地のなかにある．さらに日常的には，生命・生存が危機にさらされ豊かな生活への展望ももちえない．そ

れだけに村民が人間として生きていくためには,基地の撤去・返還が何にもまして重要な課題であった.ある意味では,読谷村の戦後史は,基地撤去・返還闘争・交渉の歴史であった,といえる.しかもこの闘争は,きわめて巧妙でありユニークであり,またそれによって大きな成果をもたらした.

たとえば,「復帰後25年間のたたかいは,行政も議会も読谷飛行場地主会も労働組合も老人クラブも青年会も婦人会も商工会も農協も漁協も,読谷村で団体と名のつくものはすべて,読谷飛行場の返還闘争に加わってもらうようにしました.それは同時に,基地返還だけでなく,読谷村の村づくりをすすめていくたたかいという位置づけをしてきたからなのです.だから,村の行政を担う三役,教育長,村議会議長,議員の皆さん,役場の職員はつねに,このたたかいと一体であったということです.三役と議会が常にたたかいの先頭に立つ.これが基本です」と山内はいう[61].

さらに注目すべき点は,この基地返還闘争・交渉の以前にすでに基地跡地を利用しての村づくり計画が策定されていた,ということである.高橋明善は「読谷村のむらづくりは,基地の存在を抜きにしては考えられない.……基地の返還を通してのみ,将来の村の姿を描くことができるのである.読谷村の村づくりは基地返還闘争を軸にして展開してきた」[62]といっている.その典型が,米軍基地である読谷補助飛行場内において,1997年に村役場を建設したことである.何とこれは,まだ返還されていない基地のなかに役場を建設したのである.山内元村長によれば「読谷村の21世紀の村づくりの鍵はやはり読谷飛行場の返還と有効な跡地利用の実現にかかっている.1995年10月,そこに自治の殿堂,村づくりの拠点として待望の役場庁舎を着工した」と述べている[63].この他にも返還予定地のなかに公共施設を建設してきた.「基地の中に公共施設をどんどん整備して,基地返還の足がかりをつくってきた」[64]のである.巧みな基地返還戦略である.このように基地返還と村づくりがセットにして組まれていたのである.

ここで特記しなければならないのは,こうした基地返還や基地内の公共施設建設は,ヤマト政府なり県にお願いしてというよりは,山内元村長や役場当局が村民の支持のもとに,直接的に米政府なり米軍と交渉して実現にこぎつけたのである.すなわち政治的・行政的自立が出現したのである.それは「私は

『ほんものの村づくりをめざす』ためには，憲法を真ん中に据えて，『自治体外交』『文化外交』をやる」と山内がいっているように[65]，憲法に依拠して政治的・行政的自立をすすめようとしているものである．このかぎりでは，権力的なヤマト政府といえどもあからさまに干渉することはできない．山内は1991年の施政方針のなかで「日本国憲法の精神を村民生活に根づかせ，これを生かす『平和憲法の生活化』」といっている．

高橋明善によれば「読谷村の自治形成と村づくりは平和主義を基礎にして，地域の歴史，文化，自然を掘り起こし，沖縄－読谷的な豊かな地域個性をもつと同時に，世界に視野を広げ，誇りをもって未来を展望しようとする創造的主体的自治のあり方を追求しようとしてきた……地域の中からアイデンティティを確立して内発的に発展してゆこうとする地域形成である」[66]ということである．このことは，村政に対する基本姿勢によく示されている．(1)平和と民主主義，人間尊重の村政を基調とする，(2)地域の産業経済の向上安定をはかり活力ある地域づくりを目指す，(3)民主的な学校教育，社会教育の充実と文化の発展を目指す，(4)村民福祉の増進を目指す，(5)明るく住みよい健康な村づくりを目指す，(6)自治と分権の確立を目指す，となっている．こうしたことの具体的な現れの1つは，1998年，大添(オオゾェ)区自治会が地域公民館の建設にあたって民生安定施設として防衛施設庁の補助金4,000万円が見込めるにもかかわらず，これを拒否した例である．その理由は，補助金を受ければさまざまな制約が生じ，また恩恵となりかねないからである．かくして村屋と呼ばれた時代風の建物を住民総出で建設したのである．

こうした政治的・行政的自立の動きとともに，基地依存経済を脱却し経済的自立へむけての試みがすすめられてきた．その現れの1つが，1978年から本格的に着手された「やちむんの里」である．ここには人間国宝の金城次郎をはじめ現在33の窯元があり，またガラス工芸の第一人者の稲嶺盛吉が招かれた．すなわちウチナーの陶芸の中心地となったのである．またかつての読谷独特の織物である読谷山花織を64年に復活させ，75年には県指定無形文化財となり，76年に読谷山花織物事業協同組合を設立し，通産大臣指定の伝統工芸品として全国に知られるようになった．織物事業所は101，及び伝統工芸センターと地域工房が3カ所にある．さらに特産品である紅イモの加工・販売を行い，地

域の特徴を生かした産業化にとりくんできた.

これらの他に,沖縄ハムの食品加工場を誘致し,またリゾート開発をすすめるにあたっては,所有権は移転せず賃貸とし,環境破壊に至らぬように多くの制約条件をつけ,地元優先雇用,地元農産物優先利用という契約を結んでいる.ゴルフ場も造られたが,それは外部資本ではなく,地元地主の共同出資で地元雇用となっている.

こうしてみると,この経済的自立は,外部資本やヤマト政府からの助成に頼るいわゆる大規模開発やハコモノづくりではなく,嘉数や宮本などのいうように,〈地域〉のなかで自己の特性を巧みに生かして自力でとり組まれているのである.それは,それぞれの地域の住民の歴史・文化・自然・生活の特徴を生かした精神的豊かさを目指す個別的で自立的な地域計画を立てるべきである,とするものである.

いま1つ重視しなければならない点がある.それは,読谷山花織の復活にみるように〈地域〉の文化的特性を創造的に発展させようとするとりくみがなされているということである.75年には県内で最初の歴史民俗資料館が開設され,88年に美術館も併設された.また75年以降毎年「秦期(ケイキ)はばたいた[67],今,読谷の自立を求めて」をスローガンとして「読谷まつり」が開かれ,村民5,000人が手づくりの物産を並べ,各〈地域〉の伝統芸能に出演している.これには,村内外から約10万人もの人が集まる.当然この人たちの落とす金額はかなりのものとなる.これ以外に,織物,陶器,絵画などの美術工芸創作活動の発表の機会としてのアンデパンダン展が,81年以降毎年開催されている.山内は「文化(創造)がなければ人もこない,企業もこない,交流もおこなわれない」という.

こうした村ぐるみの文化活動だけではなく,各字である「シマ」＝〈地域〉の伝統文化の活性化がすすめられている.たとえば,瀬名波(セナハ)では,古い伝統芸能の「御冠船踊り」の里づくりが,渡慶次(トケシ)の獅子舞クラブの活動,儀間(ギマ)の民族舞踊「フェーヌシマ」の復興,高志保(タカシホ)が読谷山花織の復活の地であり,波平(ナミヒラ)では,根屋をはじめとした御願や各種の伝統行事が現在でも引き継がれており,座喜味(ザキミ)における座喜味城の復元,親志(オヤシ)の「やちむんの里」,都屋のハーリー復活,楚辺(ソベ)が赤犬子に象徴される伝統芸能の唄と踊りを受け継ぎ,伊良皆(イラミナ)の「十

五夜」や村芝居や組踊りの伝統芸能の保存など，がみられる．すなわち各〈地域〉はこうした伝統文化を「地域づくり」の中核にすえているのである．これらの他に，自然社会環境の保全を中心とした「地域づくり」も行われている．

　読谷では「シマ」＝〈地域〉の人たちの結束はきわめて固いといわれる．読谷村の大地は今でも基地に48％も取りあげられている．そのために村民のなかには旧「シマ」に居住できずバラバラに住んでいる人々が少なからずいる[68]．だがそれでも彼らは，元の「シマ」の一員として属人的に字組織を構成しているのである．読谷村を調査した仲地博は「部落は地縁と血縁を基礎とし，独自の祭祀行事をもち精神的にも結ばれた共同体であったのである．そして，人々を結んだきずなの１つである土地がなくなっても，何百年にわたって培ってきた共同体は，強い求心力で共同体を維持させた」と述べている[69]．すなわち，人びとは現象的に離ればなれになったとしても，実感的にはこれまでの「地」と「血」によってしっかりと結びあわされているのである．ここにウチナーの〈地域〉の特質をうかがうことができるのである．

　山内は「村づくりへのエネルギーは，字を中心に存在する人々の共同体の中から生まれてくる」[70]，「本町における行政区（字）は，生活共同体あるいは地域共同体な性格を有し，自主的組織として活発なコミュニティ活動が展開され村行政の先端を担っております」（91年の施政方針演説）といっている．安里英子が「シマーグヮーという言葉があるけれど，グヮーというのは人とモノと自然がすべて対等で循環している世界のことをいうんです．シマとは人と自然と神が共に生きている世界です」[71]，「私のイメージは部落連合自治共和国なんです．集落という単位が一つの独立国であって，それは食べ物を自給し，あるいは，自治を行っていくうえでの最小の単位なわけです」[72]と語っている．山内といい，安里といい，ここに「地域づくり」の基盤として筆者のいう〈地域〉＝「シマ」が明確に位置づけられ重視されているのである．しかも安里は「部落連合自治共和国」といっている．ここでいう「部落」はいうまでもなくシマ＝〈地域〉であり，その連合としての自治共和国こそが筆者の提起する「国」であり，読谷村はまさしくその「国」を形成しているといえよう．

　これまでの検討からわかるように，〈地域〉を「地域づくり」の核とすべきである．一般的には「地域づくり」は，ウチナーンチュがその存立基盤として

いる「シマ」=〈地域〉を越えた範域で行われている．だがこの場合でもウチナーンチュは，それぞれの〈地域〉に精神や生活及び社会関係の基盤をおいていることに変わりはない．もしそれがとり払われたとするならば，彼らは，「地域づくり」の範域のなかに自分自身の存立基盤を見出せるであろうか．そこに新しくアイデンティティを確立することができるであろうか．それは到底ありえない．というのは，一部の若い層をのぞき彼らの精神構造の基底には，依然として祖霊と結びつき，生まれ育ち，生産と生活の場である大地=〈地域〉が存在しつづけているからである．こうした意味からいって，「地域づくり」においては，近年変容しつつある〈地域〉を再編強化し，それを単位とするか，その連合によってすすめることが重要なのではあるまいか．〈地域〉という単位については，疑問をもつ人もいるかもしれないが，たとえば中国における郷鎮企業のなかには，小さなムラ単位で成功している例が少なくない．

　「地域づくり」にあたって，〈地域〉を単位にする，あるいはその連合体で行うということは，とりもなおさずウチナーの社会文化的特質を積極的に生かしていくということでもある．ヤマトとは異なった社会文化的特質=異質性に立つことによって，ウチナーの社会文化的自立が可能となり，そこにしっかりと足をおき，その〈地域〉の連合体=「国」としての読谷村にみるように経済的自立に努め，また日本国憲法をふまえつつヤマト権力の圧政に組み敷かれることなく，政治的・行政的自立をはかることによって，ウチナーらしい自立と自治に立つ「国」が展望しうるのではないだろうか．そしてこの〈地域〉の在り方を通してヤマト国家の公的システムの組み替えを要求していくことになる．すなわち〈地域〉から国家を照射し変えていくということである．

　このようにウチナーの社会文化的特質をもつ〈地域〉を核として「地域づくり」をすすめ，それによって経済的自立をはかり，そこに政治的・行政的自立を確立し，さらにはヤマト国家を照射し権力的公的システムの変革を迫るという論に対して，疑問が提出されるかもしれない．すなわち，筆者のいう〈地域〉は私的生活世界としてとらえられていることから，そこでは，エゴイズム，私的利害が優先し，個々にバラバラとなり，家族単位に分裂すると一般的に考えられている．また「地域づくり」は，私的生活領域を越えた社会性をもった領域であることから，そこではエゴイズムや私的利害を希薄化させ，相互協力関

係を形成しなければならない．さらに国家を照射し権力的公的システムの変革を迫るということは，まさに一方で政治社会との公的関係のなかでの対峙が求められ，他方では，ハーバーマスのいう社会的公共性[73]が必要である．しかしながら，私的生活世界と公的な政治社会との対峙においては，ハーバーマスがいうように，システムが生活世界を隷属させようとする力が働く．また，私的生活世界を止揚しないかぎり社会的公共性は形成されない．こうしたことから私的生活世界としての〈地域〉という視点は破産的ではないか，ということになるかもしれない．

　確かにこのような論理は一応肯けるところではあるが，ウチナー社会の構造的特質を考えた場合には，別の様相を帯びてくる．ウチナーにあっては，私的生活世界は個々人，家族だけではなく，血と地とが一体となった自己の存立基盤としての「シマ」＝〈地域〉なのである．そこでは「人間の本質的な共同存在性」[74]によって，血と地の共同体が構造化されているのである．

　そして，「地域づくり」が，いくつかの〈地域〉の連合体を基盤にしてとりくまれる場合には，私的生活世界としての〈地域〉の「ゆるやかな連合」ということになる．そこでは〈地域〉間相互の調整のもとに，お互いに多少の譲歩・修正があるかもしれない．しかしそうであるとしても，依然としてそれぞれの私的生活世界は明確に存在しつづけるのである．そのことは，読谷村の事例のなかにみる通りであり，また安里の「部落連合自治共和国」という発想が物語っている．

　とくにここで協調しておきたい点は，「ゆるやかな連合」ということである．それは，各〈地域〉の私的生活世界が連合統一体によって編成替えされ消失してしまうものではない，ということである．こうした「ゆるやかな連合」は，ウチナーの社会文化的特質からして，ヤマト社会よりもはるかに形成可能である．そしてまた，行政市町村が各〈地域〉の特性を生かす形で連合体＝「ゆるやかな連合」として構成されているかぎり，そこにおいても当然のことながら私的生活世界としての〈地域〉の論理が貫くことになる．とはいえ，行政システムのなかに位置づけられている行政市町村は私的生活世界を越えた公共的社会性と公的システムのなかにあるだけに，そこでは私的なものと公的なものとの間に揺れ動くことになる．さらに一般的には，町→市→県と行政システム

が拡大複雑化するにしたがって，私的生活世界や共同関係は希薄化し公的システムの占める割合が大きくなる．だがウチナーにあってはヤマトとは異なり，それぞれの行政レベルの範域においても，程度の違いこそあれその基底には私的生活世界の論理が残存しつづけている．それは，この行政レベルの範域を構成している人々が，依然として〈地域〉にその存立基盤を置いている状態が少なからずみられるからである．ヤマト国家の公的システムを打ち破るためには，県ならびに各市町村を，これら〈地域〉の連合体として形成していくことが求められる．そして筆者はそれを，「国」として設定したい．その「国」は，加茂のいう包括的特別自治制や自治労の「琉球諸島自治政府」的性格をもつものである．

以上のことから，ウチナー社会，ウチナーンチュの存立基盤は，その社会文化的特質をもった私的生活世界としての〈地域〉にあると考えている．これを核として連合し統一体を構成し，社会文化的特質を再創造し，それを基盤において「地域づくり」をすすめ，経済的・政治的・行政的自立をはかり，ヤマト国家の公的システムを変革していくことに，これからのウチナーの平和と自治と豊かな社会実現の展望を見出したい．

1) 仲程昌徳「琉球巴邦・永世中立国構想の挫折」『新沖縄文学』53，92頁，沖縄タイムス社，1982年．
2) 比屋根照夫「沖縄——自立・自治への苦闘」『世界』8，81頁，1996年．
3) 仲宗根勇「沖縄民主同盟」『新沖縄文学』53．
4) 島袋邦「琉球国民党」『新沖縄文学』53．
5) 島袋邦，前掲論文．
6) 平良良昭「琉球独立党」『新沖縄文学』53．
7) 太田良博「ふたば会」『新沖縄文学』53，83頁．
8) これは，崎間敏勝が琉球銀行調査部報告「主役不在の経済開発」(『金融経済』182号)を読んだ感想(『ふたば』6号，1976年5月15日)．
9) 山里永吉「沖縄人の沖縄」『琉球新報』1969年6月9日．
10) 大山朝常『沖縄独立宣言』現代書林，1997年．
11) 川満新一は「独立論の位相」『新沖縄文学』53，のなかで「くさて独立論の死角」として「村落の成立にまつわる発想が，大国依存の独立論を無意識に成り立たせてきたのではないか」と述べている．また「物くれる人が我の主人」という事大主義については，すでに述べた大田をはじめとして多くの人が指摘している．たとえば東江平之は，「沖縄人の意識構造」(沖縄タイムス社，1991年)のなかで，沖縄人の

顕著な行動様式として事大主義の分析を行っている．
12) 島尾敏雄（1917-1986）は，1970年に「ヤポネシアと琉球弧」（『海』1970年7月号）を論じ，1977年に『ヤポネシア序説』（創樹社，1977年）を出版した．彼のヤポネシア論は，沖縄研究に大きな影響をあたえた．
13) 川満信一『沖縄・自立と共生の思想』12頁，海風社，1987年．
14) 川満信一，前掲書，21頁．
15) 川満信一，前掲書，178頁．
16) 川満信一，前掲書，180頁．
17) 川満信一，前掲書，175-176頁．
18) 川満信一「土着前衛の再生を問う」『中央公論』1971年9月号．
19) 新川明は「これまでの『独立論』は，軍事支配に対する視点を欠落させていた点で，言葉の正しい意味における『独立論』とは無縁であり，まぎれもなくアメリカの戦略体制を補佐する反動思想であり，反革命思想であった」と述べている．『反国家の兇区』346頁，社会評論社，1996年．
20) 川満信一『沖縄・自立と共生の思想』108-126頁．
21) 新川明，前掲書．
22) 新川明，前掲書，10-11頁．
23) 新川明，前掲書，69頁．
24) 新川明，前掲書，286頁．
25) 新川明，前掲書，348頁．
26) 新川明，前掲書，356-357頁．
27) 新川明，前掲書，81頁．
28) 新川明，前掲書，135頁．
29) 新川明，前掲書，81頁．
30) 新川明，前掲書，96頁．
31) 新川明「日本国憲法ではない沖縄の理念を」『ウチナーンチュは何処へ』219頁，実践社，2000年．
32) 新川明『反国家の兇区』349頁．
33) 新川明，前掲書，349頁．
34) 新川明，前掲書，351頁．
35) 嘉数啓「沖縄経済自立への道」『新沖縄文学』56，4頁．
36) この3人が，2000年3月にアジア・パシフィック・アジェンダ・プロジェクト沖縄フォーラムで「アジアにおける沖縄の位置と役割――沖縄イニシアティブのために」を発表した．またこれに先だって高良と真栄城と牧野浩隆の3人で『沖縄の自己検証――鼎談・「情念」から「論理」へ』ひるぎ社，1998年，も出版している．彼らは，沖縄は日本の一員として従属し，基地を受け入れることによってのみ発展があるとしている．これに対して新崎や新川をはじめとして多くの批判が出された．
37) 大田昌秀『沖縄 平和の礎』124頁，岩波新書，1996年．
38) 新川明「日本国憲法ではない沖縄の理念を」『ウチナーンチュは何処へ』212-213頁．

39) 新崎盛暉『平和と自立をめざして』116頁, 凱風社, 1997年.
40) 新崎盛暉, 前掲書, 119頁.
41) 新崎盛暉『日本になった沖縄』173頁, 有斐閣, 1987年.
42) 牧野は, 琉球銀行を経て現沖縄県副知事.
43) 牧野浩隆『再考沖縄経済』206頁, 沖縄タイムス社, 1996年.
44) 牧野浩隆, 前掲書, 222頁.
45) 牧野浩隆, 前掲書, 219頁.
46) 嘉数啓の「沖縄経済自立への道」『新沖縄文学』56, は, かなり長編の優れた論文である.
47) 嘉数啓, 前掲論文, 『新沖縄文学』56, 2頁.
48) 嘉数啓, 前掲論文, 『新沖縄文学』56, 3頁.
49) 嘉数啓, 前掲論文, 『新沖縄文学』56, 14頁.
50) 嘉数啓, 前掲論文, 『新沖縄文学』56, 28頁.
51) 著名な経済史学者大塚久雄の用語で, 封建社会から資本主義社会の移行期にそれぞれ局地的に分業と市場が形成されたという.「近代化の歴史的起点——とくに市場構造の観点からする序論」『大塚久雄著作集5』岩波書店, 1969年.
52) 宮本憲一・佐々木雅幸編『沖縄 21世紀への挑戦』286頁, 岩波書店, 2000年.
53) 宮本・佐々木, 前掲書, 25頁.
54) 宮本・佐々木, 前掲書, 29頁.
55) 宮本・佐々木, 前掲書, 274頁.
56) 宮本・佐々木, 前掲書, 276頁.
57) 宮本・佐々木, 前掲書, 276-278頁.
58) 宮本・佐々木, 前掲書, 279頁.
59) 宮本・佐々木, 前掲書, 279-281頁.
60) 仲地博「拒まれた地域個性宣言」『沖縄タイムス』2003年2月24日.
61) 山内徳信と水島朝穂の対談『沖縄・読谷村の挑戦』19頁, 岩波ブックレット, No.438, 1997年.
62) 高橋明善「基地の中での農村自治と地域文化の形成」山本英治・高橋明善・蓮見音彦編『沖縄の都市と農村』285頁, 東京大学出版会, 1995年.
63) 『読谷村村政要覧』1996年.
64) 儀保輝和「円滑なる議会運営で文化村構築を目指す」『月刊自治新報』1月号, 1993年.
65) 山内・水島, 前掲書, 57頁.
66) 高橋明善, 前掲論文, 286頁.
67) 1372年に中山王・察度の命を受けて, 読谷の宇座の青年泰期が中国(明)へ使者として派遣され, 琉球の大交易時代の先駆者となったことをいう.
68) 高橋明善, 前掲書, 293頁に「居住地区と旧住民の自治組織の関係の表」が掲載してあるので, 参照されたい.
69) 仲地博「属人的住民自治組織の一考察」和田英夫先生古稀記念論文集編集委員会編『憲法と地方自治』219頁, 敬文堂, 1989年.

70) 山内・水島, 前掲書, 22頁.
71) 座談会「復帰＝本土化と沖縄自立のゆくえ」『季刊クライシス』31, 77-78頁, 社会評論社, 1987年.
72) 『季刊クライシス』31, 79頁.
73) J. ハーバーマス, 細谷貞雄訳『公共性の構造転換』未來社, 1973年, 参照.
74) K. マルクス, 杉原四郎・重田晃一訳『経済学ノート』96頁, 未來社, 1962年.

人名索引

ア

東江平之　125
安里英子　240
阿波根昌鴻　120
新川　明　220-223, 225
安良城盛昭　29-30, 37-38
新崎盛暉　101, 129, 223, 225-226
稲嶺恵一　160
井上　清　28
井上雅通　195
伊波普猷　27, 31
ウォーラスティン, E.　5
大江健三郎　57
太田朝敷　215
大田昌秀　69, 99, 112, 178, 187, 224-226
大山朝常　217-218

カ

嘉数　啓　224, 229-230
加茂利男　231
嘉陽宗義　204
川満信一　219-220
岸本建男　156, 193
金城正篤　29-30, 37-38
金城正登喜　204
金城祐治　205
来間泰男　140, 151, 235

サ

崎間敏勝　216
志賀　進　28
島尾敏雄　219
謝花　昇　42
新里恵二　29
新城和博　115, 158

タ

高橋明善　19, 194, 237

玉城義和　193
知花昌一　72, 110

ナ

仲宗根勇　163
仲宗根源和　215
仲地哲夫　29
仲地　博　20, 240
仲松弥秀　9, 19
仲吉良光　126
奈良原繁　39, 41-42
西川征夫　204-205
西里喜行　37-38
野底土南　216

ハ

橋本龍太郎　73, 75-76, 159
蓮見音彦　156
ハーバーマス, J.　9
比嘉春潮　9
比嘉盛順　203
比嘉鉄也　179-180
古城利明　7, 100

マ

真栄城守定　163
牧野浩隆　227-228
松下圭一　100
松島泰勝　155-157
松田道之　34
宮城栄昌　51
宮本憲一　155, 230-231
村山富市　70

ヤ

山内徳信　116, 236
山里永吉　217
屋良朝苗　66, 132
与那国暹　127, 131, 137-138

事項索引

ア

明るい会　193
一国二制度体制　232
命を守る会　204, 207
生命を守る県民共闘会議　105
御嶽　6, 16
　——祭祀　198
大添区自治会　238
沖縄経済振興21世紀プラン　159-160
沖縄県郡編成法　40
沖縄県軍用地等地主会連合会　118
沖縄県祖国復帰協議会　104, 128, 132-133
沖縄県における施設及び区域に関する特別行動
　委員会（SACO）　73
沖縄自治憲章　231
沖縄社会党　216
沖縄諸島祖国復帰期成会　127
沖縄振興開発計画　145
　——の性格　154
　新たな——　162
沖縄振興施策の展開　161
沖縄振興特別措置法（新沖振法）　162
沖縄政策協議会（沖政協）　159-160
沖縄返還協定　136-137
沖縄民主同盟　215
沖縄民政府　50
オバァとオジィ　205, 207
思いやり予算　63

カ

海軍施設マスタープラン　83
海上基地建設受け入れ　192
改正区制　40
格差の是正　145, 156-158
活性化市民の会　188
嘉手納基地包囲　110
嘉手納爆音訴訟　108-110
嘉手納米軍基地爆音防止住民共闘会議　108
神人　15, 202
開得大君　13
基地確保・地籍明確法　66

基地経済　140-142
　——から財政依存経済へ　140, 147
　——的特性　85
基地訴訟　70
基地返還アクション・プログラム　87
基地返還と村づくり　237
逆格差論　156
旧慣温存策　37-38
教公二法　133
行政協定　53
行政システムによる社会統合　10
共同体　240
　——的性格　19
　血縁的——　9
　血縁的・地縁的——　2
　祭祀——　9
　血と地の——　242
郷友会　7, 18
寄留人　18
クサテ（腰当て）　6, 17
苦渋の決断　69
屈辱の日　51
国　2-3, 240-241, 243
軍雇用　141-142
軍転特措法　69
軍用地域内の不動産の使用に関する補償　53
軍用地問題解決促進連絡会議　103
軍用地料　140-141
経済システムによる編成　11-12
県収用委員会　74-75
県民投票　166
権力メカニズムとしての公的システム　19
公告・縦覧　68
皇民化教育　38
公用地暫定使用法　66
国際都市形成構想　87, 158
国民的統一　28
コザ騒動　105-106

サ

財政負担問題　139
サステナブル・ソサエティ　230

事項索引　249

砂糖　43-44
佐藤・ジョンソン会談　130-131, 134
佐藤・ニクソン会談　136
佐藤訪沖　132
自衛隊基地建設反対　113
死者の論理　219
施政権返還　134-136
事前協議　59, 139
自治体外交・文化外交　238
失業者　150
島ぐるみ闘争　102-103
シマーグヮー　240
市民投票推進協　188
社会文化的特質　241
社会文化的特性　234
自由民権運動　42
象徴型母村的性格　20
女性の活動　208
自立　233
　　──的発展　145
　　──の概念　214
人頭税撤廃運動　40
侵略的統一　28
生活世界と国家との分断　9
政治的・国家的な併合　29
ゼネスト　137
租税制度　37
祖先祭祀　15
　　アニミズムと──　15
ソテツ地獄　28
楚辺通信所　71-72
杣山　199
　　──問題　41-42
村落共同体社会　199

タ

対日講和条約　51
代理署名拒否　70
〈地域〉
　　──＝私的生活世界　19
　　──に対するアイデンティティ　20, 99, 203
　　──の文化的特性の創造的な発展　239
地域づくり　240
地位協定　57, 59-63
　　──の見直し　63-65
秩禄処分　39

血と地の一体化　17, 21
地方分権整備一括法　75
北谷町　236
中心－半周辺－周辺　5-6
駐留軍用地特措法　67
　　──改定　74
テーゲー主義　16-17
伝統文化の活性化　239
天皇制国家の体制内化　38-39
特定防衛施設周辺整備調整交付金　84-85
特別町村制　40
土地収用令　53
土地制度＝租税制度の改正　40
土地制度＝地割制度　37
土地整理事業　41
土地を守る四原則　102
巴旗の党　215
奴隷解放　27

ナ

日米安全保障条約　53
　　──の改定　56-57
日米安保共同宣言　58
日米安保体制の再定義　58
日琉同祖論　27
日中両属問題　34
日本復帰促進期成会　127
根神　15, 202
祝女　15

ハ

ハーグ陸戦法規　48
半国家的＝疑似国家的存在　29
反国家の兇区　220
版籍奉還なき廃藩置県　31
反戦地主会　118-122
　　一坪──　119-120
非国民の思想　219
「非日本国民」の思想　222
日の丸　129-130
　　──掲揚と君が代斉唱率　111
　　──焼き捨て　110
二見以北10区の会　210
復帰運動　126
普天間包囲　116
不法占拠　71-72

部落連合自治共和国　240
プロセス・デザイン　231
フロンティア　7
米軍政府　50
平和憲法の生活化　238
辺野古　54-56, 142-143
　──活性化協　208-209
ヘリ基地反対協　189
包括的特別自治制　231
北部振興開発計画　162
本土　125-126
　──なみ返還論　136

マ

間切　8
　──・島規定　40
密約　135, 138-139
民族的特性　13
民族統一
　──論　29
　　上からの──　29-30

　真の──　29
門中　15
物をくれる人が自分の主人　17

ヤ

やちむんの里　238
読谷村　48-50, 236

ラ

立法院　52
琉球王国　13
琉球共和社会　220
琉球国民党　216
琉球諸島自治政府構想　232
琉球諸島特別自治制　231
琉球処分　34-36
琉球政府　52
琉球独立党　216-217
琉球列島米国民政府　51
ローカル産業複合型　229

著者略歴
1931年　富山県に生まれる．
1953年　富山大学文理学部卒業．
1973年　東京女子大学教授．
1997年　中国・日本学研究センター客員教授．
2000年　常磐大学教授．
現　在　東京女子大学名誉教授．
専　攻　地域社会学・アジア社会文化論．

主要著書
『人間生活の社会学』（共編，垣内出版，1982年）
『現代社会と共同社会形成』（編，垣内出版，1982年）
『日本の社会1・2』（共編，東京大学出版会，1987年）
『農村社会の変貌と農民意識』（共編，東京大学出版会，1992年）
『コメ食の民族誌』（共著，中央公論社，1993年）
『沖縄の都市と農村』（共編，東京大学出版会，1995年）

沖縄と日本国家　国家を照射する〈地域〉

2004年7月20日　初　版

［検印廃止］

著　者　山本英治（やまもとえいじ）
発行所　財団法人　東京大学出版会
代表者　五味文彦
113-8654 東京都文京区本郷 7-3-1 東大構内
電話 03-3811-8814　Fax 03-3812-6958
振替 00160-6-59964

製　版　株式会社デマンド
印刷所　株式会社ヒライ
製本所　誠製本株式会社

Ⓒ 2004 Eiji Yamamoto
ISBN 4-13-051120-3　Printed in Japan

Ⓡ〈日本複写権センター委託出版物〉
本書の全部または一部を無断で複写複製（コピー）することは，著作権法上での例外を除き，禁じられています．本書からの複写を希望される場合は，日本複写権センター（03-3401-2382）にご連絡ください．

蓮見音彦 似田貝香門編 矢澤澄子	現代都市と地域形成	A5・5400円	
松井　健編	沖縄列島　島の生活世界と開発3	A5・3800円	
何　義麟	二・二八事件 「台湾人」形成のエスノポリティクス	A5・6800円	
山田辰雄 渡辺利夫監修	講座現代アジア（全4巻）	A5各3800円	

　　土屋健治編　1　ナショナリズムと国民国家
　　中兼和津次編　2　近代化と構造変動
　　萩原宜之編　3　民主化と経済発展
　　平野健一郎編　4　地域システムと国際関係

ここに表示された価格はすべて本体価格です．御購入
の際には消費税が加算されますのでご了承下さい．